沈周　廬山高　國立故宮博物院藏

沈周　題劉珏清白軒　國立故宮博物院藏

沈周　畫松巖聽泉　國立故宮博物院藏

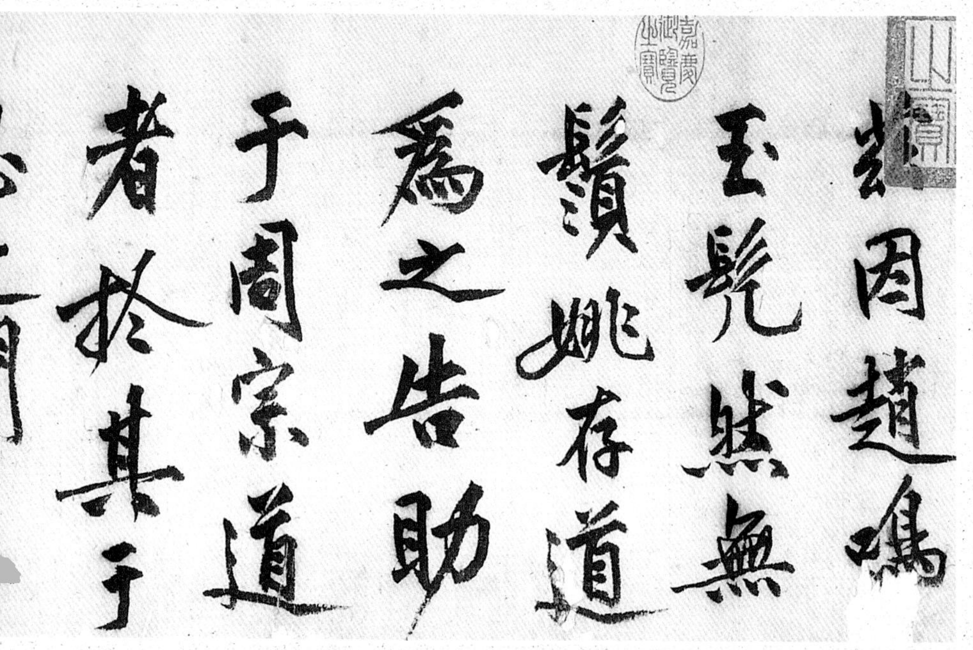

沈周　化鬚疏　局部　國立故宮博物院藏

取十亂

補諸不足

請沈洛南

作疏以勸

之疏曰

伏以天闥

沈周　策杖圖　國立故宮博物院藏

沈周　寫生　國立故宮博物院藏

沈周　寫生　國立故宮博物院藏

明四家傳

（一）

沈周
文徵明
唐寅
仇英

王家誠 著

總目次（一～四）

第一章　蘇州的復甦

「花開爛漫滿邨塢，風煙酷似桃源古；千林映日鶯亂啼，萬樹圍春燕雙舞。青山寥絕無煙埃，劉郎一去不復來；此中應有避秦者，何須遠去尋天臺。」—唐寅・桃花屋（註一）

明天啓二年，距嘉靖二年蘇州才子唐寅（伯虎、子畏、六如居士）逝世，已整整度過了一百年的歲月。他的墳墓，早已掩埋在荒煙蔓草中，無從尋覓。晚年，他隱居桃花塢裡的桃花菴，如今也只能從他的詩、畫裡去追尋和想像。

有人概略指出，桃花塢就在蘇州城西北角上，齊門裡那片荒地；至於桃花菴遺址，恐怕就更加渺茫了。

白天，那裡牧放著羊群，牧童燃燒野火，或投石嬉戲，時而賭徒、乞丐出沒其間。周邊，錯落的田舍、菜畦之外，也有些雕版印製年畫的作坊；在一片荒蕪雜亂中，男女老幼爲著生活而忙碌。

夕陽西下時，晚風獵獵，群鴉亂飛，隱約可以聽到閶門外寒山寺的鐘聲。入夜後的荒丘，就更加蒼涼，不但聞不到當年香傳十里的花香，聽不到菴前鶴唳和夜宴的絃管，看不到石欄迴護，桃林掩映的夢墨亭影。蛙聲蟲鳴中，只有土埠亂石，槎枒老樹上三數聲梟叫，和草叢間的點點流螢。

滄海桑田，世間一切都在不停的演變；姑蘇臺不也已成為一片廢墟？響屧廊、館娃宮、西施洞，只剩下一點依稀的遺跡，連虎邱劍池的水，也有乾涸的時候。桃花菴並不例外，無法逃出自然的軌跡。

其實，這種蒼涼，這千古不易的鐵則，唐伯虎體會得比誰都深，他在「響屧廊」詩中寫：

「……響屧長廊故幾間，于今惟見草班班，山頭只有舊時月，曾照吳王西子顏。」

無如後之來者，總希望能在榛荊荒莽間，尋找出這一代風流才子的足跡。彷彿這樣，才算為古人盡了一份心意，對昔賢是一種慰藉，也為來者，樹立下一個典型。禮部左侍郎韓世能（存良、敬堂），就懷著這樣的心境，他想尋求桃花菴的遺址，修復古蹟。但由於種種人為的阻礙，使他懷恨以終，在給沈鍾彥的手札中留下：

「百年遺跡，竟付衰草斜陽！」的喟嘆。

這一年春天，又該是桃花盛放，群鶯亂飛的時候，桃花塢荒蕪依舊。只是在比較平坦的地方，建立了幾間精舍。這時的桃花塢，部份被楊大濚（匯菴）買了下來，由供禪僧聞宗照顧著，正開工動土，準備修建「準提菴」。

孩子們在環繞精舍四周的池中嬉戲，供禪僧悠閒地望著那些脫得光赤的小孩兒，望著雨後碧綠如洗的山崗和斜向天邊的彩虹。忽然間一陣嘩叫，孩子們從池中發現一塊水漬苔封的巨石。他們好奇地呼喊，等到大人聚攏了撈起來看時，發現石碑上刻的竟是唐伯虎的桃花菴歌：

「桃花塢裡桃花菴，桃花菴裡桃花仙；桃花仙人種桃樹，又摘桃花換酒錢。酒醒只在花前坐，酒醉還來花下眠。半醒半醉日復日，花落花開年復年。但願老死花酒間，不願鞠躬車馬前；車塵馬足貴者趣，酒盞花枝貧者緣。若將富貴比貧者，一在平地一在天；若將貧賤比車馬，他得驅馳我得閒。別人笑我忒風顛，我笑他人看不穿；不見五陵豪傑墓，無花無酒鋤作田。」（註二）

看來，這裡就是唐伯虎讀書、畫畫，和祝允明（希哲、枝山、枝指生）、文徵明（原名壁，更字徵仲）、王寵（履仁、履吉）：飲酒作樂的桃花菴了。有人說，這是緣份—楊大濼和唐伯虎的緣份；無意間，他也成全了韓世能的心願，使這位長洲詩人和史學家，含笑九泉。

供奉僧聞宗，到處奔走相告，散播著興奮、感嘆和議論。

接著，文徵明爲桃花菴所題的匾額也出現了。人們紛紛從古册中，摹寫唐伯虎的畫像，從筆墨間，揣摩他那秀朗的面容，和清狂玩世的神情。蘇州梨園，也以一種對才子的虔敬與熱情，把傳說中的三笑姻緣搬上了紅氍毹，活化了唐伯虎點秋香的風流韻事。

勘破了世情與生死的唐伯虎，曾經留下一首最值得玩味的絕筆詩：

「生在陽間有散場，死歸地府也何妨？陽間地府俱相似，只當漂流在異鄉。」（註三）

桃花菴發現了，落成後的準提菴中，供奉著一大一小兩尊唐伯虎的塑像，讓騷人墨客、多情的男女唏噓憑弔；然而，埋玉之塚，渺然如故。

△　　△　　△　　△

崇禎十七年，暮春時節，雷起劍等六七好友，泛舟於吳市西南的橫塘。一片野水縈繞的荊棘、雜草叢中，有人指說是唐伯虎墓之所在。若敖鬼餒，不但沒人祭掃，恐已成了牧豎踐踏，牛羊往來的牧場。

「墓在橫塘王家邨」，想起祝枝山「唐伯虎墓誌銘」中所載，與眼前這片蒼茫煙水，似乎頗相符合，因此，幾位遊春的詩人深信不疑。

有人說，唐伯虎雖然乏嗣，一任荒涼至此，爲朋友的恐怕也難辭其咎；各人心中都有一種說不出的戚然之感。

也有人說，千載以下，讀他的詩詞、玩賞他書畫的人，誰又不是他的朋友呢？於是，幾個人捨舟登岸，披荆斬棘，除草添土地祭奠起來。

兩個月後，一座無人看管的孤坟，不僅立碑、植樹，更築起幾間屋舍，作爲奉祀之所。在鄰近田夫的協助下，他們在桃花塢廢址尋到一位孀居的老婦；據稱是唐伯虎的侄孫媳婦。或許，這就是他僅有的後裔。

但這一年，也是數以億計的漢族人，記憶中最爲哀傷悲痛的一年。不僅遭逢前所未有的瘋狂動亂，更身受著改朝換代，異族蹂躪的劇變。狂飆巨浪中，不但幾位詩友對南京解元唐伯虎身後蕭條的感嘆，像一滴細小水珠般被淹沒，連閶門內粗經整建的桃花菴，也重歸荒寂。一些破敗的房舍，又像蔓草野藤般地，覆蓋在那片起伏的荒丘上面。

發現桃花菴址七十幾年後的秋天，一位不知名的過客，偶然在一間破敗、簡陋、透著霉腐味的草舍裡，發現一塊掘得的石碑。碑上刻著：

「明唐解元之墓」，右傍爲：

「中議大夫贊治尹，直隸蘇州府知府，天水胡纘宗書」，左側則刻：

「嘉靖五年，歲次丙戌，冬十二月上浣吉旦，弟申立石。」

立碑的時間，距唐伯虎結束多采多姿，而又淒苦潦倒的一生，已整整三年。埋骨的地方，則在準提菴西，正是他賞花、賦詩的地方。花落時，則與二三知友，對花痛哭。命小僮一瓣瓣的拾取，盛儲在錦囊中，葬在藥欄下面。然後，在淚眼模糊中，唱和沈周（啓南、石田、白石翁）一首又一首的「落花詩」；想不到，他自己竟與花同葬。難怪他詩中：

「陽間地府俱相似了」。

祝枝山所指「墓在横塘王家邨」，既然不可能有誤，想是死後三年，始由胞弟唐申遷葬於故園之中吧？他的墓，也相近唐朝佳麗貞娘之墓（註四）：

「獨有貞姫香士在，風流合伴解元坟。」因此，在人們心目中，也就更增加了浪漫情調。

發現唐伯虎墓碑的這年冬天，另一位過客—平湖詩人沈季友（客子），作客桃花塢。在友人的指引下，憑弔過唐寅墓後，他把那種淒涼、零落的景象，告訴了江蘇巡撫宋犖（漫堂、牧仲）。

一雙雙紫燕，穿梭於溪流、草亭之間。男女遊人，通過修整的墓道，向那位前朝才子，昔日的桃花菴主墓前，焚香膜拜。一道蜿蜒的白牆，在起伏的丘埠間，圍成一片隔絕塵囂的世界。陵谷之間、坟墓和草亭四周、溪流兩岸，錯錯落落地栽植著成千上萬的桃樹，人們不難想像數年後春天，繁花爛漫，鶯飛蝶舞的景象。

康熙二十三年（一六九四）端陽節前十日，重臨桃花塢的沈季友，幾乎無法相信自己的眼睛。前次，巡撫邀宴時的幾句感慨，竟在短短的數月間，點化成一如唐伯虎詩畫中所描繪的桃源。在他離開蘇州之後，這位愛好風雅的中丞，不僅率衆前往墓前奠祭，並商同士紳、地方官吏，捐金買下這片廢置已久的荒地，種花修池，樹立門屏，恢復了桃花塢的舊觀。茅草覆蓋的才子亭中，唐伯虎外，更奉祀著文、祝、張靈（夢晉）、徐禎卿（昌穀、昌國）等吳中才子。

生活在異族的高壓和嚴密文網下的詩人墨客，藉著對才子佳人的憑弔，發抒出積鬱已久的故國之思。藉著古城一角桃花塢的復建，進而在心靈深處復建起明朝盛世的蘇州，和反映於當時文人生活中的「吳趣」。

月夜，人們恍惚間聽到祝枝山扣門索飲的聲音。

曲水流觴，在溪流兩岸的桃樹下，男女席地而坐。艷麗的服飾，與紅桃綠柳，相互輝映。才子們高吟低哦，舉行傳自古昔的春天修禊。

朱衣金目，帶著幾分酒意的張靈，在虎邱可中亭下，忘情地跳著「天魔舞」，連圍觀的遊客，也變得如醉如癡。

年逾古稀的沈周，丯神健朗依舊，每隔月餘，必定自相城搭船到蘇州小住。大部份時間，寄寓在齊門內的承天寺中；他愛那裡的無拘無束和清靜。偶爾被邀到文徵明的停雲館，唐伯虎的吳趨里小樓或祝枝山家中。他那慈祥的面容，風趣的談吐，彷彿把江南的春天，一起帶到了吳市。當唐祝二人縱酒狂歌之際，他和文徵明都酒量有限，因此總是拈杯微笑，以有趣的眼神，像看著兩個被嬌縱的大孩子一般。沈周搜集笑話和陰氣森森鬼故事的興趣依然不減，並隨時錄進他的﹁客座新聞﹂、﹁笑笑集﹂中。所以酒後的連篇鬼話，也成了幾位後進之士對老師的一種奉敬。

出身貧苦，和唐伯虎同樣受教於周臣（東邨）的仇英（實甫、十洲），總是默默地埋首於繪畫之中；彩筆、丹青，彷彿就是他全部的語言。

……

一時，古老蘇州的高人逸士、清狂才子的事跡，縈繞於人們胸臆裏，也復甦於詩文之中。

沈季友，向蘇州、揚州兩地詩社，廣徵和詩，歌詠一時的勝事。

「…何人不旅，即此言歸，風悲一邱，夜長萬古。嗟呼！飛霜不擊，冤獄誰明，落桂無枝，孤坟入恨…」長洲詩人韓菼（慕廬），以一篇充滿悲涼意味的詩序，抒寫墓碑發現的過程，和人們心靈的震撼，以及對才子的無盡懷思。以「更闢桃花舊蘭若，鐘聲敲月伴黃昏」的詩句，來撫慰漂泊已久的孤魂。

另一堪稱唐伯虎千古知音的長洲名士尤侗，奇伯虎之才，悲伯虎命運的坎坷，曾在所纂﹁明史﹂中，列伯虎的事蹟於「文苑傳」裡。

「桃花塢中有狂生唐伯虎；狂生自謂我非狂，直是牢騷不堪吐。漸離筑，禰衡鼓，世上英雄本無主。梧枝旅霜眞可憐，兩袖黃金淚如雨。江南才子足風流，留取圖書照千古。且痛飲，毋自苦！君不見可中亭下張秀才，朱衣金目天魔舞。」（註五）

尤侗更以所作「桃花塢」一闋，編入〈明史〉「樂府」，使唐伯虎璀燦的才華，古昔英雄般的氣度，照耀於史册。在那充滿創造力和浪漫情懷的世代裡，疊石、蒔花、淡泊名利、但求悠游於山巓水涯－被陳繼儒（眉公）稱作「吳趣」的生活形態，也因爲這些異代有心人的追尋與發揚，長存人們的心中。

△　△　△　△

蘇州流行一則笑話：

每年臘月二十四日，所有竈神齊集玉帝座前，奏明人間功過。衆竈神各個面目黧黑似炭，連衣服也像在染缸裡染過一般。唯獨一位竈神面容白皙，袍服鮮潔。帝君追問緣由，竈神不得已，才帶有幾分難爲情地說：

「臣係蘇州府吳縣船場巷陳孟賢家竈神；其家經歲不動火，何有薰及；衣白如故。」

陳孟賢（名寬，字醒菴），是五經博士、官拜檢討陳繼（嗣初）的長子。陳氏父子立身嚴謹，生活尤爲節儉。傳說作客陳府，每每賓主相對，僅以清談爲樂，少有燒茶待客的時候，更別說是杯酒言歡了。

從七歲開始，沈周就跟陳寬讀書。

「作詩必情與景合，景與情合，始可與言詩。」－這是陳繼著名的詩論。他進一步舉例：

「如『芳草伴人還易老，落花隨水亦東流。』此情與景合也。『雨中黃葉樹，燈下白頭人。』此景與情合也。」

唯有情景相合，方能言之有物，使詩不至無病呻吟，流于空泛。

陳繼是沈周伯父沈貞（貞吉、南齋）和父親沈恆（恆吉、同齋）的老師。在他的教導薰陶下，沈貞、沈恆不僅在詩、畫方面，千錘百鍊矜重異常。平日更是身穿古式衣冠，窗明几淨，器物古雅，案上陳列著盆景奇石；連家中僮僕，也能舞文弄墨。因此，從童年起，沈周就彷彿生長在一個古典的天地裡面。

陳寬的性格、爲學，以及教導學生的方式，與乃父似乎毫無二致。啓蒙時代的沈周，繼續生活在一個嚴謹、典雅而古老的世界裡。

但，沈周祖父沈澄（孟淵）的性情和生活方式，可就大異其趣了。

明成祖永樂初，正值英年的沈澄，和王璲（汝玉）等十人同時以人才被徵。經地方大員以盛大隆重的禮節，華麗雄壯的車馬護送到南京。試官的結果，由於這位相城徵士，氣質和治事方式所具有的那份古意，在當政者眼中，留下迂緩、近乎腐儒的印象。

或許沈澄自己也看出了未來宦途，並不如何樂觀，因此正式授官之前，他就以病爲藉口，歸隱不出。

沈周曾祖沈良琛所遺留的豐厚家產，足供這三代同堂的家族，在一種富裕典雅的氣氛下，過著悠遊的歲月。他們不以繪畫出名，更不靠文章和繪畫收入，來維持生活；這也是他們祖孫數代以來，在創作上嚴謹愼重，只求作品深邃完美，不爲財勢所動的主要因素之一。

不久，這位急流勇退的才人，在江水環繞，原野開闊的相城西面，廣種花竹樹木，修建亭館假山，命名爲「西苑」。和陳繼父子相較，沈澄不僅境遇不同，性情和生活習慣也大異其趣。廣交蘇州一帶的名士宿儒。每逢佳節良辰，便穿著偉岸的衣冠，佩起錚錚鏘鏘的玉珮，揖讓於賓客之間。家人僮僕，優雅而恭謹地陪侍著。舉觴賦詩時，那派雍容朗爽的氣度，看來有如紫府仙人一般。即使平日，他也準備佳肴美酒，等待賓客的來臨。有時空等不見人影，他會派子孫或僮僕到溪邊守候，在暮靄沉沉中，望著過往的風帆。直待好友蒞臨，他才開懷暢飲。子孫們即使並不善飲，爲了歡娛老親，也都盡力相陪。

在環境的薰陶，老師的教誨下，少年的沈周，具有祖父的好客與豪邁，和伯父、父親的淡泊與寧靜，也有老師的儉樸和嚴謹的治學態度。無論詩、畫，他都能恪守「情與景合，景與情合」的師訓。

註一、︹唐伯虎全集︺頁十八．水牛出版社︵簡稱水牛︶。

二、︹唐伯虎全集︺頁十九．水牛版。

三、︹唐伯虎全集︺頁一一〇．水牛版。

四、按唐代吳妓眞︵貞︶娘墓在虎邱。但唐伯虎墓碑在桃花塢出土後，數位名人唱和詩中，均指與眞娘墓相鄰，不知何者爲是；或眞娘墓亦有二處。

五、〔唐伯虎全集〕頁三三一．漢聲出版社。

第二章　鳳去臺空

在沈周的成長過程中，這位大他二十九歲的經學家陳寬，一方面盡心灌溉這株面貌清秀，聰明絕頂的幼苗，另一方面，也不斷地鍛鍊自己。其弟陳完（孟英），也長於唐詩，是陳寬日常切磋的對象。在不斷地推敲、苦吟中，「遺忘」，成了陳寬無法克服的困難。陳繼父子，像許多貧苦出身，自學有成的人那樣，對學術造詣，自我評價極高，不輕易稱許別人；但沈周領悟力的敏捷，和過目成誦的超人記憶，使陳寬欣悅，亦復震驚。所幸，陳寬有一個侍姬，號「梅花居士」，不僅辯才無礙，而且聰明知書。長年累月，陳寬心靈中所思索、釀造出來的果實，無論連貫完整，或殘缺的片斷，藉著她驚人的記憶力，一一拾綴在心中，爲他存儲運用。

陳寬是位責任感異常強烈的塾師，儘管在詩和經學上，孜孜不倦，終於發現這位眼呈淡碧，身材頎長，彷彿玉樹臨風的愛徒，無論才氣、學養，都有青出於藍之勢；他就堅決而謙遜地辭去了教職。他那飽學、崇高而盡職的形象，則像崇山峻嶺般，永遠樹立在沈周的心靈裡面。

推測陳寬老師，離開沈周和弟弟沈召（繼南）（註一）讀書的「桃花書屋」的時間，可能在沈周十五歲前後。十五歲的沈周，代替父親沈恆行役南京，上巡撫崔恭（註二）的百韻詩，和巡撫所面試的「鳳凰臺歌」，喧騰一時；不僅是他才能的考驗，也是這位鄉村少年聲名遠播的始點。此外，小沈周六歲的沈召，由陳寬啓蒙一個時期後，便由長髯纚纚，家貧嗜酒，以「醉漁」自號的周宗道接任塾師。這位貌似鄉愿，質樸得似乎可欺的詩人和醫生，教過沈周弟弟之後，又再度到沈府教授沈周的兒子雲鴻，前後共十餘年之久。

△　△　△　△

那年，沈周十五歲；雖然他的身材、舉止都不像十五歲；而他上巡撫崔恭的百韻詩，也不像十五歲少年可能有的造詣。

這是他首次遠航，以前去得最遠的地方，大約是相距五十里之遙的蘇州府城。

豐厚的祖產，使他們祖孫數代生活在幸福與安定中。但，有時廣大的田地不但不能帶給人幸福，卻反而變成累贅或無窮的後患。比如高得近於嚴苛的賦稅，無論遇到旱災、潦災、風災或蟲患，儘管秧苗枯萎，顆粒無存，依舊要限期繳納。有時是地方官爲粉飾承平而隱瞞災情，有時是朝廷或部裡，不相信江南漁米之鄉會荒歉連年；因而不予蠲免。所以有人寧願丟棄田舍，遠離世代居住的家鄉，免受田地之累；宋代如此，明朝依然如此。

沈周在「苦雨寄城中諸友」中寫：

「一陣接一陣，一朝連一朝，官仍追舊賦，天又沒新苗。白日不相照，浮雲那得消，君休問飢飽，且看沈郎腰！」（註三）

有時，他很羨慕漁夫的無憂無慮。一天辛苦之後，洗過網，上床酣睡。或聚集在村邊的空場上，彈彈唱唱，小飲數杯；完全沒有賦稅的壓力。

不幸由於田地衆多，被有司選作「糧長」的地主，除了沉重的賦稅之外，還要負起把一鄉所征六七萬石糧米，解運南京戶部的責任。其中州縣的刁難，兌糧官兵的需索，加上沿途風險，無異是亡身破家的前奏。沈恆，便是在沈周三歲時，被選為糧長的。

「廣買田莊眞可愛，糧長解戶專相待，轉眼還看三四年，挑在擔頭無處賣。」這首傳誦於江南的打油詩，不是專對某些人的譏諷，而是令成千上萬土地所有人，不寒而慄的眞實現象。

十五歲的沈周，決心要從父親肩上，接下這種苦差；把這樣一個關係家族興衰的重擔，擱在一個文弱的少年身上，雖然表現出沈周的孝心和膽識，但，對這個隱居的相城世家而言，似乎是一個太大的賭注。

以雅好文學著名的崔巡撫，容或仰慕徵士沈澄，處士沈貞、恆兄弟的人品和才名，卻對十五歲孩子所作的百韻詩，所表現的渾穆而恬淡的氣度，不能不感到疑惑。因此，準備在南京名勝鳳凰臺，大庭廣衆之前，考一考沈周的才學。

鳳凰臺在南京的水西門外。

傳說晉穆帝昇平年間（一說南朝宋文帝元嘉年間），有大鳥集聚，文彩如孔雀，時人認為是鳳凰，因而修建「鳳凰臺」以紀祥瑞。

在歲月的摧殘下，鳳凰臺已不再巍峨華麗，留給人的，只是斷瓦、土丘，和一種無限興亡之感。事實上，遠在唐代，李白詩中，就已經呈現出那種鳳去臺空，繁華不再的淒涼：

「鳳凰臺上鳳凰遊，鳳去臺空江自流。吳宮花草埋幽徑，晉代衣冠成古邱。

三山半落青天外，二水中分白鷺洲。總為浮雲能蔽日，長安不見使人愁！」──李白．登金陵鳳凰臺

崔巡撫以金陵西南勝地，古老的鳳凰臺爲題，來面試沈周。沈周則像當年作「滕王閣序」的王勃（子安）一般，援筆作「鳳凰臺歌」。洶湧的文思，生動的詞采，彷彿白鷺洲邊的滾滾江流。

「王子安才也。」崔巡撫終於認清了來自相城的沈郎，激賞之餘，傳檄有司，免除沈恆糧長的職務。

由於〈石田集〉中，沈周汰除了大多數早期作品，「鳳凰臺歌」，已無由吟賞。只能從他中年後舊地重遊的一首七律中，稍窺鳳凰臺的風貌，但已不復當日的沈郎心境了：

「江上秋風吹鬢絲，古臺又落我遊時，六朝往事青山見，四海閒人白鳥知。詩卷也充行李貨，布袍不直酒家資，彈無長鋏懷無刺，浩蕩高歌歸去兮。」──登鳳凰臺（註四）

△　　△　　△　　△

沈府中，有一小一大兩個「怪人」，常爲丫鬟僕婦助談的資料。小的是火工阿富，大的就是髯如披麻、眼似銅鈴的塾師周宗道。

阿富也姓周，和周老師同屬長洲人。是一個無父無母的孤兒，很小便投到沈家爲傭。

阿富的髒與懶，周老師的土氣，在這個潔淨古雅的書香世家中，總給人一種不調和的感覺。

收留一個像阿富這樣的孤兒，沒有人能想像爲他安揷怎樣的工作；因爲他甚麼都不會做，也不想做。終於，沈恆先生「量材爲用」地把他安置在竈下。

意外地，阿富竟像竈神一般，對取柴燒火的工作，煙燻火炙的地方安之若素。工作之餘，每日蜷伏其間。偶而出來透透空氣，兩眼通紅，見風落淚，人稱「火眼金睛」。至若想在阿富身上，找些別的長處，似乎大非易事，除此之外，他也沒有別的短處。

周宗道老師之士，早在就館沈府之前，就已聞名。

二十歲前後，父親過世，由於他的不善經營，一份很不錯的家業，很快地像春雪般消融淨盡。此後，周宗道靠著敎館爲生，孝養母親。如有不足，再以所學的一點醫道，行醫爲助。

一次，到市中購買面巾，肆中人見他滿面村氣，純樸可欺，於是以次等貨討取高價。周宗道絲毫不加懷疑地付了款。但他那種憨厚、質樸的眼神，卻使肆中人忽然感到無比的慚愧；當面向他謝罪，並自動爲他換取上品。

時常，有人故意以謊言相騙，儘管他已經發覺了，也不加以責問。

不知是經常帶著的酒意，或由於周宗道率眞而爽朗的心境；長髯飄灑中，他那明亮的大眼睛，突出的鼻子，看來永遠像孩童一般，釀著笑意。而那長埋在于思下面，不見天日的嘴巴，則經常不斷地稱讚別人的義行和善舉。

包括沈周在內，每個人都覺得周宗道濃密得像江中春草般的鬍子，應該有一定的價値。只是，誰也想不到適當的用途。倒是他安貧樂道，好學不倦的精神，使沈周由衷敬佩：

「固貧方是樂，不厭破苑廬，新肆當門柳，芳衰畫畛蔬。水雲三畝宅，風雨一床書，昨日修琴出，何妨小犢車。」——寄周宗道（註五）

不知受周宗這這種胸襟的薰陶，或家風、本性使然，才氣縱橫的沈周，不但平易近人，對事對物，處處充滿了同情和悲憫。

每當風雨浹旬，或酷寒雪夜；禾苗腐爛，房屋漂沒，種種飢寒景象便浮現在他的腦中。有時徹夜徘徊，或將心中的感慨，抒寫在詩、畫之中。

表面上，沈周像父、祖一樣，對於朝政向少聞問。但政令的得失，卻往往使他憂喜形於顏色。在人們的感覺中，這隱居江邨的青年，似乎無法忘情於生民的疾苦。

從一些生活中的小事，也可以看出他的心胸：

某次，鄰人誤以沈周的東西爲其所有。沈周既不分辯，也不氣惱，和顏悅色地把東西拿給鄰人。

幾天後，鄰人找到了失物。當他以歉疚的心情，把錯認之物奉還沈周時，沈周笑著說：

「這不是你的嗎？」

沈周的笑容，沖淡了鄰人心中的尷尬。

一本以高價買到的古書，沈周視同至寶地，擺在齋中的紫檀木架上。

一位訪客看到後，吃驚地指出，那是他遺失已久的故物；並具體地指出書中某頁的特徵。

翻開書頁，特徵猶存。無論如何寶愛，沈周也無條件地全璧奉還。但對於賣書人的姓氏，他卻一本「隱惡揚善」的準則，始終三緘其口。

有人說，杜詩的精華，在于杜甫的胸襟、志節和悲憫的情懷。篇摹句倣，只求形似，與杜詩反而南轅北轍。

沈周所學唐詩，係由白居易平易近人的詩風入手，並未專注於杜詩。也許他那憂時憫俗的懷抱，和杜甫壯闊的心靈節奏，暗暗相合。因而在時人心目中，這位相城才子的詩格，很有杜子美的氣度和風範。

如果一定要在這位青年隱者身上，找尋一些瑕疵的話，他的耽迷於鬼故事和笑話，常常成爲人們談論的話題。傳說，他不惜以自己的書、畫，來換取座客們口中的異事和奇聞，並一一加以記錄。此外，他也喜歡把一些耳聞目睹的趣事，吟詠成詩，以之爲戲；連尼姑還俗也不例外：

「婆夷本欠佛因緣，無奈心香起業煙，衆散珠林還火宅，官收寶地作民廛。菩提舊念慈雲滅，歡喜佳期好月圓，清淨地中生愛水，從今都長並頭蓮。」（註六）

沈周十八歲那年，娶大他三歲的陳慧庄爲妻。陳氏事奉沈周祖母和父母，克盡孝道，人稱賢婦。唯婚後五六年仍無所出，乃爲沈周納了一妾。他二十四歲時，元配爲他生了長子，取名雲鴻，初爲人父的沈周，可謂心滿意足。

蒼白、瘦弱、年已弱冠的沈召，才華並不亞於乃兄，但他的體質，卻使人無時無刻不對他關懷。當祖孫三代—也許應該說是四代；四歲的雲鴻，早已成爲家族的新寵，時而舉在曾祖父的懷中，忡忡地聽老人唱詩—共聚一堂的時候，面對商周的鼎彝、漢鑑、吳塼，互相探討，各盡所學。有時，分題拈韻，祖孫父子，聯吟唱和。沈貞、沈恆或沈周，如有精意畫作，互爲題詠，世代書香，諸美畢聚。

蘇、常兩地，自古人文薈萃，入明以後，更不乏世家大族，但儀度的雍容，篇章的典雅，似相城沈氏者，並不多見。因之，也成爲郡中賢士大夫們學習、效法的對象。

環繞著西莊別墅的港灣間，經常帆櫓相接，滿泊著來訪者的官舫和民船。隨著歸帆，沈氏的聲望，也順著縱橫如蛛網般的江南水道，傳播到遠近各地。

△　△　△　△

景泰四年（一四五三），久知沈貞、恆兄弟，曾與老父相約終身不仕時，蘇州知府汪滸，把爲國求才的目光，投注在二十七歲的沈周身上。氣度、才華之外，他發覺到沈周的學識，廣博而深厚。

經、史、子、集、釋、老，乃至稗官小說，沈周似乎無不涉獵。就中以﹁左傳﹂、﹁杜詩﹂，影響最深。他的語言、文章裡，隱含著左丘明、杜甫的思想和義蘊。他彷彿有一種特殊的本領，從這一切龐大精深的知識裡面攝取營養，卻渾然無跡地表現在詩詞繪畫裡面。

在信中，汪知府懇切地表達，他向朝廷薦舉賢良的誠意，敦促沈周公車應舉，以免辜負明時，埋沒了錦繡的才華。

也許，這是沈周一生中所面臨的最大抉擇。他也不知道怎樣上覆汪知府的美意。

頹塌的鳳凰臺，滾滾江流中，白鷺洲上的鳥影，崔巡撫面前，一片讚嘆聲中，援筆而就的鳳凰臺歌……多年來在夢魂裡隱約浮動的一切，似乎都自自然然地爲他開闢了一條別人求之不得的坦途。

「總爲浮雲能蔽日，長安不見使人愁！」沈周咀嚼著李白的詩句；不知何故，即使他賦鳳凰臺歌的當日；「王子安才也！」即使在榮寵、羨嘆集於一身的時候，他也有一種要哭的衝動。彷彿看見面對鳳去臺空、長江淼淼的李白，帶著滿臉的憔悴和迷茫。

七十八歲的高年祖父，飄著銀髯；近「知命」之年的父親，幾乎每飲必醉。沈周雖已漸入壯齡，酒量卻十分有限；爲求父、祖的歡心，也時常相隨步入醉鄉，酒後相互扶持，醉眼相看，縱聲而笑；不知是快樂，是悲哀，或是爲腰領得全，祖孫、父子同堂而慶幸？

三十七八年前，祖父曾應舉進京。與一時才彥，並駕齊驅。那時，他的祖父，應該比父親現在的年齡還年輕幾歲，雄姿英發；沈周可以想像他那爽朗的氣概。拋開爲人稱羨的紫府仙人般的隱居生活－然而曾幾何時，卻以「病」爲藉口，重隱荒鄉。沈周無法想像，祖父究竟遭受到怎樣的壓力和心靈的創傷？

「總爲浮雲能蔽日，長安不見使人愁！」性情豪邁如祖父，可曾作過李白登臺或屈原的澤畔之吟？

內心交戰的結果，沈周採用古人「筮仕」的方式，把一切委諸於「命」。

另一個可能，「筮仕」，猶如祖父乞歸時的「病」。沈周既然不想應舉而得福，但更希望不要因固辭而得禍。筮仕的結果，得「遯之九五」，卦辭：「嘉遯貞吉」。

「吾其遯哉！」這是沈周謝絕應舉的全部理由。隨之而至的，是無數的惋惜和勸勉；但有甚麼比「命定」更爲充份的理由！

註一、依王鏊撰「石田先生墓誌銘」、文徵明撰「沈先生行狀」，均謂沈恆生三子；沈周、沈召外，尚有同父異母弟弟沈豳。

二、一說，沈周年十一，代父行役南京——似不可能，此處採用「沈先生行狀」的十五歲說。一說，崔恭巡撫應天府（南京），在天順二年，時沈周已三十一歲。此處仍以「行狀」爲依歸，並謹註以存疑。

三、「苦雨寄城中諸友」二首之一，見〔石田先生集〕（以後簡稱「石田」）頁三三七，中央圖書館編印。

四、〔石田集〕頁五四四。

五、〔石田集〕頁三五四。

六、〔石田集〕頁五四二。

第三章　西莊雅集

杜瓊（用嘉、東原、鹿冠道人）老師，雖然目眩耳鳴，體弱多病，但他教授沈周經學、繪畫，卻像以前教授沈貞、恆兄弟時，同樣地認眞。他是一位天生負責盡職的教師，難怪十五六歲，乃師陳繼應召出山時，竟選他繼任師職，教授同門。

這位被賢士大夫尊稱爲「東原先生」的蘇州樂圃里的隱者，山水畫風雖然出於北宋董源一派；但他那豐富的畫史知識，使他並不像某些畫師那樣，把自己局限在一種狹小範圍之內；此外，他的人物畫，也相當可觀。因此，他教學的方法，也不同於一般畫師，只指導學生臨摹古畫；甚至僅限於臨摹畫稿。

每當他教學生臨摹或鑑賞一幅古畫時，杜老師總是先敍述畫家的生平、人品，然後再分析作品的特徵：

「先生名公望，字子久，齠齡時螟蛉與溫州黃氏，遂姓其姓。其父年已九十始得先生爲嗣，喜而謂曰：『黃公望子久矣！』因而名字焉。」杜老師口中的故事，總是那樣生動有趣。對一位畫家學畫的淵源和風格，則又分析得具體而清晰，絕不含混其詞：

「作畫（指黃公望）師董叔達、僧巨然；坡石皴皵極稀，而韻亦殊勝，所謂自成一家者也。」

元末明初畫家王孟端在南京，聽人月下吹簫，淸澈婉轉。第二天往訪吹簫人，並畫竹爲贈。笑說：

「我爲簫聲來，以簫材報之。」

豈知吹簫的是個不解風雅的商人，知道王孟端的大名後，取出羢緞兩匹作爲回報，並懇請他再爲配畫。

「我來豈徼貨哉！」由於不屑其俗，王孟端扯裂畫竹，轉身拂袖而去。

諸如此類的故事，無論出自杜老師的口中或筆下，都在沈周心中，留下永不磨滅的印象。

杜瓊老師言談風貌，永遠像杯陳酒似的，醇厚而耐人尋味。平日頭戴鹿皮冠，手策方竹杖，和陳寬老師徜徉於蘇州一帶的山水之間，望之有如晉唐時代的古人。繼俞貞木和乃師陳繼之後，杜瓊是第三位被有司定著爲儒籍的蘇州學者。每當朝廷詔下，保舉賢良，地方大員往往首先便想到杜瓊。但是，像沈周的祖父一樣，杜瓊有著無可動搖的隱居的心志。

兩歲時便失去了父親。有很長的時間，在惡運籠罩之下，杜瓊彷彿被驅進一條暗無天日的甬道理面。喪妻、喪子、喪繼室；直到年近六十，才由再續夫人重新爲他生下二子。他的亡子，名「嗣昌」字「繼文」—由此可見杜瓊對長子期望的殷切。他形容兒子是「青春冰雪姿」。死的時候，剛好三十歲，和此刻的沈周不相上下，而他們的氣質、天賦，又何其相似。以前杜瓊雖然也教貞、恆昆仲繪畫，但他對沈周的鍾愛，似乎大異尋常，幾乎把對亡子的愛和耐心，全部灌注在沈周身上。這些日子，他正十分耐心地在沈周所輯的二十幾幅永樂、洪熙年間名士所畫册葉後，一一題寫畫者的小傳，剖析他們的畫風。其中謝孔昭、金文鼎、沈寓（公濟、臞樵），都是當年和沈周祖父同時應舉進京的賢才；一時俊彥結爲好友，多少年來，始終是爲人稱道的盛事。二十幾位畫家中，浙江錢塘人戴進（文進、靜庵，或以「璡」爲名），被認爲有明以來，畫家的第一人。戴進不僅廣泛地學習諸家所長，繪畫題材，更無所不包，但他的命運，至今仍然十分潦倒。

讓杜瓊大感意外的，册葉的最後一幅，竟是他自己四十幾年前所臨的一幅董源山水。眞是久違了；這畫眞蹟在朱景昭家，年輕的他，也只是借臨一過；不知何時給了愛徒沈周。重看青年時代的筆墨，感覺上帶有幾分稚拙。自然，現在筆力，不會再有那種稚拙之感。但，人也不可能再恢復年輕歲月了；這眞是無可奈何的事。

沈家世代相傳的許多宋元眞跡，總使一向處於貧困中的杜瓊，看得眼花繚亂。沈周的曾祖沈良琛（蘭坡），是元末明初大畫家王蒙（黃鶴山樵、叔明）的好友。王蒙曾經夜訪沈蘭坡，留下精心繪製的山水小景。王蒙巨作「太白山圖」，也藏於沈家。由於是不世之寶，爲了怕惹出禍患，平日不僅不出示給人欣賞，甚至不願隨便在人前提起。

從沈周所珍藏的古畫，從他無比勤奮地學習宋元明歷代畫家所長，使杜瓊預見他的藝術前途，當不下於年逾古稀，潦倒杭州的戴進。而他的氣度、人品，在經、史和文學上的造詣，將使他像北宋山水大師那樣，不僅以畫藝名世，而是藉著變幻不居的自然，表現胸中的逸氣，以啓發人明潔高尚的心志。

册葉中，杜老師也寫下他對沈周的評語：

「啟南所畫，素善諸家，今又集眾長而去取之，其能返其本乎！」—題沈氏畫卷（註一）

當沈周的畫風，由細緻秀潤的山水小景，逐漸拓為重巒疊巘的大幅時，杜瓊和沈周同時感到，他的書和畫無法相配：無論書體和功力，都需要再經過一番斟酌和努力。

△　△　△　△

天順六年（一四六二），沈澄徵士以八十八高齡逝世之後，相城西莊突然冷清起來。彷彿一個繁盛的世代，煙消霧散了似的，給人一種空茫茫的感覺。攬鏡自照，年方鼎盛的沈周，也在頭上發現了星星的白髮。究竟是歲月的飛逝，或是憂愁所致？不論何種原因，仍以不讓父母知道為妙，因此趕緊用鑷子，拔了開去。但是白髮恍如春草，一旦萌發了，就會越來越多。雖然立意隱居，有時仍然會有一種青春逝去，一事無成的苦悶，不得不藉著詩筆，發洩心中的抑鬱：

「一日復一日，一朝復一朝，青春不用推，白髮不待招。漸見襁者大，還催大輩凋，借問學仙侶，此關果誰超？神仙木冥冥，其言亦寥寥，獨有姬孔業，天地同遙遙。」—擬一日復一日（註二）

三十六歲的壯年人尚且有這樣的感慨，年逾八旬的老人心境，也就可想而知了。

晚年的沈澄不僅好客，更是位美食主義者。生性孝順的沈恆，總是盡一切心力，使老父歡娛。經常使人到蘇州，採辦美酒嘉肴。更設法邀高德碩學的前輩，到西莊來燕集，以驅散老年人心中的寂寥。然而，遠在六年前，沈澄就深深地感覺到「漸見襁者大，還催大輩凋」的歲月磨痕—不，應該說是「漸見兒輩老，還催同輩凋」吧。尤其想到四十幾年前，同時應召進京的十人，均是一時俊彥，談笑歡飲，和詩聯句，無涯樂趣仍然深印於記憶裡。而今則凋零殆盡，彷彿深秋的殘葉，擺在面前的，是霜雪的覆蓋。如果要十位好友重聚，除非夢裡幻裡，或是在另一個世界之中。

「自吾與子親接諸儒之雅好，而今不可復得矣；雖然不可復得，吾未嘗不往來於懷也；子其爲我效而圖之。」沈澄對八十一歲的沈寓說。

除沈澄外，沈寓是應徵十友中，碩果僅存的一位。這位蘇州隱士的山水人物畫，早年深受仁宗皇帝賞識，一時榮寵有加。但不久，卻以病求歸，像沈澄一樣優遊林下，含飴弄孫。

從沈寓的遠祖，就擅於寫眞術，以後世代相傳。畫法上，沈寓不但繼承了家學，更博採諸家所長。加以他在晉宋詩上的造詣，使他的人物畫古雅、富創意及書卷氣。

經過回憶、思索之後，各人的性格面貌，重在沈寓的眼前浮動。再與西莊的景物配合，巧妙無間地施之筆下。

沈寓「西莊雅集圖」完成之後，年已八十二歲的沈澄老人，整個神思都好像被攝進畫中，面對畫裡的當日嘉賓，重新沉醉於壯歲的夢境。

十友中，陳繼不僅成爲貞、恆兩兄弟的塾師，他的公子陳寬，更竭心盡力地教導沈周和沈召。金維則是沈澄老人的姐夫，兩人非止義氣相投，更是骨肉至親。謝晉（孔昭、蘭庭生、葵丘翁），詩、畫才能敏捷異常；在大庭廣衆之中，奮筆揮毫，尋丈長的巨幅山水，不到一日工夫，就告完成。他的口才、機智和風趣，更加令人傾服，每於談詩論文之外，說一些詼諧戲謔的話語，使舉座拍案叫絕。

……

這些當代的傑出風雅之士，在西莊的燕集中，都有形無形地灌溉著沈澄老人子孫們茁壯、成長中的心靈。

沉思默想中，老人也重新評估自己的藉病乞歸，並與兒孫相約不仕，到底是否爲得計。如果宦途果眞安穩，何以應舉的十友當中，有兩人半途而返，連京城都不願進入。更有數位，像他一樣地急流勇退。猶憶洪武年間，不僅百姓動輒得咎，連廷臣被杖死、放逐、或滿門受禍者，也所在多是。蘇州某些地方，甚至到了鄰里幾空的地步。倒是一些不入公門，不問世事的隱逸之家，較多保全；沈周好友吳寬的先世，就是很好的例子。

環視子孫，除了承歡侍宴、下田視耕之外，每日不是詩酒吟嘯，便是揮毫作畫。經學、文史、藝術—沈澄老人眼中天下至爲珍貴的文化，莫不集聚在西莊。並可以預見地，從這個鄉村別墅中，發揚光大。

學術上的成就、光輝之外，子孫的賢孝，更使老人感到欣慰和驕傲。他知道，兒子、長孫都不善飲。但是，在燕集中，爲了使他歡娛盡興，於歌詩吟詠之外，也常陪他喝得酩酊大醉。

「野寺清尊對鶴群，我來行酒聽論文，門前歇馬依青柳，池上開軒見白雲。自喜獻之同禊事，還慚阿買張吾軍，醉扶老父還家去，桑柘秋陰日未曛。」

沈周的這首「侍家父與劉完菴西菴文會」七律（註三），眞能表現出賢孝、典雅和豪放的家風。

「醉扶老父還家去，桑柘秋陰日未曛。」觀鶴、行酒、聯吟，文會後，斜長的樹影下，父子醉相扶持的景象…對長孫的這兩句詩，沈澄老人一再地吟哦，彷佛可以從中咀嚼出無窮的甘美。

某些潢潦、困頓的歲月裡，老人以成千斛的稻米，賑濟災黎，子孫也隨之撙節衣食，從無一絲難色。

湖盜、海盜、土匪…在盜賊橫行的時日，不僅攔路打劫，更明火執杖，斫關進宅，用種種酷刑逼人交出財物；如有不從，往往殺人焚屋。有些人家穿著衣服，整夜不敢就寢以便聞風逃避，在戰慄、哭泣中等待天明。只要夜間無事，第二天鄰里間彷佛絕處逢生般互相恭賀。

一夜，一群盜匪氣勢洶洶地侵入內宅翻箱倒篋。適巧那天沈恆住在外宅，原已順利走脫了。但想到父母都在宅內，不知受到怎麼樣的驚恐和蹂躪，於是轉身回返宅內，大聲號叫。群盜揮刀追趕，一刀斫在衣袖上面。在死生一線間，被迫墮入水中。所幸水淺浪緩，拾回一條性命。從此，沈恆先生的孝名，傳遍遠近。沈周則以盜匪的猖獗、殘忍，地方官的姑息，民間的戰慄和苦痛，著爲長詩：

「…民以靜為樂，貿貿安生死，雖然廢賙恤，糠覈自甘旨。去蟲木欣榮，除蜮禾茂薿，苟以刑不仁，誅卯亦非是。刑以齊亂民，用之不得已，如何輸租人，米駁覺

于。」—盜發（註四）

這種孝道的發揚，對人同情與濟人緩急的仁愛精神。一字一淚，爲民請命的膽識和魄力，也許可以說是肇自沈澄老人的西莊精神；西莊並不封閉，也不退縮，只是在有所爲和有所不爲之間，有著一個難爲一般隱者所把握的分際。

在西莊雅集圖完成之後，適得杜瓊從杭州旅遊回來，遂由他爲圖作記（註五）。西莊的精神境界、沈澄老人的情懷、以及十位友人的平生大略，在杜老師詩一般的筆觸下面，相形益彰地形成了書、畫雙璧。

△　　△　　△　　△

祖父逝世前後，年近不惑的沈周，由於已有二子（次子沈復爲側室所生）三女，人口衆多，因此計劃在西莊附近別創基業，一方面可以孝順父母，晨昏定省，一方面可以擴展視界，專心於讀書和創作。只是，一時還找不到適當的地點。

繪畫方面，他竭力效法王蒙那種綿密的畫風，繁複的構圖。他覺得王蒙作品命意高古，卻又充滿了活力和創意。在繁複的峰嶺溪瀑中，或以人物、舟車、寺宇，或以秋葉、果木等古艷的色彩，構成一條條脈絡，曲曲折折，把人帶入勝境。而脈絡與脈絡間，則又賓主分明，不相混淆。他那重重疊疊的牛毛皴法，幾乎佔據了整個畫面，但由於遠近層次分明，使臥遊者，只覺深山巨嶠的幽淸渾穆，而不覺得沉重和壅塞。單是王蒙的聽琴圖，沈周便臨寫三四幅之多，然後，他感覺，多少可以領會到王蒙的筆墨和命意。

祖父過世那年的七月十九日，意外地，在一位朋友家中見到了南宋梁楷的「鶴聽琴圖」，和他已深印在心中的王蒙「鶴聽琴圖」兩相對照，沈周發現王蒙作品一方面有古人作品作為根據，另一方面無論筆墨和意匠，處處透露出獨特的創意。

今與古，創作與摹倣，回家後的沈周，臥在北窗之下不住的思考。他想找出這兩者的分際。一些流俗畫家表面上標榜著獨創，橫塗豎抹，所得到的，只令人感到膚淺和妄誕。王蒙的畫，明似摹仿，一樹一石，似乎都有根據，但，給人的感覺卻是誠摯而親切，別具風格，極不可解。這種關鍵，也許就在於修養和體驗—對古人精神造詣的體驗、形式筆墨的體驗、自然人生的體驗，經過深入的揣摩，筆下自然會「言之有物」。

沈周不自禁地提起筆來，就前一天從梁楷畫中所得的印象，透過理解和詮釋，作「鶴聽琴圖」。究竟，他受這位明初悲劇畫家，曾祖父的好友影響太深。因此，他筆下的雪中洞壑、琴、鶴、屋舍，感覺上既不是梁楷，也不是沈周的，仍帶有濃厚的王蒙的烙印。

從成化改元那年（一四六五），沈周所畫絹本山水六幀冊，似乎可以看出他經過長久檢討和變化的端倪。那是一本高約九寸，寬約六寸的小冊。

「群峰相接連，斷處秋雲起，雲起山更深，咫尺愁千里。

流雲繞空山，絕壁上蒼翠，應有採芝人，相期煙雲外。」—朱子的五律；王蒙曾就詩意，畫過山水小冊。然而沈周不再一筆筆的照臨，僅就對王畫的印象，重新咀嚼朱子的詩意，作水墨淺絳的山景。幽深綿密的絕嶺峭壁，與其說得自王蒙，則莫如說更接近五代的荆浩（浩然、洪谷）。屋宇、人物，比較接近王蒙的外祖父趙孟頫（子昂、松雪）；對山水畫源流的探索，沈周似乎已從王蒙所建立的基石上，更上溯了一層；他雖然生長於多水少山的魚米之鄉，但他的某些山水畫風，卻越來越接近五代和北宋畫家，從生活經驗和想像中所建立起來的巨碑式的崇山峻嶺。只有樵夫、高人逸士、或神仙所寄跡的古寺寒林。

也許沈周意識到了，也許一半出於老師的誘導，一半是性之所趨；柳暗花明，水到渠成，三十九歲的沈周，已經走到了藝術生命的轉捩點。在白雲飄浮著的青空中，他創作的心靈，將自由自在地翱翔。

△　△　△　△

沈周習慣於記錄奇聞奇事、人爲的禍患、自然的災兆，甚至於醫方或食譜。微細的如用乾荸薺粉灑在豬腸上，開著鍋猛炒，臨熟時，加白酒少許，其味鮮美無比。餘如用糯米粽子作醋的方法。老雞、老鵝殺後放涼了再煮使肉變嫩的方法。以芝麻楷磨碎，撒在池邊田畔，可以制止蛙鳴擾人清夢……諸如此類，不勝枚舉。

令人不可思議的，他相信虎捉兔子之前，先沿兔子活動的四周撒尿，兔子便無能竄逃，任受其搏。獐子則另有伏虎之術：獐子在住處四周自吐口涎，只留一個缺口，虎可以從缺口進來，卻沒法出去。因此，老虎來時，獐子只要自行跳出口水圈外，老虎則坐困圈內，眼睜睜地看著行將到口的肥肉，跳竄而去。

他如因果報應、流星、地震，天垂警兆，往往使他深信不疑，並爲之憂心忡忡。

總之，他的行爲學養，無一不是恂恂儒者。而子所不語的怪力亂神，沈周不但無所不談，更無所不錄。那些想得到他書畫的人，則千方百計，編撰故事，聳其聽聞。

註一、﹇杜東原集﹈頁一三一，中央圖書館編印。

二、﹇石田集﹈頁二〇一。

三、﹇石田集﹈頁五七一。

四、﹇石田集﹈頁一六九。

五、﹇杜東原集﹈頁九〇。

第四章　有竹居

成化元年（一四六五），大約在沈周精心繪製成王蒙風「山水六幀册」的前一個月左右，河水決堤，田屋漂沒，人們在陸地上行舟捕魚。自然，收成也就化歸烏有；而田賦蠲免的機會，則又微乎其微，困頓與饑饉，似乎可以預見。在強烈的心理衝擊之下，沈周以悲憫的情懷，譜成「決堤行」的七古長詩。然而，在這次災難的創痛尚未平復的十月五日，便發生了更加震悸人心的警兆—流星。

雞鳴後，天色已經漸近黎明。趕集的人馬和車船，早已冒著立冬後的寒霜，默默地上路。習慣於早起的人們，也睜開了惺忪的睡眼，聽著陣陣的鴉鳴。

突然間，一顆車輪般的巨星，拖著長長的光尾，從西北向東南急掠而過。半空中，撒下一片黃、白光焰的流星雨，把大地照耀得恍如白晝。雞驚犬吠、騾馬跳竄，行路的人們有些竟駭仆於地。

流星落地的隆隆巨響，更有如砲震、雷鳴，久久不已；房屋門窗，乃至臥睡著的床鋪，莫不顛簸震動。

沈周無法窺測流星到底落在甚麼地方，變化成甚麼形態，估計那巨響與震盪，足達三百里之遙。連同前不久的種種災兆，他直覺到是上天降下的一種懲罰。到底爲甚麼罰，以及將要遭受到怎樣的天譴，知識廣博如他，仍舊是一片茫然。也許，在朝的名公巨卿或史官，能知道得更爲淸楚。

新王登基已近兩年，成化改元也已十來個月，除內官用事、政治紛爭和人事的猜疑、傾軋之外，邊疆不安，盜賊蠭起，頗有風雨欲來、狼煙遍地的驚恐。廣西猺獞族，在廣東、湖南一帶，流竄搶掠。經過英宗皇帝多年姑息之後，荆州、襄陽一帶的盜匪已變本加厲，劉通、石龍等聚衆萬餘，稱王建號。朝廷分別遣兵命將，前往圍剿。傳說中，雖然不無進展，但何時平伏，則又未可預卜。

除吳地堤決外，八月以後，南北兩京、湖、廣、浙江等地，更是饑荒遍地。在人們的感覺中，朝廷所派出的賑災大員，非但未能體恤和解除災民的痛苦，反而加深了自然所造成的創痕—只好罷斥幾個大官，以便不了了之。

大約一年以後，各處盜匪固然逐漸平靖了，但內官、廠獄之禍，則像陰魂般，在朝野間撒下不散的陰影。

△　　△　　△　　△

「無聞四十客，白髮半盈頭，女嫁本輕累，家貧翻重愁……」—雨中即興（註一）

寫這首五律時，正是連日陰雨的日子，長溝水漲，遠樹朦朧。但沈周感受中，並沒有江南暮春，草長鶯飛的生意，反而有種秋天的淒淸。造成這種低沉的心境，除了鏡中越來越多的白髮之外，大女兒出嫁後的生活，也使他增添了許多心事。

長女嫁崑山生員許貞（秉智），許貞是沈周的外甥，學問品格，都爲丈人所賞識。但除了家境淸寒，生活困頓之外，他那單薄的身子，也很讓沈周擔憂。

憲宗成化三年，十二月二日，許貞到蘇州看望久客承天寺的岳丈。然後，想冒著嚴寒的風雪，獨自駕舟返回東崑。看著他那孤零零的身影，沈周總有一種憐愛、依依不捨的情緒。他為他喚酒，驅逐風寒。本已送到河邊碼頭，但見到暗沉沉的天色，近樹遠帆，在玉雪紛飄中，變得一片模糊。一幅在平林遠山襯托下，冒雪獨櫂於荒江中的景象在沈周眼前浮現，使他越來越不放心許貞獨自歸去。於是，重新把他留下，在冷清清的僧寮裡面，岳婿二人燈下小酌，一面談詩，一面為他畫「婁江雪櫂圖」，寫出浮現在胸中的荒涼和寒意。

進入臘月後的大雪，連著下了三天三夜，沈周和許貞只好癡癡的等待。好在除了原寓寺中的友人諸中以外，陸菫（古狂）也衝雪而來。飲酒間，紛紛和詩，題寫在送給許貞的畫上，成為翁婿間，最值得紀念的一段佳話（註二）。

其後數年間，另外兩個女兒的婚事，就沒有那樣令他心煩意亂了。

二女兒嫁給射瀆徐廷質之子徐襄（克成）。三女婿則為吳江太學生史永齡。

對史永齡，沈周似乎更加鍾愛。永齡常陪沈周遊山、吟詠或夜坐。風聲、竹影、淙淙的流泉…有時，深夜中的天籟，突然觸動了沈周的靈思，往往便提筆塗抹，題以長詩短句，送給東床佳婿。翁婿之間，猶如知心好友一般。

然而，進入四十年代前半期的沈周，主要是以徐有貞、史鑑（明古、西邨）以及姐姐的舅翁—只作了幾年山西按察僉事，便急流勇退的劉珏（廷美、完菴），作為最密切的詩侶和遊伴。

這位朝廷的上相，迎請英宗皇帝復辟有功的徐有貞，從被讒受禍，放逐爲民的金齒回來，爲沈澄老人落筆撰寫墓誌銘後，和沈恆、沈周父子的交往，就愈加頻繁。時而和劉珏同舟連袂來訪沈周新建別墅—離家一里之遙的「有竹居」。在竹柳溪流所環繞的莊園中盤桓數日，暢觀沈周所收藏的書畫和古器。

身裁短小，一向精神矍鑠的前華蓋殿大學士、柱國武公伯徐有貞，從漫無休止的政治紛爭和放逐生活中脫身回來，彷彿變了一個人似的。治水、練軍、防邊、經濟乃至使他招災受辱的遷都之類的話題，很少提及。有人批評他誣陷禦邊有功的少保于謙，放逐其遺孤，他也不加辯白。唯獨感念英宗晚年，遣人把他招還故里，以及成化皇帝登基後，詔賜章服；因而自號「天全居士」—意爲幸獲天子之保全。閒居中，除了邀友同遊，在林屋洞買地種園之外，這位權傾一時的前朝重臣，則以演算易經，和教導長女的七八歲兒子，聰明伶俐的祝枝山讀書誦詩爲樂。

劉珏的嗜古、篤學、熱愛山林，完全出於天性，所以年僅五十便毅然決然地歸老長洲。劉珏畫學王蒙，但他更愛沈周的作品。無論作客有竹居，或邀沈周偕遊的旅邸中，比起徐有貞，他需索得尤爲厲害：

「廷美不以予拙惡見鄙，每一相覿輒牽挽需索，不問醒醉冗暇、風雨寒暑，甚至張燈亦強之……」—沈周題山水圖（註三）

不知由於耳濡目染，或遺傳的緣故，連劉珏的幾個兒子，對沈周，乃至沈貞、沈恆的繪畫，也同樣需索無度。沈周雖然感念知己和親誼，但有時也不免覺得困擾。只好用一半認眞一半玩笑的口吻，在題跋中加以諷示。

在蘇州府，好古成癖，連平日冠服、生活、禮儀、家庭教育、乃至治世的主張，處處嚴守古道的，莫過於史永齡的父親史明古。這位無書不讀，尤精於史事的碩學之士，長著一臉戟張的長鬚。和沈雲鴻的塾師周宗道、著名的古文家—解元吳寬（匏菴、原博），是沈周密友中的三大鬍子。

生性正直的史明古，也以好辯聞名。假如有人膽敢指出橫山的大部份在吳縣，僅有一片山角伸展到吳江縣境—自該隸屬吳縣時，這位熱愛家鄉的吳江處士，臉上便好像受到冒犯般地鄙夷而嚴峻，並予對方以當頭的棒喝。此外，他也堅持，喝生水可以治癒一切疑難雜症，到處推廣他這種既獨特又簡易的醫方；而環繞著他自己和家族的悲劇也于此種下禍因。

和徐有貞、劉珏截然不同的是，儘管史明古長久以來，便雅好沈周的繪畫，但他絕不輕易開口索求。自然，像他那種固執而嚴肅的性情，是絕不會像某些訪客那樣，用膚淺的笑話或幾則荒誕不經的奇談異聞，和沈周交換書畫。這倒使紙張絹素堆積滿案，平日受鄰里、友人、寺僧，甚至素不相識訪客索畫困擾的沈周，深深地感到過意不去。因此，成化六年（一六七〇—是年唐寅、文徵明先後誕生於蘇州）夏天，在避暑的閒暇中，沈周忽然想到此事，便主動畫幅「溪南訪友圖」，寄給史明古。以吳江縣的穆溪作爲背景，採用他近年來已能用得得心應手的荆浩、關仝的筆法揮寫。畫中描繪沈周在重重雲樹間，策杖行過一座曲水小橋，前往西郵訪問親翁史明古的景象。在一首七絕後面，沈周寫：

「西邨久愛余筆意，未有以酬，因避暑竹莊，戲寫荊關筆意以寄之，不知西邨果能知所愛否？」（註四）

前後修建七年之久的「有竹居」，以沿牆栽植的清蔭綠竹取勝。在接近陽城西湖的湖川交錯間，船上的訪客，從幾里外就可以看到桃花襯映下的茂密竹影。比起祖父所建西莊的豪華典雅，有竹居更像一座質樸的莊院。錯錯落落的幾間茅草房，簡陋而充滿詩趣的跨溪小樓……可以耕田讀書，可以在月影中徘徊、吟哦，也可以在挺拔的梧桐和高古多鬚的栝樹下面，引杯小酌。

他把他的書室，命名為「碧梧蒼栝軒」；在沈周心目中，兩棵鬱鬱蒼蒼的大樹，彷彿國士，更彷彿諍友。它們的風姿和氣度，總使他聯想到好友吳寬和史明古。相形之下，庭院中亭亭玉立，楚楚可憐的疎竹，就顯得格外的清癯、雅淨，頗似三個儒雅而富才氣的子婿。

浩蕩、空闊；放眼望去，莊前面對著鷗鷺飛翔的長川和湖泊。仰臥北窗下面，可以見到遠遠的虞山，朦朦朧朧好像隔著一層裊裊的紫煙。沈周形容他新生活環境的恬適：

「小橋溪路有新泥，半日無人到水西，殘酒欲醒茶未熟，一簾春雨竹雞啼。」—有竹莊圖并題（註五）

四十五歲（成化七年），當沈周有竹居落成之際，伯父沈貞對景色的清幽、佈置的雅潔，發出由衷的讚嘆：

「東林移得間風月，來學王維住輞川，紫陌桃花紅雨外，滄洲野水白鷗邊。滿斟濁酒

無絲竹，散雨新鄰有石泉，教子只留方寸地，藍田何待玉生煙。」（註六）

這首富紀念性的歌詠有竹居的七律，沈周首先和了六首（註七），一時名士如劉珏、劉昌、李東陽、吳寬…和者極多，傳爲盛事。

早在七年前有竹居草創之時，吳寬就曾來訪，住宿一宵。不僅對竹，對莊前繫舟的川柳和溪邊的斷橋，也留著深刻的印象。

不知是否有竹居的竹，觸動了這位從失子悲痛中平復過來的解元的靈機，吳寬也在他所居的「東莊」牆邊隙地，茂密的竹叢間，建築一座「醫俗亭」。在睡臥、飲食、讀書和吟嘯中，吳寬不僅以竹爲醫，更處處以竹爲師。藉竹的風姿、氣性，培養自己寬宏的度量，正直不屈的道德勇氣，靈明瀟灑的韻致和不變的節操。兩莊一在蘇州東北方的相城，一在蘇州東南角上的葑門；相距五十餘里，遙遙相映成趣。

△　△　△　△

滿面鬚髯的吳寬，個性開朗風趣，他那名傳遐邇的「咎鬚文」（註八），集詼諧機智之極致：

「…汝鬚之生，種類亦殊，兩頰曰『髯』，口上曰『髭』，汝居口下，其垂如胡。」界定了鬚的類別之後，吳寬筆鋒一帶，幽怨異常地數落起鬍子所帶給他的種種額外困擾：

「然汝於人，出必有候，不少不老，不先不後。而獨何故，即爲我有。初焉萋萋，勃然滿口，綢繆連延，紛紜雜揉，耳密如林，其豐若蔀…」

這種有如原始「窩集」般的于思鬍子，不僅影響到這位壯歲詩人的觀瞻，更使他的信譽蒙上了一層陰影—沒人相信他所說的年齡。就是自己攬鏡自照，也免不了徒增光陰迅邁和老大的傷悲—別說在妻妾眼中留下怎麼樣的形象了。

振振有詞，令人叫絕的，是文中吳寬假托「鬚神」的一段巧辯：

「…當夫張筵設几，賓客交互，讓汝首席；職是之故，我何負汝！五達二岐，步履從游，讓汝一武；繄我之由，我何負汝！宜叔而伯，宜弟而兄；以有我在，孰輕汝稱，我何負於汝…」

除了酒席上、旅遊中、或人際間的稱呼上，因鬍子而佔盡便宜之外，「鬚神」更自認爲：

「怒之輒張，足壯將帥之勇氣。撚之而斷，足以役詩人之吟魂。種以數莖，而拜上相，垂焉至帶，而位元臣…」

在「鬚神」的一連串反駁與搶白之下，吳寬愧悔交集，自感猛浪。於是掀髯一笑，人、鬚之間，立時芥蒂全消，歡好如故。

如果不是讀了好友這篇千古妙文，疎鬚數莖的沈周，恐怕終生無法領略鬍子的妙用。但，如果不是髡然無鬚的趙鳴玉，沈周似乎也無法理解長不出鬍子的悲哀。

爲蘇州皐橋趙鳴玉，發起向沈周家塾師周宗道募化鬍子的姚存道，大概爲了「近水樓臺先得鬚」的關係，堅邀沈周共襄盛舉；並指定他執筆這篇不朽名文—「化鬚疏」（註九）。使沈周對多年來朝夕相向而未以爲貴的，環繞周宗道巨目高鼻的纙纚長髯，不得不予以重新評價。

原來「化鬚疏」起首的警句是：

「伏以念天閹之有剌，憫地角之不毛；雖傳相莫逃於禿名，賴易賁尙存乎飭義。為人者，康樂捨施有迹；為己者，鶴諶插種有方…」其後，大概覺得用典未妥，或對仗不夠工整的關係吧，書寫時乃稍加潤色為：

「…康樂著捨施之迹，崔諶傳揷種之方。惟小子十莖之敢分，豈先生一毫之不拔…」

末尾，沈周以豐富的想像力，生動地描寫趙鳴玉移植到一縷長髯後的喜悅：

「把鏡生歡，頓覺風標之異；臨河照影，便看相貌之全。未容輕拂於染羹，豈敢易撚於覓句。感矣，荷矣，珍之！重之！敬疏。化緣生沈周」

吳寬比沈周年輕八歲，兩人很早便結成莫逆。他對舉業的八股文，從小便感到枯燥和厭倦。後來在父親藏書中，翻檢到〈昭明文選〉、〈史記〉、〈漢書〉和唐宋大家的文集。深覺古人為文，自然酣暢；不僅說理敍事暢達，更能充分表現出作者的襟懷和感情。遠非空洞、貧乏、千篇一律的時文所能比擬。因此，越發斷絕了求取功名的心意，不願和少年書生，在場屋間一較短長。

但是，成化四年（一四六八），在提學和巡撫的催促下，吳寬依然參加了南京鄉試，並意外地名登榜首—榮獲解元；也給自幼孤苦伶丁的老父，帶來一份喜悅，和接受皇封的希望。

不過，命運對人的作弄，往往令人無法揣測；冒著隆冬盛雪前往北京參加春闈的吳寬，不僅考場失利，功名不偶；在蘇州家中，更連著喪失了三個愛子。使整個家庭，陷於黑暗和絕望中。所有的親朋好友，都爲他斷絕子嗣而痛惜，曾遭喪子之痛的杜瓊老人，更覺得嗣續事大，除了替吳寬難過外，並準備畫松爲贈；傳說圖松可以佑人早生麟兒。

得到種種噩耗的沈周，實在不敢想像尚未南歸的吳寬，怎能經受這一重重的打擊。

「…且放古文傳海內，莫將清淚落燈前，長鬢未白青春在，仁者終當有象賢。」—聞吳原博既不捷于禮闈又連失子女恐其遠回有不堪于懷者先此爲慰（註十）

在失眠的初夏之夜，病中的沈周，唯有祈望這慰問的詩箋，能比失子的噩耗早一步遞到好友手中，使他能有一些心理準備，免於精神堤防的潰決。

但，吳寬畢竟是達者，不僅從徹骨的劇痛中，重新步上心理和生活的常軌；堪以告慰的，是在喪失愛子同一年，便由側室爲他帶來新生的骨肉：

「予生因嗣續，往往被人憐，重聽呱呱泣，還驚六六年。桑蓬行射禮，朱密檢醫編，今日為兒祝，惟應壽最先。」—得子（註十一）

註一、〔石田集〕頁三五八。
二、〔式古堂書畫彙考〕卷四頁四〇二，正中版。
三、〔文人畫粹編〕卷四圖十，（日）中央公論社版。
四、〔石渠寶笈〕頁四三一，故宮博物院版。
五、〔式古堂書畫彙考〕卷四頁四一五。
六、〔石田集〕頁八七二。

七、〔石田集〕頁四四九有四首，頁五六〇有二首。

八、〔匏翁家藏集〕頁三四七，商務版。

九、〔石田集〕頁八四一及故宮博物院版〔吳派畫九十年展〕頁三七、二三四。

十、〔石田集〕頁九一。

十一、〔匏翁家藏集〕頁四四。

化鬚疏 有序

茲因趙鳴玉髭然無鬚，須姚存道為之告助于周宗道者，於其子思之間，分取十鬚，補諸不足，請沈啓南作疏以勸之。疏曰：

伏以天閹之有刺，地角之不毛，鬚需同音，令其可索，有無以義，古所相通，非妄意以干，殆因人而舉。康樂著舍施之迹，崔諶傳插種之方，惟小子十莖之敢分，豈先生一毫之不拔。推有餘以補也，宗道廣及物之仁；乞諸鄰而与之，存道有成人之美。使離離緣皮而飭，我當楷楷擊地以拜。君把鏡生歡，頓覺風標之異；臨河照影，便看相貌之全。未容輕拂於染羹，豈敢易撚於覓句。感矣荷矣，珍之重之。敬疏。

化緣生沈周識

沈周　化鬚疏

第五章　西湖之旅

有竹居別業落成，沈周彷彿放下了多年來的心事。從成化七年正月，便與劉珏、史明古、弟弟沈召計議，買舟作西湖之旅。

他很想擺脫一些甚麼；自然不是杏花、蕉叢和他所經營多年的有竹莊，而是畫債；滿案、滿篋堆積著的絹素和紙張。他以半開玩笑的口吻說：

「吾在，此債不休；吾死，則已矣。」

隨著他詩、書和畫名的遠播，溪邊的柳蔭下，就變得越發擁擠雜亂，每日帆檣往來，永遠沒有安寧的時刻。隨和、好客一如祖父的沈周，由於不願意使人失望或難堪的結果，剛剛建成的世外桃源，卻擾攘喧囂得像旅邸一般。良莠不齊的訪客，經常在有竹莊中食宿。有些客人，連歲暮、元旦也在他家中度過。更有人棄妻兒老母於不顧，久久不願歸省和團聚。看倫常的沒落，痛心之餘，沈周不得不為詩諷勸：

「十年漂泊獨堪嗟，別日慈親鬢已華，夜半還家憑夢裡，門前滿眼是天涯……」──客有母老久不歸省（註一）

有些索畫者，並無一面之識，僅以一條巾，或一些微不足道的禮物，便連索數幅作品。約定時間稍過，就同催租討債似的，騷擾不休。面對著處之泰然的沈周，許多好友，紛紛為他感到不平。

此外，他們之間，不乏專門造假畫的人或古董商販；往往沈周一幅新作，一日之間，就出現十幾幅贋品。數日後，更流傳得到處都是。甚至連他的好友都無法確定眞僞，不僅買回家中懸掛，還宣稱買到了沈周得意的筆墨。造假畫的人，起先還僞刻沈印，倣效沈周字體來題詩落款。及至見到沈周平易近人，並不深究到處流傳的僞作時，膽子也就更加壯大，索性把一式十幾幅的假畫，請沈周親自題詩落款。如此一來，關懷他的好友們，不僅憤憤不平，更爲沈周的藝術前途，感到憂慮和惋惜。但是，沈周認爲，作品的好壞眞假，眞正有鑑賞眼光的人，自能辨別。而這些替人造假畫，乃至於懇請他在贋作上題詩落款的人，並不是爲了適性玩賞，或留給子孫，作爲永久的珍藏；只不過賣幾個錢救窮、救急而已。

「吾詩畫易事，而有微助於彼，吾何足靳邪！」他說。

儘管沈周的胸襟寬宏，充滿了悲憫的情懷，但盡日的騷擾，究竟有違隱居的情懷。爲了尋求心中的寧靜，他不得不像青年時期到蘇州求學那樣，每月定期進城。從船上瀏覽河道和兩岸的風景，使沈周心中感到無比的閒適。帶著陳舊、潮濕氣味的漁舟，在微曦的晨光中，撒網捕魚。漫歌聲中，包著巾帕的少女，在塘中採菱。岸邊的野梅，散播出沁人的芬芳，從船邊緩緩而退⋯一次次地航行，四季的景色，在他眼中，有秩序地變換著。

爲了避免麻煩朋友，或受到索畫者的騷擾，到了蘇州的沈周，很少進入鬧區，總是落腳在偏僻的寺廟，在清冷的僧寮中，讀書或靜坐。可是不知從甚麼時候，連這種短期的寧靜，竟也成爲一種奢望。往往在他還沒捨舟上岸的時候，就有些好事的人們，等候在他將投宿的古寺裡。

沈周必須像捉迷藏般，轉換不同的寺廟，作爲在蘇州城的臨時寓所。他寄寓次數最多的是地位較爲偏僻的承天寺，和久居蘇州者也很少知道的西禪寺。

吳縣西南富郎中巷的西禪寺，建於唐朝貞觀年間。在宋理宗景定年間的一場大火中，僅有一尊觀音，奇蹟般逃過了刼數，所以改稱爲「觀音庵」。沈周三十五歲那年，郡守林鄂把觀音庵的大殿，作爲鹽政通判辦公的官署，因此，連「觀音庵」也僅是往日的陳跡。只有東西院的僧舍，住著少數淸修之士。偶而，一些愛靜的詩人，會到這裡吟詠雅集。

三十多年來，每月必定進城小住的沈周，不僅深愛這爲時間、災變、人事所掩埋在鬧市的古廟，更愛那主持的老僧明公，他像尊古佛般寧定。儘管歲月如流，但三十幾年來，似乎並不能在他的頭和平靜的面容上，有更多的刻劃。對來往寺中的詩人、畫家，明公從來不加煩擾；在陳舊的僧房和幽森的林木間，騷人墨客可以享有眞正的淸靜，無憂無慮地吟哦、揮毫。甚至對早已成爲知交的沈周，他也一無所求。

只有一次例外；成化六年，入夏以後，沈周連著五個月沒有進城；不知是否觸動了明公「世事無常」的感慨和關懷。因此同年十月下旬，當沈周再度住進西禪寺時，明公破天荒地出紙向他索畫，沈周則欣然命筆，爲作「谿巒秋色圖」，傾圮的古廟，凄淸的月色，伯父沈貞題七絕一首：

「錦帆涇上千年寺，水殿雲廊半不存。只有老僧明月下，立當淸影夜敲門。」（註二）詩、畫相映成趣，對明公無異是鎭寺之寶；對沈周而言，在應付索畫的經驗中，也許是最感快慰的一次。

△ △ △ △

籌劃多時的杭州西湖之旅，起初不如想像中的順利，同時也沒有使沈周擺脫索畫者的困窘。

吳江、平望、盛澤…沿著運河行駛的船隻，到達嘉興西南七十里的檇李，就爲大雪所阻，一時無法繼續航行。淨相寺，是自古以來檇李的產地，但此時只是二月初的仲春，因此，沈周等四人，也只有望著五六十株名傳遐邇的李樹而興嘆。

餘杭、西湖或山水清麗的臨安，都是劉珏舊遊之地。沈氏昆仲則屬初臨。逆旅中，雪夜無聊賴，劉珏以黃大癡、王孟端的筆法，爲沈召寫一幅尺餘高，一尺半多長的「臨安山水」（註三）。穠潤的水墨，簡潔異常地勾劃出老樹新篁夾峙中的溪流，和重重的山色。

「不見廬山眞面目，只緣身在此山中」；劉珏看著自己筆下的山水，似乎比身歷其境時的感受，更加具體和眞切。回想往日登眺的景象，隨手題五言絕句一首：「山空鳥自啼，樹暗雲未散，當年馬上看，今日圖中見。」史明古也感慨繫之地題：「山光凝暮雲，風來忽吹散，借問在山人，何如出山見。」

小沈周六歲的沈召，雖然已近不惑之年，並有妻子兒女；但一向多病的身子，使他看起來單薄而瘦削，彷彿一個文弱的少年書生。一路上吟詩聯句，他那溫雅的語言、氣度，和詩句中所透露的敏慧，都增進了劉珏對他的瞭解與關愛，他稱沈召爲「沈氏的白眉」。

沈周於和詩之外，更在劉珏臨安山水跋中，記寫南遊、阻雪，以及對其詩、畫的歡欣和讚嘆。

二月中旬的西湖，正是柳綠花紅的時候。在東道主諸立夫的安排下，白天暢遊名勝古蹟，晚上幾乎徹夜不眠地酌酒談詩。放鶴亭、林和靖墓、岳王墳、葛嶺上的賈似道故居……有豐富歷史知識和考據癖好的史明古，每到一處地方，不僅吟詠流連，更要細加考證。他預備輯成一本〔遊杭詩稿〕，留待晚年臥遊。他那肥胖的身軀、戟張的鬍子，和一口宏亮的吳江話，往往引得遊人側目。最苦的可能是檯肩輿的輿夫，在崎嶇的峰嶺，和漫長的候潮路上，眞有不勝負荷之感。

沈周的遊興，和親翁史明古同樣地高昂。

遊經蘇堤第六橋的時候，他尋到一支古梅截成的手杖。蛇鱗般的木皮上，滿佈著碧綠蘚苔，隱約地還留著舊日遊人的題詩。他十分珍惜，認爲可以作爲老年策扶的遊侶。

飛來峰，無論石、穴的奇兀幽隱，大小佛像的妙相莊嚴，都使他認爲是武陵最佳的勝景。靈隱和韜光庵，不僅使他流連忘返，也和祥公、愼庵等人，結下了不解之緣。當他遊覽頹坍的南宋故宮；在河山破碎，人民離亂之際，卻作起太平宰相的賈似道的半閒樓；岳王廟巍峨的廊殿以及廟西莊嚴肅穆的陵墓……這些歷史興亡的古蹟，往往引發他嘆息和唏噓：

「金殿岧嶢立翠微，中原遙見虜塵飛，兩宮鴈泣愁難托，七廟鵑寃恨不歸……」（註四）。

一個多月的暢遊期間，除了偶宿靈隱、韜光庵之外，多半在諸立夫和青年處士劉英（邦彥）陪同下，借住於寶石山寶峰樓的僧舍裡面。往往經過一天的倦遊，在群鴉亂鳴的暮色中，正想小酌數杯，或整理詩稿，卻不斷響起索畫者的敲門聲。沈周無法想像，這些人怎麼會那樣快的聞風而至。像有竹居的書房一樣，清靜的僧樓，很快地堆起一卷卷的紙張和絹素。隨著紙絹所送來的贄禮，也形形色色，有各式各樣的土產和西湖織錦；也有的堅作酒飯之邀。還沒等揚帆歸里，就已經進入了多少年來吟哦塗抹，不停應酬的苦況，使沈周深覺此行美中不足。劉英則以詩相嘲：

「送紙敲門索畫頻，僧樓無處避紅塵，東歸要了南游債，須化金仙百億身。」（註五）。

暮春的暖風，吹拂在古老運河的歸舟上。除了畫債、禮品之外，沈周的詩囊裡，增添了幾首旖旎迴異往日詩作的「西湖竹枝詞」，其中之一是：

「杏子單衫窄樣裁，荷花嬌貌一般開，中心有事誰知得，酸去酸來只怨梅。」（註六）。

的確，這也正是梅子珠圓，漸近梅雨的季節。當他登上尖細高聳的保俶塔，下眺行人飛鳥，渺小如蟻；煙水蒼茫中，不禁湧起一陣思鄉的情懷。但航向歸途的時候，心中卻又浮起揮之不去的湖中畫舫的影子。絃管歌聲、翠袖珠簾，比起吳儂軟語，別有一種引人遐思的情調。

此後，每當送友人前往遊杭的時候，沈周總是一面囑託代爲搜尋他舊日的題詩，一面發出「也知行樂多紅拂，已倦追歡有白頭。」（註七）的感喟。

△　　　　　　△　　　　　　△　　　　　　△

「看雲只道青山動，誰道雲忙山自閒，堪笑老夫閒不了，朝來洗硯寫雲山。」（註八）。

又是重陽時候，沈周正在從事十幅山水連作。用模糊的水墨寫米氏雲山；用青綠、華青、淺絳……寫碧梧、黃葉、盛開在溪邊的粉杏或滿湖似雪的荻蘆。所寫的雖然是四季景色；但他並沒有完全依照時序。

他那華髮覆蓋下的心境，不僅像山雲般的忙碌，似乎也失去了時序。從畫中的江上雪晴，尋詩者騎驢賦歸的景象，聯想到四年前的檇李阻雪。從綻放的杏花，聯想到四人在杭州紫陽庵中聯句的情境。不知何時，展開在他模糊淚眼下的，不是米氏雲山，而是五年前為弟弟沈召所畫的「桃花書屋」（註九）。

高山叢木，桃花環繞中，一人捧卷兀坐。三間書屋，就建在鄰近家宅的北水灣處；從小供兄弟兩人讀書的地方。畫中的沈召，神態嫻靜，看不出多大年歲，在一片淡色染成，寒艷籠罩的天地中，不僅沒有一絲塵氛，連時間也是靜止的。

畫上有徐有貞和吳寬的題詩，詩情畫意相互輝映，愈發感覺完美；所以，當時沈周並沒加以題識。

曾幾何時，劉珏、弟弟、徐有貞，以及從小教導、照顧自己的杜瓊老師，相繼亡故。患風痺症的父親，三年多來輾轉床第；不再似當日登樓賦詩，手持高杯的洞府仙人。父子相偕，和劉珏在野廟中對鶴飲酒、論文，在黃昏日影下，相互醉扶還家的景象，也只能在詩裡、夢裡去尋覓。

大約從杭州回來不到幾個月的工夫，沈召的肺病就急遽地加重。一年多的時間，他一直陪他宿於外室。爲他畫十六幅蘇州名勝，裝成一册供他臥遊，以消減病中的枯寂。

看著他那枯瘦、缺乏血色的面容，沈周忽然想到十多年前沈召帶著病，就被抽調服行勞役的往事。關懷、痛惜，不知道怎樣叮嚀他才好，他記得當年曾在詩中寫：

「負重憐年少，紅塵逐病身；既為執役者，莫作晏眠人。官裡誅求教，民間給用貧，餘情不堪道，相對但沾巾。」——繼南執役（註十）

從一灘灘咳出的血液，沈周可以感到，這個一直單簿、衰弱的弟弟，將要去得更遠；他所面對的，不再是勞苦負重和吏役的苛虐，而是無法得知的神祕與渺茫。

以前，他也常常以詩、畫來酬謝爲沈召治病的醫生，但是，到群醫束手的時候，他就只能用畫來平伏弟弟煩悶的心靈；但又何嘗不是藉詩、畫來平伏自己的心緒？

沈召過世的前一年冬天，沈周爲他仿趙令穰的「蘆汀採菱圖」，沈召不僅愛不忍釋，還特別取出請前來探病的杜瓊老師爲他品題。年高七十六歲的杜先生，當時沒有新作，遂把一首舊日的七古題寫上去。圖景詩意，兩相配合；看來，倒好像特意爲它而賦的一般。然而此刻，杜老師的詩、字和那慈祥的風貌，都已成了絕響。

劉珏突然病逝，似乎完全出人意外。從杭州回來的次年二月初，還同吳寬、徐有貞、史明古等一行六人遊西山雲泉庵，爲「大石聯句」。不久就發起病來。在重重憂慮、寂寞中，沈周塡寫一首「青玉案」，以感懷知友：

「去年春色西湖路，憶與美人尋去，今日江南春又度，回頭人事可憐，堪歎不及春如故，劉郎臥病無情緒，寂寞桃花落紅雨，看取浮生能幾許，及時須樂，得閒須醉，莫為忙時誤。」（註十一）。

二月廿七日，同宿靈隱方丈室的愼庵雨夜來訪有竹居時，劉珏已過世多日，沈周心靈，正陷進了無盡的深淵。想起前次劉珏訪有竹居時，爲了他要畫的需索無度，不得已酒後在燈下所塗抹成的山水，簡淡的筆墨，奇特的佈局，沈周自己也感到是神來之筆；是他的畫風，從王蒙、五代大師轉向老米、大癡的新里程。大笑大叫之餘，他在畫上題寫出當時愉悅的心情：

「米不米，黃不黃，淋漓水墨餘清蒼。擲筆大笑我欲狂，自恥嫫母希毛嬙；於乎！自恥嫫母希毛嬙。」（註十二）。

沈召死於成化八年（一四七二）的七月十三，武功伯徐有貞，結束其絢爛多姿的一生，於兩日後的中元節。享年六十八歲，僅比劉珏年長五歲，比之以不惑之年即撒手人寰的沈召，似乎又不能不說是高壽了。

杜瓊於成化十年十月二十六日逝世。那年秋天，解元賀其榮，北上參加次年的春闈。向杜老師辭行時，七九高齡的杜瓊，答應作畫爲贈。

細水、瘦石，林木稀疏；那是一幅未完成的作品，也是杜老師的絕筆。

不僅囊無不義之物，更愼選必端之友，人們眼中的杜先生，是位徹頭徹尾的君子和隱士。他對人的溫厚與關懷，使人留下永遠無法磨滅的追思和懷念。連喪三子後的吳寬，一直遵照杜瓊老人的叮囑，把祝他早生麟兒的「松圖」掛在床邊；更不時接到這位長者的信函，問他是否應驗?因此，當賀其榮持杜瓊的遺作求題時，曾引起他無限的感慨。

像漫天飄浮的陰雲一般，劉珏、沈召、神光炯炯的武功伯徐有貞、溫厚瀟灑的杜老師，一個個的音容笑貌，在沈周眼前浮動。泉湧的往事，也彷彿重陽怒放的花朵，撫慰著他寂寥的心靈。

「桃花書屋吾家宅，阿弟同居四十年，今日看花惟我在，一場春夢淚痕邊。」沈周補題五年前的「桃花書屋」；眼中的筆跡、淚痕，一時之間，像米氏雲山般的模糊。

△　△　△　△

成化八年，在沈周最爲暗淡、悲戚的一年，卻正是吳寬連中會元、狀元，入翰林，授修撰，平步青雲的時候。想起他前幾年的落第和喪子，沈周不能不替至友的否極泰來而高興。爲吳狀元舉杯遙祝之餘，他想起了他那傳誦一時的名文—咎鬚文；不禁又激起了沈周那無可遏制的幽默感。他在「寄吳狀元原博」詩中寫：

「文章不是咎鬚時，轉見鬚長文更奇，省殿兩元皆自取，豈憑春夢替劉滋。」（註十三）。

和吳狀元同登金榜的，還有身材矮胖、正直幹練的好友文林（宗儒）。文氏住在蘇州承天寺西南的曹家巷內，與老父文洪（公大）相偕進京應試；文洪是成化元年舉人。結果文林舉進士，高年老父僅中副榜，一時也傳爲佳話。

自古以來，小說戲劇裡的狀元、進士，多屬翩翩少年，不知有沒有像吳寬那樣虬髯滿面或如文氏父子這般搭配？有時，沈周會十分調侃地想：像吳、文二友的尊容，如果遇到像蘇州提學某公的取士方式，不僅不得取錄，恐怕永無前程可言。

那位沈周「姑隱其名」的提學某公，在一次歲考中，竟然以貌取人，一口氣罷黜了所有長相不佳的秀才。這種乖戾的作風，對青衿士子的摧殘，使獎掖後進不遺餘力的沈周，痛惜、悲憤，也爲之啼笑皆非。

在一首「揀瓜詞」五古裡，他把那位提學，譬喻爲庸庸碌碌的選瓜人。在府學和縣學多少碩學宿儒，辛苦培植出來的濟濟多士中，目光淺短得只顧到「瓜」的外形，卻完全無視於品德、學養和才幹。

「…君不見，賢妃白頭女。又不見，賢相跛足子。嗚呼！貌取豈盡瓜，外陋安知中自美；顏華一臠請君嘗，滋味分明為君死。」（註十四）。

然而，吳、文二人春風得意之餘，心中又都不無遺憾和隱憂。

吳寬七四高齡的老父，身體正日益衰弱。這位自幼孤苦伶仃，性情寬和慷慨的老人，似乎有兩個待了的心願：其一是恢復少年時代，在荒亂中所不得不遺棄的葑門祖業—「東莊」；另一心願，是在兒子金榜題名後，榮受封誥。

幾年來，在兒子們的協力下，花木茂盛，流水清淺，成熟時的園中瓜果，足供路人採摘解渴。收成後的稻作，也可以救濟鄰近的饑民—「東莊」已逐漸恢復了早年的蓊鬱和繁茂。

美中不足的是，已入翰林的吳寬，卻遲遲不見朝廷頒給老父的封誥。不僅吳寬爲之焦慮，連沈周也贈詩老人，曲意寬慰。

成化九年秋天，授永嘉知縣的文林前往溫州赴任時，帶到他面前的四歲次子文徵明（原名壁，後以字行，爲方便計，本書均稱徵明），依然怔怔忡忡地，連句話都說不清楚。比起那些奔跳嬉戲，淺近的千家詩、唐詩都可以琅琅上口的同齡兒童，不禁給人一種呆鈍的感覺。

「兒幸晚成，無害也。」文林說。

聽的人，無法確定文林到底信心十足，或自我安慰。只是，在一片附和聲後，人們眼中不免流露出一絲憐惜的神色。

隨父赴任的文徵明，不久便由舅父祁春攜回蘇州。八歲母喪，先由祁春照顧，後住在年老的外婆家中，少年時代的徵明，可謂孤苦伶仃。

註一、〔石田集〕頁五九八。

二、〔式古堂書畫彙考〕卷四頁三九七。

三、圖記見〔壯陶閣書畫錄〕頁五五〇。

四、〔石田集〕頁四九六。

五、〔湖山便覽〕頁三〇五。

六、〔石田集〕頁六九七。

七、類似詩意，見〔石田集〕頁六〇三「送趙中美遊西湖」、頁一六五「送朱性父遊西湖」。

八、〔壯陶閣書畫錄〕頁五八八。

九、圖記見〔式古堂書畫彙考〕卷三頁三二四。

十、〔石田集〕頁三五七。

十一、〔石田集〕頁七七七。

十二、圖見日本中央公論社版，〔文人畫粹編〕卷四圖十。但本圖構圖有迫近、狹窄的感覺，沈周第二次的跋中有：「賀感樓此題，可爲僕之小傳……」之句，可見賀氏題跋相當長，而圖中卻完全不見「賀」題；疑原作已遭割裂，此處並非全豹。

十三、〔石田集〕頁七一二。

十四、〔石田集〕頁二八一。

第六章　哀樂中年

「露下秋燈冷著花，感情懷舊過貧家。弟兄能在今無幾，憂患相尋老漸加……」—九日和李思式弔亡弟留別詩韻（註一）。

也許，沈周並不如他表面那樣穩健而開朗，也許，像沈召那樣受到肺病的感染，和每下愈況環境的影響，使他的情緒陷於低沉。尤其弟弟的死，使他一直無法適應。

有時，在夢中兄弟相擁而泣。

望著一夜風雨後，階前溪水中的游魚，他會不由自主地流下感傷的眼淚。

臥病床上，面對聯桂堂前的月影，正想舉杯獨酌時，眼中卻浮起了西湖聯句的景象：

春寒料峭，四面湖山像水墨畫般渲染成灰濛濛一片。賣花的聲音，穿過蘇堤的柳浪，彷彿隔著幾個世代，有一種（東京夢華錄）中所描寫的南宋遺風。陣陣冷風吹拂的沙灘上，幾隻拳著身子的白鷺，和汀邊綻然欲放的紅桃，相映成趣。吟詠著周遭景色的史明古、劉珏，把目光轉向沈召時，沈周發現弟弟眼中一片朦朧；他那略顯蒼白的臉上，泛出淡淡的紅暈，好像整個沉醉在這片深灰淺碧之中。

「未必晴時能勝此，笙歌莫教酒杯空。」沈召悄聲地吟著。沈周想過很多人生的問題，但那時的他，還沒有想到死；也許，徘徊在生死邊際的人，更能品味出生命和自然所飽含的汁液，才更能爲其沉醉。

似乎從祖父逝世之後，家道就逐漸中落。然後弟弟的死，父親的病，母親的臉上，罩上一層難以化開的陰霾。在他忙著撫育弟弟的遺孤；並爲了使父親安心，爲庶母所生，一時無法自立的弟弟沈豳，分置一份相當於他自己所擁有的家業的時候；驀然發現，一向舟車熙攘，賓客盈門的相城世家，不知何時已冷清下來，甚至連家中日用也逐漸捉襟見肘。有時，想請幾位能當父親意的賓客，陪伴不良於行的老父，消滅病中寂寞，也並非易事。只有少數知友，和感懷念舊的人，才造訪這日益蕭條的門戶。

其間，唯一令沈周快慰的，是兒子雲鴻（惟時）的長成。

春天，是個令人愉悅的季節。面對著瑟瑟秋風中的黃葉，很容易引起人內心的感傷；霜雪中的枯枝、禿木，明顯地表露出冬日的肅殺和凜冽。春天，卻往往在人們怨嘆冬天的漫長，或料峭春寒時，悄然而至。及至發覺到它的腳步，已驚喜於滿眼盎然的綠意了。在接連而至的暗淡、沮喪中，忽然發覺到兒子已長大成人，並默默地接掌家庭的重擔，沈周心中，很有一種類似上述的欣悅。

沈周四十九歲那年端午，在百花洲上，意外地遇到了十年不見的俞畏齋（耕雲翁），由長子俞民度攙扶著，進城買長生不老的丹藥。在路邊艷紅色蜀葵花的映襯下，這位老者的霜髮童顏，有種說不出的莊嚴、樂觀和充沛的生命力。從俞氏長子的恭謹和氣度，使沈周腦裡昇起一種古木新枝的意象，一種對生命延綿不息，萬古常青的新體認。也使他驀然想到，自己的兒子，不也這樣玉樹臨風般長大成人了嗎！

前一年的七月十五日，沈周曾陪奉抑鬱已久的老母，泛舟賞月。一陣陣秋風，散播著滿塘的荷香。從田田荷葉上滾落下來的露珠，發出細碎而清潤的聲音。點點星空，和岸邊疎竹裡的流螢，輝映成趣，把中元夜裝點成一種寧謐而神祕的氣氛。在月光下，看他操舟的母親，眼中流露著依賴、欣慰的眼神；使沈周感到自己已成了母親唯一的心靈支柱。但是，在悲傷、暗淡與孤獨中，他卻忽略了，兒子早已默默地，成了他心靈的支柱。

二十五歲的沈雲鴻，很多地方和父親非常相像。他性情醇厚、溫和而含蓄，與沈周一模一樣。熱愛書畫和古器物，遇有中意者，不惜一切加以收購。珍藏之外，更喜歡鑑定好壞，考據淵源；在這方面，他又很像杜老師，和朱樂圃後裔—家住蘇州葑門的朱存理（性甫）。雖僅青年，但他對藝術品和古器物的評鑑，已漸受墨林前輩的注意。此外，他對搜求和校勘古書，也有著濃厚的興趣；極可能，這又是受高度近視的朱存理的影響。

在雲鴻逐漸插手家務的一二年中，偶而，沈周注意到兒子無論對收藏品和財物，往往跟他那「大而化之」的處理方式大不相同。書畫古器，安排得井井有序。只有面對風雅的賓客，才親自捧出，供其玩賞，隨即重新珍藏起來；不像以前那樣，任由賓客披閱把玩，甚而攫奪。

收成後，對親族的餽贈，對貧困鄉鄰的救濟，有一定的時序和數量，使他們不存貪婪之心或非份之想。

當沈周和俞畏齋坐在蜀葵旁邊，席地小飲時，忽然又爲兒子的劇飲無度憂慮起來。雲鴻的嗜酒，不知是否得自曾祖和祖父的影響。

早歲的沈恆，並不嗜飲，只爲使老父與賓客盡歡，勉強陪飲。以後，卻在醉鄉中度過半生的歲月。像曾祖、祖父一樣，雲鴻雖然具有醉而不亂的家風；但，沈周懷疑父親的風痹，是否爲杜康的作祟？因此，也爲兒子的劇飲，感到不安。

成婚數載，子婦徐氏的一無所育，是沈周和妻子陳氏心中，另外一個解不開的結。望著百花洲上一簇簇的游人，太湖石邊，奔跑嬉戲的兒童，沈周心頭不自覺地浮起一片陰翳。

殷勤勸飲之餘，俞民度索求沈周作圖留念。

突兀高聳的太湖石，和在陣陣暖風中顫動，映得俞畏齋霜髮粉紅的蜀葵，他們坐在舖地茅草上小酌話舊，這情景很像左傳中所描寫的，歸生、伍舉於出奔途中，在鄭郊「班荆道舊」的情調。

「十年不見耕雲翁，鬢雖點雪顏如童。大兒扶翁入城中，買藥欲試丹砂功。五月五日初相逢，酒邊為寫葵枝紅。願翁看花歲一度，三百甲子開方瞳。」（註二）沈周在爲老友作的「奇石蜀葵圖」上題。

一個人的生理年齡和心靈感受，似乎有著很大的一段差距；歲月在不知不覺中度過，年輕的夢境，則時或在胸中縈繞。也許由於髮白、耳聾、眼花、齒牙的搖動、孩童的成長，或親人的凋謝，觸景感懷才偶然驚覺到歲月的飛逝，年齒的老大。

但，對於「半百」之數，感慨往往獨多，文雅之士，莫不形於詩文；沈周並不例外：

「自家只道是童兒，誰信光陰驀地移；算來三萬六千日，總成四十九年非。」—雜詩絕句之一（註三）

此外，他更一唱三嘆地，在「丙申歲旦」中寫：

「不才猶昨日，忽半百年期；萬事茫然過，一非無所知…」（註四）

當他的心緒，從喪友亡弟和家道中落的悲傷中平伏下來之後，由於兒子持家得法，使他重新過著詩酒的生活，專注於吟詠、書畫，保持兒童般的質樸與純眞的心境。

「一室貧猶樂，能安二老親。」除了以能奉養父母感到快慰滿足之外，對人世的幻變，歲月的循環，也有了更爲透徹的體認。前此偶然興起的一點雄心，也在這對忽然而至的，半百之年的檢討與反省中，化成了一篇篇靈明、灑脫的獨白：

「細數流年，今年五十，華髮滿頭如縷。歲月崢嶸，吾生老矣，壽夭一從天與。可否朋儕，浮沈鄉里，亦不庸心於此。漫酣時，高臥高歌，管甚饑鳶腐鼠…」—蘇武漫，五十初度自述，時丙申年（註五）。

他認爲，千秋萬世，只有文章、書畫可以流傳：

「惟有青竹數行墨，待來追去名可傳。」—在「除夕歌」中（註六），沈周勸勉子侄，最要緊的是讀書和買書；在有生之年，他願意藜羹糲飯，辛苦耕作，讓子侄們可以安心讀書。

和沈周的灑脫相形之下，吳寬就愈加感到，在北京幾年來的奔波勞苦；連父親臨終時，都未能稍盡人子之情的悲痛。

一年多的守孝，僅以素菜稀粥爲食，已經憔悴到了形銷骨立的地步。當沈周勸他稍進肉食，維持健康以爲國用的時候，反使這位丁憂的吳寬，不由自主地涕淚橫流。

得知老父病重，吳寬曾兩次上章，才得到成化皇帝准假歸省；不意，在離家只剩七天行程的路上，便得到父親過世的噩耗。

「更羡賢郎今玉署，封恩早晚著朝衣。」早在四年前，吳寬中狀元，授修撰的時候，沈周就在詩中安慰待他情同父子般的長輩。但卻直到吳孟融老人病入膏肓之日，「儒林郎」的封誥，才遲遲而下。一種痛徹心骨的悲恨，吳寬每一思及便失聲哀號。

成化十一年八月廿五日，吳父以七七高齡逝世的時候，正是秋雨連綿的季節，泥淖滿地，低窪地方，橫流成災。青空、晴陽，彷彿已成了往日的夢寐；愈加助長了吳寬心靈的灰暗。

同年臘月廿一日，落葬於吳縣五都太平鄉花園山吳氏先塋之後，喪事才算告一段落。

兩位曾經形影不離的好友，不僅數年不見，將來丁憂期滿還都，更不知何年再得相聚；沈周心中，正爲吳寬構思一份永生難忘的送行禮物。表現兩人情誼之外，更能象徵出他那生死知交的氣質、涵養和崇高的人格。

「爲君十日畫一山，爲君五日畫一水，欲持靈秀擬君才，坐覺江山爲之鄙；峙而不動衍且長，惟君之心差可比……」思考到精微神移的時候，連將要題在畫上的詩句，也像幽谷清泉般地，從沈周胸中湧現。因爲他要送給吳寬的，與其說是一幅山水長卷，莫如說是一份出自肺腑間的深情。使他在孤寂的異鄉，有種如對故人的喜悅，和徜徉於江南山巔水涯的悠然。

如果把四十一歲端午前完成，祝陳寬老師七十壽誕的「廬山高」，作爲他繪畫的里程碑和轉捩點，則沈周自己也十分清楚，在此後數年的幾本「靈隱山圖卷」、「巒容川色圖」，乃至於構思中，爲吳寬送行的長卷，正使他步上一個新里程，或是另一個創作的高峰。

從構圖的繁複，筆法的細密來看；廬山高圖是他學習黃鶴山樵王蒙的極致。比起他所保留的，許多青年時代的盈尺小景，廬山高以後的畫幅，則以巨幅居多。王蒙與其曾祖父沈良琛的交誼，沈周家藏王蒙精品的豐富，以及父親、伯父的影響，都可能是他早期趨向於王蒙畫風的原因。

在他精心繪製廬山高的前後，他的筆鋒墨趣，卻已轉向融和五代董源、巨然等巨匠的崇高、雄渾，和黃公望、吳仲圭、倪雲林的蒼勁簡淡的課題上。

雖然，論者對他由細轉粗的畫風，有仁智互見的看法，但沈周認爲後者更能充分表達他的個性和他對山水的熱愛。在他的體認中，爲求完整和統一，小幅畫往往要約束筆墨，使其精密、纖巧、充滿秀潤之氣。只有大幅，才能忘情地揮灑，一氣呵成，表現胸臆中的天眞爛漫。這也就是古代大師們所謂「運斤成風」、「心手兩忘」，以求達到法備神完的化境。

沈周作品中，這種被一般人看作粗枝大葉、草草而成，甚至披譏爲帶有幾分霸氣的畫風，對他而言，不僅逐漸脫離細緻逼似的臨摹階段，更進入了獨立創作的途程。即使偶有仿臨，也是性情與自然、和古人精神的契合，不再像青年時代那樣以亂眞爲能事了。

除心理的喜好之外，隨年齡增長而來的眼花，和數年間輾轉病榻所造成的手顫，也不能不說是沈周由精密的王蒙畫法，轉趨黃、吳、倪簡淡畫風的部份原因。

三位前輩大師中，以倪雲林的簡淡蒼潤，筆蹤墨跡，似有若無的畫法，最難體會、捉摸。

「又過之矣！又過之矣！」

常常，沈周習慣性地，用繁複、強勁的筆法和濃艷的墨色來倣效雲林作品時，趙同魯——他的另一位教師，便迫不及待地糾正。

「江山易改，本性難移」，筆、墨出於性情；這眞是一件無可奈何的事。然而，沈周並不以百餘年來無人能學得倪氏的神髓而氣餒。倪雲林和他生長在同樣的空間，這位有遠見、潔癖，被目爲迂狂的畫家，和他同樣受到荆、關、董、巨等五代大師的影響。也許，他沒有倪氏筆下所流露出來的幽澹瀟灑，但他可以透過倪雲林、黃公望，更深入地揣摹荆、關的遺意。

他也時常在題跋中，寫出對倪作的心得：

「倪迂標致令人想，步托邯鄲轉繆迷，筆中要是存蒼潤，墨法還須入有無。」（註七）

至於和他作品筆路較近的黃公望，沈周學起來就比較得心應手多了。

猶記西湖之遊，他把黃公望「靈隱山圖卷」中的景象，與靈隱山中的古塔蕭寺，飛來峰的嶙峋怪石，和被白樂天譽爲東南山水之最的冷泉亭……兩相對照，愈發感到畫中的每一筆，每一峰、嶺、岩、澗，都表現得自然貼切。二月十五夜，爲了報答詳上人的隨遊與招待，沈周以黃公望的筆法，爲山寫眞，繫詩留念：

「湖上風光說靈隱，風光猶在冷泉間。酒隨遊客無虛日，雲伴詩僧住好山。松閣夜談燈火寂，竹床深臥鳥聲閒。佛前不作逃禪計，丘壑宜人久未還。」（註八）

劉珏逝世未久，同宿靈隱方丈室的愼庵往訪有竹居時，沈周又作了類似風格的「靈隱舊遊圖」軸。

沈周所珍藏的黃公望精品，無過於三丈許長的「富春山居圖」卷。在沈周心目中，引起他敬仰的，除畫品之外，還有黃公望淵博的學識和崇高的品格；無一不是他追求、學習的鵠的。

在他對黃公望詩畫，心領神會之餘，一向言語謙虛的沈周，竟陶然忘我地寫下一偈：「畫在大痴境中，詩在大痴境外；恰好百二十年，翻身出世作怪。」偈中，儼然以黃公望再世自擬了。

元代四大家中，他對吳鎭的倣效，似乎猶在黃、倪之後。在他四十以後的十年藝術生涯中，僅偶一臨之。原因是吳鎭作品的淪失；離吳氏之死，雖然只有百餘歲之隔，但可以見到的作品卻少之又少。而他對吳鎭藝術的尊崇，又在王蒙和倪、黃之上。

沈周心目中，吳鎭山水畫的成就，可以眞正夠得上是董源、巨然的繼承者。

洪武間，金華學士宋濂，盛贊金華巒容川的景色是「上古精華」，徜徉其間，往往不忍離去。

成化十年二月，在種種哀傷、變故交集的困惱中，沈周忽然異常嚮往傳說中的巒容川色。在無法成行的百無聊賴時，他想起了劉珏的遺作「仿吳鎮巒容川色圖」。於是急忙翻檢出來，一方面慰藉他對吳鎮作品的渴求，和對亡友的思念，另一方面，也藉以臥遊他魂思夢想的川景。他希望有一天，能挾著這幅間接的臨本，暢遊宋學士所戀戀不捨的浙江勝景，像當日面對黃公望圖卷和靈隱山景一般，加以臨寫或潤色。

△　　△　　△　　△

沈周預計以三年時間，爲好友吳寬繪製的送行山水長卷，尚未畫到一半時；他爲五十生日塡了二首「蘇武漫」，以自我安慰：

「鳳馭鸞驂，碧城瑤島，豈是滄洲吾道？數篇詩乘壺之酒，亦可長生不老……」

不久，他又以兩百一十九字的除夕歌，告訴子侄人世無常，只有文章才能不朽；其起首幾句，彷彿帶有某種預感：

「去之歲，來之年。一迎一送燈火邊；迎新送舊大家事，覺與老者偏無緣……」

三十天後，一病數載的沈恆，以六十九歲高齡，撒手人寰。

「迎新送舊大家事，覺與老者偏無緣」，對其父親而言，眞是一語成讖。

由於相城里祖墳地勢低下狹窄，沈周心目中最重要的事，是冒著遇虎的危險，在雨季來臨之前，到吳縣西山爲慈父尋找一片安息的佳城。

註一、〔石田集〕頁五〇六。

二、〔文人畫粹編〕卷四圖九。

三、〔式古堂書畫彙考〕卷二頁三九九，「沈啓南雜題絕句」之一。
四、〔石田集〕頁三七六。
五、〔石田集〕頁七七七。
六、〔石田集〕頁二四九。
七、〔式古堂書畫彙考〕卷四頁四一〇，「石田仿雲林筆幷題」。
八、漢華文化事業公司版「明沈周靈隱山圖」卷畫冊。

第七章　渾沌初開

在煙波浩蕩、帆檣如織的甌江（又名溫江、蜃江、永嘉江）中，無論對峙在孤嶼山東西兩峰上的塔影、各種南宋古蹟，以及江心寺（原分普寂、淨信兩禪院，後因宋高宗駐蹕，乃改為龍翔、興慶寺）左的文文山祠，都給人又壯闊、又悲涼的興亡之感。

形容江景，應以謝靈運的「亂流趨正絕，孤嶼媚中川」聯，最為傳神。而宋丞相文天祥奉益王召前往福州，臨行詩中的「乘潮一到中川寺，暗度中興第二碑」，則把亂世的孤忠、正氣，表現得淋漓盡緻。

提起文徵明遠祖，南宋宣教郎文寶，知道的人也許並不普遍，但文寶的同胞兄弟，丞相信國公文天祥（瑞、文山）便家喻戶曉了。

文天祥從蒙古人的囚禁，宋制置使李庭芝的誤解、捕殺中脫困出來後，於宋恭帝德佑二年四月，由通州浮海到達江心寺；想求見益、衛二王，重整衰微的宋室。可惜晚了一步，二王已在陸秀夫等衛護下前往福州。在龍翔寺的高宗御座下，文天祥痛哭候命；一個月後，才被端宗景炎帝召赴行在，為延續宋室命脈，作最後的努力。

每當永嘉知縣文林遊山或宴客江心寺中，摩挲文丞相祠的刻詩，瞻仰那位從祖端莊挺秀、栩栩欲生的遺像時，他那經國濟世的雄心，就會從飽經宦海波瀾的沮喪中，重新振作起來。

文林作令於這個既可欣賞海市蜃樓的幻變，又時遭風沙及巨浪襲擊的濱海縣份，已經過了漫長的五年。

拆毀淫祠、改正溺女和賣女的惡俗，清理多年不解的懸案，壓抑豪強…爲首三年的政績，不僅被監司考爲優等，地方紳民的交相讚譽，更傳聞京中。

照往例或考績的等第，昇遷御史一職，已公認是這位詩書傳家的蘇州進士的囊中之物。

但是，在他考滿進京述職的時候，一位以櫛工爲業的摸骨師周文泰，卻一言粉碎了文林昇遷的美夢。

「尙遲十年。」摸骨師說。

更讓他寒心氣餒的，周文泰預言，三年後，將有事上身。同時，當摸骨師知道他和編修牛倫的交往時，更鐵口直斷地警告文知縣：

「此官人不久禍至，公宜遠之。」

第一個預言應驗了：文林的昇遷之路，爲御史侶鍾所阻斷。侶御史與文知縣間，並沒有甚麼直接的嫌隙，侶鍾僅爲了阻撓另一位知縣的昇遷，不得不附帶地在精明幹練的文知縣的仕途上，踏上一腳，作爲陪襯。這使同年好友吳寬也愛莫能助；直到多年後文林逝世，仍禁不住的惋嘆：

「…卓爾騰聲，孰不召用，君當稱首，讒言阻之，而君顧後…」—祭文溫州文（註一）。

牛編修的事，於半年後應驗。牛氏一位作中官的叔（伯）父，由於弄權事敗，和牛氏往來者，牽連極廣。而周文泰一言，卻使文林倖免一劫。

文林也陪過多位京中好友前往摸骨；當愈來愈多的預言一一應驗之後，雅好命數，並著書立說的文林，難免為不久將來可能發生的事故，懷著揮之不去的隱憂。

處身宦海風雲中，唯一使文林快慰的，是他那一向語言不清的九歲次子徵明，彷彿突然從渾沌裡透出了靈光。讀起書本，不僅理解力高，記憶力也十分強，日誦千百字，琅琅上口。

在那看來渾渾噩噩的漫長童年中，他好像一直默默地從生長的環境中，攝取心靈的養分，默默地在咀嚼、融會，然後，突然地從堅硬的地表中，探伸出生意盎然的心苗。

「兒幸晚成，無害也。」想起家人的憂慮，和親友憐惜、關懷的神色，文林喃喃地重複著以前的話語。愈發深信這個幼時魯鈍的兒子，前途未可限量。

文林作令永嘉前後，春闈失意的老父—文洪，以南京舉人分發為冀州淶水縣學教諭。唯不知年老體衰，或自覺前程有限，只作了三年多學官，就歸老林泉了。

文氏祖籍四川，後徙廬陵，宣教郎文寶任衡州教授時，才落籍衡山；這也就是文徵明晚年，稱「衡山居士」和被尊作「衡山先生」的原因。定居蘇州府長洲縣，是其曾祖父文惠入贅蘇州張氏以後的事。然而，一改元明以來的武胄世家為詩書門第，則自文洪老人始。兒子以「宗儒」為字，兩孫也以讀書為樂，使文洪老人自覺是傳薪的火種。致仕返蘇後，除了到處為自己物色一塊死後樂土之外，就把興趣寄托在啓蒙中的次孫身上，親自加以教導。當文洪、文林父子知道吳寬丁憂在家時，就一致把心扉初啓的徵明，托付吳寬爲之調教。

稍加試煉以後，吳寬就從這九歲男孩內向、蒼白、木訥的外表下，看出了他所蘊涵著的智慧。偶然吐出的幾句話語，卻意味雋永、頗能發人深省。此外，吳寬發現文徵明和自己少時，極爲相像；對牽強、空洞、格律雷同的八股文，雖然同樣可以背誦如流，但心中眞正喜歡的卻是充實、奔放、具有血肉性靈的史、漢，和唐、宋古文。因此，他不僅欣然接受同鄉好友的囑託，並斷定得到了一塊可造的美材。

雖然文徵明的字跡稚拙，但每當過往蘇州的朝臣和雅士造訪狀元府時，吳寬總是拿出他這少年門生習作的詩文，不住口的稱讚。不久之後，文氏那九、十歲孩子的才名，竟像同縣祝參政祝顥的二十歲孫子祝枝山一樣，傳遍了南北兩京。

△　△　△　△

成化十四年正月三日，沈周葬父於吳縣西山「隆池」。吳寬爲作一篇洋洋八百餘言的墓表，敍述相城沈氏的家風，沈恆的品格、修養，和傳誦遠近的孝行。兩家的喪事，告一段落後，唯恐日後聚少離多，兩位好友也就來往得愈加親密。

沈恆卒後，由於相城里祖坟地勢狹窄低下，墓地時有被水淹沒之虞，因此沈周把尋覓新塋的目光，投注在蘇州西面，太湖東岸一帶、天平、支硎、烏龍……群山之中。

船行、攀登，經過幾日行程，經過反復的尋覓，終於找到了隆池這個地方。隆池原名「龍池」，地勢高昂，稱之爲「池」，似乎名實不符，而且以「龍池」作墓，說不定會招惹忌諱。幾經考慮之後，沈周改「龍」爲「隆」，「龍」、「隆」諧音，使人不致有陌生的感覺。隆池，說明了地形變化的過程，因此也就沒有名實相背的顧慮了。

成化十三年盛夏，沈恆逝世後第一個端陽前後，可能是沈周生命中最暗淡的時刻。爲了辦理喪事、購置墓地，使每下愈況的家境，已經到了羅掘俱窮的地步。一月數改的政令，各種名目的捐稅，滂沱大雨中，淹沒流失的田禾…不僅使他債臺高築、更有一種呼天不應的感覺；那些貧苦鄉鄰的處境，也就愈加可想而知。在幾年來肺病的咳喘中，沈周搔著滿頭白髮，望著停在台階上的父靈，恨不能隨之而去，卸下生活的重負。鳥雀可以自由地飛向茂密的林木，魚也可以從漸枯的水中游向深淵。而人，於天災之外，卻必須忍受一切制度和費解的法令約束。他祈盼當政諸賢，能深刻地體會出其決策所造成的影響，所帶給人的憂傷或喜樂。在「端午謾書（丁酉）」五古長詩中，這位憂鬱而潦倒的隱士，情不自禁地，發出一聲長長的幽嘆：

「…積雨殊滂矣，浮雲亦黯然，致嬰門限外，此意向誰言！」（註二一）。

在葬父、築墓的無數次西山之行中，除了身心疲憊外，沈周更遭受到遇虎的危險和驚恐。

起先僅止於鄉閭的傳聞，到了十四年春天，遇虎的經驗，獸王的威猛，不僅樵夫和茶農言之鑿鑿；幷曾在村邊牆上看到遇害少女的殷殷血跡，在村外看到被吃剩下的老翁髑髏。因此，山上的茶葉無人敢採收，該耕種的山田，也只好任其荒蕪，遊山的輿夫，賦閒在家。往返墓地的沈周，不得不小心翼翼地請幾位朋友陪伴，一路上鳴鑼擊鼓，多帶火種以壯聲勢。如果歸程向晚，就只好借住山農家中，飲酒談虎。

有時夜半兒啼，會引來一陣陣餓虎撲門的聲音，更令人毛髮直豎。樵、農談論中，最使人驚悸顫慄的，莫過於一隻長著白鼻根的猛虎；大白晝裡，蹲伏路上，當道磨牙。腥風撲鼻，令人作嘔。

更讓人悲憤填膺的，是官方派來射虎的弓弩手們；成群結隊地到達貧苦山村之後，到處索雞索酒。一夜吃喝騷擾，天明揚長而去。然後回報遠在蘇州城內的知縣：

「虎畏相公今避走。」交差了事。

這種種痛苦的經歷，令人聽來膽裂心驚的虎患與人禍，不僅縈繞在沈周心中，形成他的政治見解，更形之於他的詩、畫裡面。

幾年期間，沈周的山水精品，除十日一山、五日一水；以整個心靈和感情，爲吳寬繪製中的送行長卷之外，以四十八歲「臨吳仲圭谿容川色圖」，和成化十四年正月底爲吳寬所畫的「雨夜止宿圖」，最爲蘇州藝壇所矚目。

高五尺、寬約兩尺的中堂上，充滿了巨然畫風中濃淡幻變、煙迷雲鎖的水痕墨氣。以長短披麻皴所勾出的峰嶺山石，和以橫、豎筆觸所點染出來的蒼苔木葉，使客中雨夜的蕭森、堂下密友的歡會，成爲一種奇趣橫生的對照。

正月二十六日，沈恆落葬後的第二十三天，吳寬忽然想到沈周在有竹居淒風苦雨中的落寞心境；因而遣人以書相邀。

意想不到的，竟激起了肺病療養中沈周的豪興。於是從五十里外的相城冒雨銜舟，踏進了樂橋西北、泥濘滿地的互見坊巷（註三）。

滿院竹石溪流，有如隱者所居的編修府，不僅早已爲他準備好床榻被褥，更在堂中設下了美酒嘉肴。在吳寬和弟弟吳宣（原輝）殷殷勸飲下，戒酒多時的沈周，舉杯不覺連飲五六盞之多。模糊醉眼中，簾外花影、堂後古木、燈光、笑語，與四周風雨交織成一種迷離的景象。在搖曳的燈影下，沈周乘興執筆，揮灑成可遇而不可求的「雨夜止宿圖」，並題七古長詩，來紀念「人生良會豈易易，他日如今又難卜」的歡聚。二月下旬的虞山遊，可能也在這風雨之夜中約定。

二月十五六日，吳寬就到了揆違十五年的有竹居。溪柳依舊，溪樓、草堂、竹叢，茅亭…只覺清幽雅靜，卻沒有了往日的喧囂。在出發前的幾日盤桓期間，沈周讓兒子雲鴻取出珍藏的林逋手帖、銅鏽斑剝的商代乙父尊、北宋李營丘、董北苑的山水中堂，以及沈周四十一歲所畫的「有竹居圖卷」等，供其玩賞。畫於十一年前的「有竹居圖卷」，紙色已經泛黃，想是時時題識把玩的關係。卷後首由武功伯徐有貞題詩，記敍和劉珏在逆風中行舟，聯袂來訪興建中的有竹居的故事。和者有劉珏、王鏊（濟之）、文林等人。徐、劉物化，轉眼已五六年之久。家住太湖洞庭東山，擁有別墅及廣大橘園的王鏊，中成化十年（一四七四）鄉試解元。翌年，以廷試第三授翰林編修；成了吳寬在京中朝夕不離的鄉友。文林羈身溫州，遷昇無日，大部份希望寄托在兒子身上…想著種種往事的吳寬，眼見新生一代的沈雲鴻，也年近而立，言談間，並以保持家族的光榮和學術成就自任；對老成凋零，世事的幻變，不由得感慨繫之，題寫五律一首：

「繫舟高柳下，又是十年餘，遙踏無媒徑，重尋有竹居。筆精知宋畫，器古鑒商書，前輩題詩在，風流邈不如。」（註四）

此外，吳寬也在林逋手書二簡，和沈周的「空林積雨圖」上，題詩作記。「空林積雨圖」和沈周的二首「雨悶」詩，作於他奔喪返蘇不久的九月二十七日。天愁地慘，陰雨綿綿，不僅表現出畫者心中的岑寂，也表現出蘇州人期待中豐年的幻滅。

虞山之遊，啓碇於二月二十日。

這座距蘇州百里之遙的名山，高不過一百六十餘丈，繞山一周，只有四十六里加上六十幾步。但是由於江南水鄉，川原平闊，無論從蘇州城西起起伏伏的峰嶺上，從蘇州到相城的船中，乃至於斜躺在有竹居後窗的竹榻上，都可以遠遠地見到坐落在東北方的那抹淡紫、淺碧的山影。嚮往多年的虞山，想不到直待兩人年已半百，才相偕成行。

夜裡，泊舟於相川口岸。二十一日早起，越過浩蕩的水面，春雨初霽、翠綠如洗的山色，立刻映入眼簾，彷彿一張笑臉迎向這戀慕它已久的訪客。吳寬和沈周一面吩咐舟子直放山腳，一面整肅衣冠，表示對周太王次子－被立爲吳王的虞仲（仲雍）、昭明太子和山的禮敬。

在僧、樵、遊人往來的山路上，兩位憂愁多時，面容憔悴的好友，互相扶掖而行。吳寬以一種微醺似的眼神，縱目山下的尙湖，和蜿蜒峰嶺間的城堞。而每到一處古蹟，憑弔之餘，兩人心中，又都有種難以言傳的惆悵。吳寬一面攀緣著磴道兩側的竹叢，一面高聲吟詠著詩句，山鳴谷應，長鬚飄拂，恍如傳說中的仙人臨凡。但是，想著幾年來遠離山明水秀的故鄉，置身京華的寂寥，心中感慨，似乎又不是幾首五言古詩，可以道得盡的。

在落霞滿川的歸途上，吳寬手持酒杯，一臉茫然地望著船尾的疊疊清浪。帶著幾分興奮和疲憊，沈周似乎已體會到了好友的心緒；在艙中搖曳的燈影下，揮筆畫出好友的詩意，和那戀戀不捨的山景。直到午夜時分，燈火如織的川面上，依然迴蕩著吳寬鼓枻而歌的聲浪。

五月，戀念家鄉的吳寬，遊興依然未減分毫，冒著遇虎的危險，邀史明古同遊西山。但這次沈周並未同行，僅按著老友所作「游西山記」中所賦的詩景，及往日游山的印象，畫出從木瀆、靈巖、穹窿、鄧尉，轉往光福、虎邱一路的風景名勝。像他加緊描繪中的送行長卷一樣，不過用以在未來的歲月中，慰撫異地知友的思鄉情懷。

在這一年餘下的時間和第二年春天，爲隆池墓地未了的工程和祭掃，沈周依然時往西山。途中，則多與友人借住支硎山下，白馬澗附近的農家。談虎色變的陰森恐怖氣氛，似乎並未稍減。其間，他爲伴他山行的好友韓克贊（宿田）所畫的「松壑虎嘯圖」和所題的二首「西山有虎行」，成了這一時期生活的紀念碑。

此外，有時與子婿徐襄到慶雲庵觀賞牡丹，有時和吳寬訪寺尋僧，品茗聯句。

成化十五年四月初九的西山之行中，沈周泊舟於蘇州西北九里之遙的虎邱山麓。一鈎上弦月逐漸昇起，沈周緩步在千人石上。山中一片空寂，月光下的石面，蒙上瑪瑙般的深紫色，下臨靈池，愈發增加了幽靜、神祕的感覺。比起平時城中仕女圍聚石上，杯酒羅列，歌舞喧囂的情境，不可同日而語。千載以來，月夜登此石，不知是否以他爲始。想起粱僧生公（竺道生）聚石說法，頑石點頭的故事，引發了他的禪意和潛藏著的童心，沈周繞石而走，一步一影，繞石千步，千百人影，游移石上；「譬佛現千界，出自一毫耳。」沈周寫出當時的感悟。

沈周這首「夜登千人石」五古，經與青年詩人楊循吉（君謙）一再唱和的結果，蘇州一帶，到處傳抄吟誦，成為一時佳話（註五）。

△　　△　　△　　△

在上下三代的焦思渴盼中，年已廿九的沈雲鴻，終於成化十五年初秋的首日，生下第一個兒子。

聽到呱呱墜地的新啼，隔壁的沈周興奮得老淚縱橫。及至看到紅通通小臉上的清奇骨相，更於極度喜樂中，生出一種鬚髮皆白，到五十三歲才遲遲抱孫的自憐。他一次次地剪著燈花，一封封地寫信給親朋好友，報導合族的欣喜。

不過，這一年的秋冬，是一段極不平靜的日子，沈周含飴弄孫的樂趣，也不覺為之沖淡。在他那無所不包的紀聞中，九月二十四日，天目、宜興、長興、紹興⋯同在一天晚上，堤崩山裂，到處洪水漂屋。人畜死傷不計其數。連為患多時的老虎，也多有死者。九日二十三日入夜時分地震；自北而南，聲吼如雷。入冬的第二夜，金星犯南斗。這一總的災難和徵兆，使心靈敏感的沈周，又像成化初年那樣，感到憂慮和不安。不過虎患的傳聞，似乎減輕不少。尤其當十月間，常熟尚湖居民，在虎泅水半渡的時候，下湖操舟，用竹篙長矛，將猛虎戮死於水中。龐然巨物的虎屍，由長熟知縣轉獻蘇州府時，觀者空巷，每個人都像吃了定心丸似的，袪除了久踞心中的恐懼。各部衙役，更爭分虎肉，皮和骨，成了懲暴和吳兒勇敢的表徵。

註一、〔匏翁家藏集〕頁三四四。

二、〔石田集〕頁一八五。

三、吳寬在蘇州的家，可能有三處：葑門爲祖先基業，後因離亂，鄰人死難者極多，乃荒棄不居。其父晚年，思念祖業，重加整建，名爲「東莊」。吳寬父親十四歲而孤，依附從母之夫顧執中，長大後，自立家業於「集祥里」；從吳寬文義揣測，地在東莊稍西。而吳寬自宅，依蘇州府志所載，則在樂橋西北，郡廟之南的互見坊巷；後因吳寬官拜尚書，改爲「尚書巷」。所建「醫俗亭」，或在尚書巷宅內。

四、〔式古堂書畫彙考〕卷四頁四一四。

五、詩載〔石田集〕頁一一五—九、虎邱山志卷十五頁廿七—九。

第八章　市井書香

沈周以三年心血，繪畫長逾五丈的送行山水卷（註一）完成時，也是吳寬丁憂期滿，整裝上路的時候。

兩岸峰嶺夾峙，危崖崩石，石磴木棧；也許只有到過三峽，經歷過蜀道的人，才更能體會出畫中的氣勢，和山路的險巇。

「噫、吁、嚱，危乎高哉！蜀道之難，難於上青天。」置身沈周畫前，彷彿可以聽到迴響在峽谷中的隆隆澗水，和李白蜀道難難於上青天的吁嘆。隨著他那奔放靈妙的筆鋒，鬱鬱蒼蒼的怪松巨木，觀者的胸襟和視線，忽而沒入雲霞飄浮的天際，忽而墜入深不可測的深淵。有時，又隨著樵夫、釣客、策著蹇驢的行旅，緩緩地步向酒旗隱現的山村。

有人把沈周這幅深具董源風格的長卷，稱爲「畫中之王」。認爲他那十日畫一山，五日畫一水的精思與凝鍊，足以抗衡他所景仰的王蒙和吳鎮，乃至於董源和巨然。此外，也可說是他和吳寬深得不能再深，濃得不能再濃的友誼的流露。

成化十五年九月十一日，充滿了得孫的喜悅，身體逐漸康復的沈周，過鄧尉、光福，夜訪好友徐雪屋後；孤舟直放離胥口五六十里之遙的洞庭西山，應邀作致仕的南寧知府蔡蒙（時中）的訪客。

座落在縹緲峰下的蔡氏樓閣，面對著一片九里直徑的深碧色湖面；這就是吳王和西施曾經相伴避暑的「消夏灣」。在山、石的環抱中，只有一面通連太湖，因之，可以說是湖中之湖，桃源裡的桃源。洞庭山裡的四季，可以不必用日月來計算，只消用花果來區分。早春的梅花，仲春的梨花，夏天是以櫻桃和楊梅點綴漫山的蒼翠。而今落入沈周眼裡的，則是由綠轉黃，一望無際的橘子和橙子。沈周不僅想像得到入冬後一片金紅橙黃的燦爛，更彷彿聞到了春天沁人的寒香；每到梅花盛放時候，隨著太湖的波浪，香傳十里之遙。來往船隻的船頭和槳上，常沾拂著隨波逐流的花瓣。

范蠡宅、角里、毛公壇…這裡不僅有太多的古蹟，也有太多的神話傳說。傳說中，林屋洞可以西達四川峨嵋，東通山東岱嶽，也與洞庭湖羅浮山在地下通連。天順年間，好友徐有貞，就曾進洞探看，卻爲石壁間「隔凡」二字所阻，不敢貿然深人。傳說中，商山四皓，在漢高祖面對著戚夫人長嘆一聲，決定了儲君之後，也隱居在島上的群山之中，不知所終。眼前看得到的景物，像群羊或群牛那樣遍佈在岸邊的奇石，使沈周有重臨靈隱山飛來峰的感覺：如傴僂在浪濤洶湧中的石公、石姥；無論旱潦，始終不起不沒的小浮山…似乎每樣事物都蒙上了一層神祕的色彩。連主人蔡蒙那高敞而別緻的樓閣，也給人一種如眞似幻的感覺。經過多年來艱辛煩惱的沈周，好像突然進入了仙境。

白天，他和長他一歲的蔡蒙，相攜入林。有時在橘樹下吟詩小酌。有時，攀登山風獵獵的縹緲峰，迴望蘇州城西的莫釐山和靈巖山；他不僅反覆地畫過，也是他跟諸多好友賞花尋樂的地方。曾幾何時，有的星散四方，有的卻像霜葉似的凋謝。環視太湖群山，七十二峰玲瓏剔透，渺小得彷彿白玉盤中的玩物，愈發加深了沈周心中那種不眞實的感覺。

晚上，沈周多半在燈下揮毫，日間所見，心中所感，盡情地在紙上宣洩。王維曾經畫雪中芭蕉；有人認爲與自然節令相違，有人考證嶺南確有此景，知者則以爲白雪綠葉輝映成趣，別有一種精神和境界。他也畫過一幅令人費解的「桃熟花開圖」（註二）：

在夾葉竹的襯托下，一株古老的桃樹，從太湖石後，彎彎曲曲地伸展開來。朝曦照射的繁花嫩葉間，垂下纍纍的紅桃。

「桃熟花開，若謂筆誤，誠可笑也；但寫生之法，貴在意到情適，非拘拘于形似之間者……」沈周在畫中題。

這幅畫，一方面表現了他對成法的反抗，另一方面，極可能在得孫的喜悅中，想表現「返本還元」，萬物生生不息的理念。

洞庭西山的數日盤桓，給沈周的感受是，不僅畫法沒有一定的規範，不必拘拘千成法和形似，連山水自然，也變幻莫測，並無定形。如何以一種遊戲的心情，心手相應地捕捉變化不拘的自然，成了他所思考的新課題。

在深秋的霜寒中，沈周帶著滿囊的畫稿，揚起了歸帆。他要以蔡氏的樓閣作爲主題，把富有種種神話色彩的勝景，編織成一幅「仙山樓閣圖」。在表現技法上，他要從「廬山高圖」，和爲吳寬送行山水長卷那一類，對古人筆墨的效法中，改絃易轍，尋求突破。

潛心於創作「仙山樓閣圖」的沈周，離開他所魂縈夢繞的洞天福地—洞庭山，僅僅三個月後，就重新掉進痛苦悲傷的深淵；出生剛剛六個月的愛孫，不幸結束了短暫的生命，企盼、歡喜與悲傷，一切都像一場夢似的，但夢也沒有變幻得這般快速。沈周不知該歸之於命，或是該歸之於緣法。在痛苦與茫然中，他以一種萬念俱灰的筆調寫：

「茫然得失真誰使，欲問惟應造物知。六月流光人屬夢，千金遺愛淚如絲。重來尚結他生願，老去難禁見在悲。嗣續百年成底事，藁苴空剩兩篇詩。」——失孫（註三）

△　△　△　△

大約成化十五年夏秋之交，溫州府永嘉知縣文林，在第二個任期考績屆滿前後，爲溫州某率兵官所誣。也許，這就是京師摸骨者周文泰，三年前預言的應驗。所幸文林素有政聲，深得地方士紳的愛戴；加以他對事情看得透徹、謹愼而周密，一時的宦海風波，並未爲他帶來巨禍。御史之選，自然再一次落空了；果如摸骨者所言，距離右遷之日，他還有漫長的六年等待。

正當文林知縣爲未來去就，感到一片茫然的時候，老父文洪卻離開了人世（註四）。三年丁憂生活，閉門、讀書、教子，對宦途感到心灰意冷的文林而言，未嘗不是滌除身心疲憊的機會。但，好友如吳寬、史明古和沈周等，無不爲他宦途坎坷，治世才能的埋沒，痛感惋惜。沈周在「文宗儒在告」五古中，表現出他對文氏的慰唁和關懷：

「…親知唁早計，風雨顧茅屋。關門待白髮，歲月在松竹。逍遙風塵表，昨夢破榮辱。尚有舊藏書，坐課諸兒讀。」（註五）。

每想到兀立在永嘉江中的孤嶼山，想到信國公文天祥所遭致的曲解與橫逆：

「…皇恐灘頭說皇恐，伶仃洋裡嘆伶仃；人生自古誰無死，留取丹心照汗青。」吟著文天祥的詩句，使文林心中，多少感到幾分怡然。

課子讀書時，對兩個兒子的資質和性格，文林有了進一步的觀察和認識。長子徵靜，依然粗率而暴躁，對弟弟時加欺凌。看似內向懦弱的徵明，總是逆來順受地隱忍者；有時甚至於不露痕跡地袒護因粗暴而受到斥責和懲罰的長兄。爲了使兄長免於受窘，這個十餘歲的男孩，會巧妙地掩藏他對文義的領悟，或詩思的敏捷。他對父、祖的詩詞，家藏的書畫，似乎都有著一份好奇和興趣。但是，爲文林所雅好的醫卜星相之類的方術，他卻絕少留意。

△　△　△　△

有人說，蘇州閶門一帶　興盛與繁榮，是有原因的：

元末，群雄中的吳王張士誠死守著這塊根據地，爲明太祖久攻不下的部隊，造成極大的困擾和傷亡。因此城破之日，雖然太傅中山王徐達、開平王常遇春嚴禁殺掠。但是仍有位攻入葑門的部將，因憤恨這場曠日持久的攻防戰，展開瘋狂的屠戮。葑門一帶，居民十死八九；歷經百餘年，仍然創痛未復，一片荒涼；吳寬父親吳孟融，當年忍痛放棄葑門內的大片祖業，就是例證。

進入閶門一帶的部隊，則爲嚴令所禁，人民安堵如常，成了日後繁榮的基礎。而專諸巷之東，皐橋之南，臨街背水的吳趨坊（里），更是個喧囂繁華的地方。

晉昌人唐廣德所開設的飯館裡，擁擠著各種品流複雜的食客；不但有屠夫、小販、舟子、輿隸，更有江湖術士和落魄的秀才。連談話的口音，也夾雜著東西南北各種鄉言。此外，也有來自琉球、日本和高麗的商旅，感覺上，很像置身於金閶門外的碼頭一般。

繁雜忙亂中，唐廣德的十三四歲長子唐寅（伯虎）和小他一兩歲的妹妹，不得不繫起圍裙，殺雞捉雉，洗滌器皿。雖然唐伯虎和廚師、跑堂一樣，在各種品流的顧客中周旋，作著種種瑣碎的工作，但人們都可以感覺出他有一種不群的氣質，一種靈秀之氣。

事實上，在他的生活中，確是另有一個寧靜的天地。那是一間雅潔的小樓，和滿架的圖書。一方精緻的湘簾，隔開窗外運河裡的船隻和浣衣浣菜婦女的喧擾。而他那熾熱的求知慾望，就彷彿能把一切鬧市的嘈雜，人世的紛爭，推得很遠很遠，使自己置身在一個完全孤立的世界裡，讓心靈自由地馳騁。比較起來，小他六歲的弟弟唐申（子重），雖然稚氣未除，在感覺上，就比較平庸而懦弱。

如果說「知子莫若父」的話，帶有幾分豪氣的唐廣德，對長子的評價是：

「此兒必成名，殆難成家乎？」

爲了唐伯虎的功名，這位極想恢復家族光榮的店東，早爲兒子聘請了一位舉業師。但唐伯虎卻把大部份興趣，投注在唐宋古文和詩詞歌賦上面。他愼於交遊，甚至於根本沒有甚麼硯友和他相互切磋；可是，作父親的卻依然從他那俊美的面容舉止上，看出性情中的不羈與佻達。因此才在朋友面前，表現出既驕傲又憂慮的感嘆。

翻開唐氏的譜系，眞是光芒四射，耀眼生輝：

唐氏，以唐堯虞的「唐」爲姓，自前涼陵江將軍唐輝，遷徙晉昌。後代子孫有的作晉昌太守，有的封晉昌公。隋末，唐儉隨李世民起兵晉陽，以功封莒國公，圖像於凌煙閣。入明之後，兵部車駕主事唐泰，死於英宗征瓦剌時的土木堡之難。

秉承家族的餘暉，在人們眼中，唐廣德雖然從商，其爲人處世，無不帶有讀書人的氣度。家藏古劍，也成了唐伯虎吟詠之餘，撫弄把玩的對象。至於他跟院體畫家周臣（舜舉，東邨）學畫，可能也始於數年之間。

由於缺少心靈中的友伴，有時他會站在小樓外面曲曲折折的迴廊上，一面仰視著滿天的繁星，望著河中幢幢的船影，一面品味著他所擁有的那份孤寂。

不遠的前面，就是「專諸巷」；遐想中的唐伯虎，常讓自己扮演著專諸、荊軻、伍子胥一類古豪傑的悲壯角色，慷慨然諾，終身無悔。望著閶門巍峨的樓影，想到寒山寺前高拱的石樑，他會不知不覺地低吟唐朝張繼的詩句：

「月落烏啼霜滿天，江楓漁火對愁眠：姑蘇城外寒山寺，夜半鐘聲到客船。」

於是他彷彿生長在和他那開疆闢土的祖先們同樣遼遠的古代，心中油然生出無限的蒼涼。

△　　△　　△　　△

十三、四歲的唐伯虎，雖然大半時間埋首於家庭瑣務、讀書、繪畫與遐想之中，但他讀書的勤奮，和他在文學上所表現的才氣，卻早已從他那座落在鬧區的小樓上，傳播開去。首先進入他生活領域的，是大他十一、二歲的祝枝山和都穆（元敬）。

在祝枝山眼中，唐伯虎沉靜而內向的性格、秀美而略感缺乏血色的臉龐，以及他專注於書本上的神情；似乎連門外的街巷都無法分辨，更不要說徜徉於太湖的浩淼了。也許自己心靈深處也潛藏一份寂寞感吧，這位早熟的書法天才，一向活躍於文壇和花叢中的祝枝山，似乎很想把空如一片白紙的唐伯虎，也拉進他那多彩多姿的天地。

他去拜訪了伯虎幾次，但並沒有得到後者的回拜；也許唐伯虎的心靈，正在幽隱與絢爛的生活方式中交戰。當他感到幾分沮喪時，唐伯虎卻又突以詩文相贈；這不僅是一種友好的訊號，同時也使他對唐伯虎的才氣與心志，有了更進一步的認識。在回贈唐伯虎的詩裡，祝枝山爲這位孤獨內向的少年，作了一個巧妙的譬喻：

一個人儘管高尚其志，但卻不宜於過份孤立。天地間的萬物，往往愈高愈細，愈細也就愈缺乏包容性；所以華峰之巔，建築不了城鎮或村落。只有天，兼具了崇高和包容的雙重性格，所以才更爲萬物景仰和尊崇。

祝枝山爽朗的個性，動人的談吐，很能打動唐伯虎那種尙處於半閉塞狀態的心扉。他彷彿是一株生長在遮蔽物下面的花草，有充足的養份，美好的憧憬；現在祝枝山的一番話，把遮蔽物撩開了，他開始面對著燦爛的春光，他也將面對著來自四面八方的風雨。現在，他有些目眩神迷，也感到無限的新奇。

△　△　△　△

家住閶門外南濠的都穆與祝枝山交遊，看起來眞是一對絕配。兩人的性格，似乎可以作這樣一個譬喻：

兩人同時策蹇出遊，途中驢子突然驚悸不前；祝枝山極可能滑下身來，摸摸鬃毛，牽驢而行。若不然，拍拍驢臀，兩手一攤，瀟灑地任其所之。家世淸寒，苦讀終日的都穆，則勢必緊咬牙關，猛提繮繩，舉策急抽，直至重行上路。

住在虹橋以南，和吳趨里一河之隔的「三茅觀巷」的祝枝山，在充滿了浪漫情調與崇尚文藝的蘇州人心目中，集學者、詩人和市井浪子於一身；但無疑的，他是一匹有無限遠景的千里駒。他的祖父祝顥，作過江西布政使右參政，學養豐富，是位精明能幹的官吏。膽識、氣魄及節操，都受到世人的推崇和讚賞。他的外祖父便是鼎鼎大名的武功伯徐有貞；徐氏投閒還鄉後，除遊山玩水之外，也指導枝山作一尺見方的大字。

顯赫的家世，名人碩儒的薰陶；祝枝山在九歲的一場病後，竟奇蹟似的把放在床邊的一本古詩，一一作和；從此不僅詩名漸傳，吳寬更津津樂道其幼年的聰穎：

「祝生允明年七八歲時，其大父參政公一日適爲文成，請客書之。予時亦在，坐見生侍案旁，嘿然竟日；竊異之。因指文中難字以問，無弗識者，益奇之；且料他日必能此也。」—跋祝生文藁（註六）

都穆，雖然同樣地七歲能詩。以後年齡漸長，夜過南濠的人，似乎很少看到他家熄滅過燈火。但比起祝枝山，無論詩文、氣宇，乃至於舉手投足，似乎都缺少一份自然和飄逸。

另一個使人感到奇怪的是，都穆、祝枝山同出沈周之門，但卻是雙雙與畫無緣。直到多年之後，都穆依然能背誦沈周趣味雋永的對聯：

「有堪使鬼原非謬，無任呼兄亦不來。」—詠錢；不知是不是石田家道中落，經過困頓、潦倒後的體驗？

「借風爲力終無賴，與水何緣卻託生。」—詠楊花一次，沈周問都穆有何佳句？「白髮貞心在，青燈淚眼枯。」都穆吟「節婦詩」中的兩句。沈周撚鬚斟酌片刻，覺得「寡婦不夜哭」；何不改成：「白髮貞心在，青春淚眼枯。」一字之差，境界改觀，這是都穆永遠不得不歎服的地方。

祝枝山印象最深的，是沈周貼在祖宅牆上的一幅牛圖。童年的沈周，受了比他高大的鄰童欺凌後，憤而畫出那隻龐然巨物；卻服服貼貼地牽在弱童手中。也許，這就是沈周的處世之道，正有如華峰之上不能建城鎮的妙喻，成爲祝枝山和唐伯虎共同的立身之道一樣。

然而，無論何者，似乎都不是但求刻苦自勵不畏無成的都穆，所能充分領略的。

註一、〔式古堂書畫彙考〕卷四頁四〇〇。

二、〔大觀錄〕頁二三九六。

三、〔石田集〕頁六〇七。

四、文洪卒年，各種資料均無載。沈石田〔客座新聞〕載文林任永嘉令兩任考滿，爲兵官所誣，後轉任博平。〔蘇州府志〕指丁憂後補博平。綜據二者加以推測，文洪可能卒於成化十五年下半，或十六年初。

五、〔石田集〕頁一六三。

六、「匏翁家藏集」頁三一八。

第九章　舟行景移　雲泉得意

祝允明的右手姆指上，橫生著一個枝指，爲此，這位青年詩人和書家就以「枝山」和「枝指生」自號。然而，偕遊一陣之後，唐伯虎就發現這位胸無城府，對他情同兄長的枝指生的枝指，不僅無礙於他書寫遒潤古雅的鍾、王小楷，他的雙手更像魔棒一般；凡是經他觸及的事物，總是變得生動而美妙。

在賭博、奕棋方面，他是公認的高手。他作的曲子，彷彿江南暖風似的，往往不到一夜之間，就響遍了蘇州城內外畫舫和秦樓楚館。經常，祝枝山聚集了一批和他同樣沉迷戲曲的年輕伙伴，演唱他所編寫的雜劇。然而，最使唐伯虎感到興趣的，是祝枝山興之所至，親自粉墨登場的時刻，無論身段、神態和唱、做的工夫，都使得那些科班出身的梨園子弟，自愧不如。也使初出茅廬的唐伯虎，有種躍躍欲試的衝動。

偶而有些筆墨收入的時候，除一部份投注在戲劇和購買書畫上，大部份花在酒樓和妓館裡。祝枝山的追隨者，似乎有著一種特殊的嗅覺；不僅知道這位爲學使所特別禮遇的府學秀才甚麼時候囊中富裕，更深知他獲得筆潤後的去處。酒食徵逐之餘，他會把餘銀往桌上一傾，任由人們歡呼分取而去。

祝枝山之出入青樓，大抵有兩種時候：其一是阮囊羞澀時，一些法書的愛好者和古董掮客，知道這是求得他書扇、書聯乃至生壙誌、墓誌銘之類的最好時機，因此也跟著他混跡在粉黛之中。歌舞管絃，日以繼夜的歡樂之後，善解人意的妓女和掮客，會鋪紙研墨以待。題詩、題詞，祝枝山的靈思源源而來，幾乎到了有求必應的地步。但是，那些古董掮客和法書愛好者也深知，一旦錯過了這種機會，就是揹著黃金白銀去求他，也難以取到片紙隻字。

他進入青樓的另一種時機，是腰纏鉅金之際，這時在唐伯虎所說「翠袖三千樓上下」的歡場人們眼中，祝枝山就無異於財神的化身，往往揮霍淨盡，才覺得快意。

漸漸地，唐伯虎也從祝枝山這種不修細節，看似放誕的處世方式中，看出他固執而嚴肅的另一面：

他心口如一，無論當面或背後，從來不談論別人的過錯。對人極爲關懷，在他所寫的傳記和墓誌銘中，即使一些細小的善行和長處，也不惜花費大幅筆墨，曲爲表彰。爲了勸都穆治療從少年時代所患的胃病，及改變經常卻飯不吃的飲食習慣。他竟從聖人，到愚人，到不食人間煙火的神仙，引經據典，寫了封一千一百餘字的長信。當他靈思泉湧，眞正從事著述的時候，那專注的神態，竟一反平日的散漫……

那是一個夏日的午後，炙熱、燠悶。百無聊賴中，唐伯虎踱進不遠之隔，三茅觀巷祝枝山的書房。赫然發現他心目中的偶像，竟一絲不掛地據坐案前，振筆疾書；那種渾然忘我的神情，給唐伯虎留下深刻無比的印象．不知過了多久，他那揮動的毛錐，才戛然而止。

「無衣無褐，何以卒歲？」伯虎悄聲地問。

「豈曰無衣，與子同袍。」只見這位天體詩人，面不改色地吟詠出秦風「無衣」的詩句。

從祝枝山作品和言談中，唐伯虎知道，除了文章、經國濟世的策略和抱負之外，他心中另一認眞而嚴肅的課題，似乎是是對妻、妾、侍女和兒子的情愛。

在以時文衡量一個讀書人的能力和才具標準的世代，他還得經過鄉試、會試、殿試等重重的關口，才能施展他治世的理想和抱負。至於他對妻、子的摯愛和責任感，則往往使人大惑不解：

衆所周知的，祝枝山是秦樓楚館的常客，禮法之士眼中的浪子。但以耿介嚴峻，好面斥人過著名的中書舍人李應禎（原名甡，後以字行），奉使過吳時，卻一眼就看出祝枝山潛在的風骨和才氣，毫不猶豫地把女兒許配給他；也把半生所揣摩出來的書法祕訣，傳授給他。

「書劍風簾別孟光，柔情無奈繞剛腸，遠山寂寞閑張敞，流水潺湲誤阮郎……」─憶內（註一）

「當時容易下陽臺，仙夢蕭條喚不回，流水每將春眼對，媚霞曾送晚妝來……」─憶侍兒（註二）

在僕僕風塵的旅途上，有時他會因思家而失眠，對著山閣外面的明月，吟詠深情款款如「憶內」、「憶侍兒」、「病貽小妾」一類的詩篇。

祝枝山對他那三四歲的兒子祝續，不單出於天性的愛，更由於數代單傳，因之，像培植一株柔嫩的幼苗似的，兢兢業業地灌溉，唯恐受到風雨的摧折。

此外，他對繼母陳氏的恭謹與孝順，似乎也與他平日放誕背俗的表現，不相符合。他這種但求大節無虧，不拘細行的處世方式，對少年唐伯虎，似乎具有強烈的啓發作用，甚至成了他仿同的對象。

△　△　△　△

暢遊太湖洞庭西山後兩年，沈周才完成他那精雕細琢的「仙山樓閣圖」。圖中，以蔡氏樓閣作爲主題，配以包山、震澤的勝景。人物的情態，草木的繁茂，山谷的變化，烟雲的呑吐，乃至於寒暑、陰暗、遠近等氣氛的描寫，無一不自然生動，而又不受自然和古人畫法的拘束。

在畫上，沈周同時寫出兩年來的揣摩與心得：

「…山水無有定形，隨筆之及而已耳，然亦在人運致也。余作畫特游戲；此卷留心二年始就緒，觀者自能知其工拙。」（註三）

畫卷寄到洞庭西山，有人認爲沈周這兩年來的心血結晶，不僅勝過他前此所作的送行長卷，並且足以媲美王維的輞川圖和江山雪霽，盧鴻的草堂十志，米芾的海岳菴圖；蔡蒙如獲至寶地日夜展玩，不時拿來與山中實景互相觀照。爲了珍視沈周的友誼和這幅曠世傑作，蔡蒙把他的樓閣命名爲「天繪樓」；深信他的家樓將因畫而名垂不朽。在跋中，更殷殷囑咐子孫，務必善加珍藏；雖然那時他的獨子蔡習尙未誕生。

在這行年五十四、五歲的創作新高潮，除了山水畫漸有獨特面貌和得心應手的表現之外，對沈周，畫竹是一種新的興趣和嘗試。同時，他也愈來愈習慣於面對不斷掠過舷邊的景物，在船艙中揮筆作畫。

仙山樓閣圖告成的前一年仲夏，積雨初霽，在城西陽山雲泉菴避暑的沈周，策杖往訪長洲名醫韓襄（克贊、宿田）。

回想父親過世那段時期，西山虎患頻傳，來往滸墅關到隆池墓地，總由好友韓襄和韓氏的幾個兒子陪伴。一路上擊鑼鳴鞭，驅除山野的陰森和深印心頭的恐怖。晚上便借宿白馬澗的農家。那些飲酒談虎的暗夜，每個人都有一種患難與共的感覺；想起來像是場惡夢，卻又別有一番滋味。現在終於又可以獨自策杖，彳亍於起伏的陵崗之間，聽間歇的蟬鳴中，偶爾傳來山農的歌聲。

韓襄原是一個孤兒，奉祖父遺命過繼於伯父韓伯濟。他那精湛的醫術，則受之於叔父韓伯尙及堂兄韓梅窗的教導。他個性耿介，好面斥人過。診視病患時，像某些命相先生似的鐵口直斷。例如，儘管群醫束手，指爲「絕症」的，但只若韓襄認爲可治，必得痊癒。有些同道紛紛下藥，以爲可治的患者，他說幾個時辰後必登鬼錄，幾乎無不應驗。此外，他也絕對不取份外之酬；因此得罪了許多同道。幾次被薦爲御醫，都受到了阻撓，使他無法像祖父那樣，憑醫術榮受皇帝的寵遇。倒是長子韓金，得外祖父張御醫的培植，已經成爲京中崇王府的名醫。

和沈周同庚，半生救人無算的韓襄，不僅是沈周和家人的守護神，連相城孤寡或廟裡的僧人罹病，沈周也代爲邀往診治。但是，沈周這次冒溽暑往訪，韓襄並沒有爲他講論養生之道，或生平所遇的怪異病症；卻取出珍藏著的吳鎮「淇園春雨圖」，請沈周鑒定。幾枝搖曳的疎竹，在綿綿春雨，和遠方噴洩而下的懸崖瀑布襯托下，不僅可以使人感到潮濕和淒冷，耳邊更彷彿響起了瀟瀟的清韻。

沈周畫過點綴於山水的修竹或環繞茅舍蓮塘間的新篁，卻很少以三五枝疎竹、數叢風葉作爲主題的表現方法。吳鎮淇園春雨圖中那種幽淸的境界和筆墨神韻，引發了他強烈的寫竹願望。於不絕口的讚美之餘，他不得不向好友借回，放置案上，揣摩臨寫。當他送還原圖，並把臨本拿給韓襄評賞的時候，雖然沈周自知還沒法表現出吳鎮作品中那種蒼勁之氣，但這位沈周「松壑虎嘯圖」的收藏者，卻極力稱賞：

「優孟之學叔敖，其神肖不過也。」（註四）

接下去的那年春天，也在雲泉菴中小住，並成爲他作品豐收的一季。

陽山雲泉菴，又稱爲「大石雲泉菴」，是以數年前吳寬偕李應禎、史明古等前往登眺品題，才愈發引起人們的歌詠和遊興。在蘇州城西的起伏群山中，陽山位置最北，也是比較高崇雄偉的一座。尤其從北麓仰望，巨石巉然突起；依吳寬太史的形容，很像一個彎腰駝背的巨人，背負著一塊奇形怪狀的骨頭似的，給人一種不勝負荷搖搖欲墜的感覺。但更多人形容那巨石像一朵湧出山腰的蓮花。

二月一日，好友存道來訪有竹居，聯成一幅兩丈五尺左右的長紙，求仿吳鎮的山水卷。由於另有訪客中阻，所以僅僅畫了二三尺長，就暫告擱置。

十天後，沈周取道陽山，山塘中巧遇存道，於是兩舟相並而行。在顛簸動盪中，再次取出剛剛畫開頭的山水卷，繼續揮毫點染。兩岸山影田疇，飛掠而過，時光無聲無息地流逝，不知不覺間，沈周這一由陸地而水上，別開生面的新作，竟完成了一丈有奇。

次日，舟抵大石雲泉菴，面對摩天巨岩，崎嶇迴轉的磴道，沈周奮力攀登。耳邊呼呼風響，絮絮白雲拂面而過，使他有再次置身於太湖縹緲峰上的感覺。進入菴門之內，竹木繁茂。滿爬著薜荔的峭壁上，用木頭支架成一間間的小閣，幽隱而奇特。冷冽甘美的雲泉，從石上無終無止地流洩進靈池之中。在這隔絕塵世的洞天裡，攀登時的危懼與艱辛，爲之一掃而空。

菴的東壁，有李應禎書寫的，吳寬和李應禎、史明古、張淵四人的「大石聯句」。在庵主的慫恿下，沈周題了一首五古；來彌補三年前未得偕遊，參與大石聯句盛會的遺憾。又作「餘杭大石圖卷」（陽山又名餘杭山），準備郵寄京師，供好友吳寬把玩題句之用。

在蘇州，陽山雲泉菴的泉水固然有名，而洶湧、飛揚於崖巔上的雲，更有占雨的功能。在泉、雲、石靈秀的感召下，沈周把餘下一丈五尺左右的仿吳鎮山水長卷，也爲之一氣呵成，並命名爲「雲泉得意仿吳仲圭長卷」。他在畫上題：

「…然不知仲圭之妙，從董巨墨法中來，非草草可倣；邯鄲之步，學者非直為難，將併故而失之矣。」（註五）

從畫題和畫識來看，沈周把半生心得。漸漸進入純熟、獨創的佳境，一部份歸功大地的鍾靈，一部份歸功於董、巨、元四家等古人的啓發。究竟是他性格的謙虛，或意在托古？似乎只有觀者自行領會了。然而，無論如何，存道內心的興奮，卻無法抑制；他不住口地稱讚，甚至於像孩子似地歡欣躍動，把它看成一件可遇而不可求的收穫。

除了初遊虞山，歸棹時爲吳寬寫景，留作回憶。陽山路上，爲存道仿吳鎭山水長卷外；成化十九年臘月，沈周偕女婿徐襄有事赴吳江，舟中寫景，更深得此中三昧：

在寒冬歲暮的旅途岑寂中，愛婿突然出紙，求畫眼前所見的兩岸風物。由於舟行迅速，帆影林木，轉瞬即逝，沈周一面呵著僵凍的雙手，一面放筆捕捉。這種任憑潛在思路所塗寫出來的筆墨，渾然天成，別有一番逸趣。他題：

「…舟行景移，會意即著筆，甚適客懷。」這種生活情趣和特殊的藝術體驗不脛而走，竟使他爾後生涯中，即使旅途之上，他的心、眼和手，也難得片刻安逸。一如不惑之年那樣，他依然時刻受到畫債的催迫；他以「鷓鴣天」自遣：

「頭髮毶毶積漸凋，詩逋畫欠未勾銷；大都教我生勞碌，一半因他解寂寥。山淡淡，水迢迢，門前秋色自天描，清風儘許奚囊括，明月還憑拄杖挑。壬寅。」（註六）

這眞是一件矛盾不過的事，不停的吟、畫，使步向耳順之年的他感到勞碌和一種發自內心的厭倦；然而，同樣的一支筆，更不知化解他生活中的多少寂寞和單調。

吳寬遠在北都。丁憂後的文林，帶著兒子、家眷，轉任到山東博平縣。門生祝枝山的父親祝瓛，祖父祝璟先後過世…一衆好友，高飛者高飛，飄零者飄零。以前作爲興趣的詩畫，忽而變成累贅，忽而成爲生活和心靈的依傍。這種種寂寞與矛盾，有時使他自覺沮喪和老化。但，眞正引起沈周感慨和抑鬱的是周宗道—這位長沈周十七八歲，卻一向樂觀、單純得像個大孩子似的長洲詩人。長髯飄飄的周老師，不僅在舍後隙地築就生壙，作爲日後的歸宿，並且連壽衣、壽木甚至親友所用喪服，統統準備就緒。

「而今而後，吾惟束手以待盡於天矣。」周宗道以近似達觀而又無奈的口氣說。回想他教弟弟沈召，兒子雲鴻讀書，以及寫「化鬚疏」，向他化鬚的往事，眞有一種煙雲過眼的感覺。

那日，周宗道突然以所寫家世與生平大略，求沈周撰寫生壙志。沈周一時驚訝的程度，就好像父親過世之後，聽到年已半百，兩眼全盲的火工阿富，聲稱要出外謀生時一樣。但盲眼阿富，出去一陣之後，終又重新回來，仍舊窩在伙食房內。而周宗道的神情舉止，卻像是準備就緒，行將上道的永訣；使沈周的心緒，久久無法平伏。

周宗道最深沉的悲嘆是：

「天固絕我矣。」他有五個女兒，曾爲長女妙妍招贅了一房女婿，以求宗祧有繼。但，不久長女死了，他只好遣歸贅婿。周宗道的哀嘆，引發了沈周心中失孫的舊創。

四年後的耳順生辰，他預備在所號「石田」之下，正式加上一個「翁」字，以「石田翁」自稱。稱翁之前，能否天賜一孫，彌補他心中的遺憾？望著周宗道早已變得霜白的鬚髯，沈周不由得一陣默然。

△　　△　　△　　△

成化十九年，祝枝山的父親去世時，留下一位年輕的繼母，和年僅四歲的幼妹。同年臘月，祖父祝瓛接著去世，整個家庭就愈發感覺淒涼。沈雲鴻是枝山的表姐夫；師生復加上表親，因此，沈周父子，也不免爲祝氏的連續不幸惆悵、忙亂起來。

居喪期間，祝枝山無法像往日般地交游，大部分時間閉門讀書、孝養繼母、照顧幼妹。偶而就書中所見所感，隨筆箋記─〔讀書筆記〕就在這種情況下完成。其間所積下的詩、賦、雜文、也極爲可觀，無論詞藻和義蘊，都有一種古奧之氣，深具晉宋間的文學韻緻。

祝枝山的深居簡出，對年輕而漸漸習於冶游的唐伯虎，很有一種空虛和寂寞之感；他直覺到，整個蘇州，都彷彿因祝枝山的丁憂，無端的沉寂下來，失去了往日的喧囂和活力。好在十五歲那年，他就結識了同齡而比他晚生八個月零幾天的文徵明。

多年以後，文徵明時居蘇州，時而住在父親任所。山東東昌府博平縣的齊魯風俗，和浙江溫州府的景物，娓娓而談，總聽得唐伯虎津津有味。從文徵明的描述中，躍動在永嘉江邊的彈塗，分別開著雌雄花朵的鐵樹，開遍田塍的紅白夾竹桃，狂驟的颶風，乃至幻變不居的海市蜃樓，歷歷如繪地開展在唐伯虎的眼前。但是，提起這閶門內外的青樓歌館，文徵明不僅瞠目而視，懵然無知，卻連聽來都會面紅耳赤、吶吶無語；生恐褻瀆了所讀過的聖賢之書。

僅管在個性和生活經驗上極端不同，可是無論文徵明或偶而請假家居的文林，對唐伯虎的心胸、才華和機智，都有種由衷的喜愛。文林總愛在宴客之際，找機會讓這位後生朗誦其新作的詩篇，或傳示唐伯虎的文稿，並不住口地加以稱讚。當他知道伯虎犯有比較嚴重的過錯時，他也會毫不容情的加以督責；直到改過遷善，才重又放出慈祥和藹的容顏。

註一、〔祝氏詩文集〕頁一一九。

二、仝上。

三、〔清河書畫舫〕亥頁七。

四、〔石渠寶笈〕初編頁一〇五三。

五、沈周「雲泉得意仿吳仲圭長卷」，畫錄見於〔壯陶閣書畫錄〕頁五八二。「餘杭大石圖卷」，錄於同書頁五六四。後者所題五古有「奮然始問路，不避飛磴㪷」句；語意上似爲「初登雲泉菴大石」－並有吳寬的「陽山大石巖雲泉菴記」、「跋大石聯句後」及〔蘇州府志〕之山誌、寺觀誌爲該畫之佐證。二畫均作於成化十七年的二月中旬，爲同一次出遊之作。因之，前註「淇園春雨圖」上所題「成化庚子（十六年）仲夏，避暑大石雲泉菴」，便有可疑。唯因該畫既載錄於〔石渠寶笈〕，且事涉名醫韓襄及沈周畫竹興趣的引發，故百思不忍割捨。

六、〔石田集〕頁七八二。

第十章　狂狷

唐伯虎的放浪生活，在他十六歲（成化二十一年，一四八五）那年，以第一名優異的成績考中秀才，進入蘇州府學之後，達到了戲劇性的高潮。而秀才張靈（夢晉）的加入，對於他和祝枝山的逸興與異行，產生了更大的激盪作用，給人的感覺，像是由湖心的漣漪，形成了一股狂濤巨浪。

同樣世居吳趨里的張靈，既沒有唐伯虎那樣小康的生活環境，也沒有祝枝山那樣顯赫的家世；只是一個窮苦家庭的男孩。在辛苦操作的家人乃至鄰里的心目中，無非希望他藉著讀書以改變門楣。但，他那熾熱的求知慾望，似乎並沒有把中舉、成進士、作官當成主要的目的，他像唐伯虎、祝枝山、文徵明一樣，不僅耽迷於古文，更以晉、唐古人來互相期許。

不同於唐、祝的，是長時的孤獨窮困，使他性格在孤傲中，充滿了憤世嫉俗的意味；也許，是對因貧困而遭致歧視的一種反抗吧！祝枝山欣賞他那磊落的氣慨和義俠的風骨；不僅把張靈收入門下，同時也像誘導唐伯虎那樣，促使他拓展廣闊的視界，偕同他踏入多彩多姿的生活舞臺。

初冬或雨雪紛飄的早春，師生三人一起裝扮成乞丐在滿植垂柳的蘇州街上，和萬年橋畔去行乞。他們唱的蓮花落，隨機應變，新奇、俚俗、風趣。然後，三人再以所乞得的金錢，換取酒肉和雞隻，躲到野廟中圍火痛飲。一面談笑著，一面賦詩。而他們最大的遺憾是：

「此樂惜不令太白知之！」

不知暑熱逼人，或受到周公瑾赤壁鏖兵的啓發，張靈與伯虎，竟在蘇州府學的泮池中，赤裸著身體，互相激水爲戲，他們稱之爲「水戰」；這使府學中的教授、訓導，以及老一輩的生員們，難免要目瞪口呆。這種一絲不掛的天體運動，雖然具有久遠的淵源，甚至可回溯到竹林七賢的劉伶、阮籍時代，但祝枝山的「豈曰無衣，與子同袍」，似乎就是很好的榜樣和理論的依據。不過，這種天體主義，眞正使唐伯虎受益並名傳千古的，是三十年後受聘寧王，在別館中所表演的一手。泮池水戰，只不過留下一些話柄和功名路途上的困擾而已。

聚飲於虎邱山上的富賈，常常是唐伯虎和張靈索飲與捉弄的對象。

「一上，一上，又一上……」據說是伯虎化裝乞兒戲謔登山客的「名句」。假作文墨不通，勉強湊合；直待吊足胃口，過足酒癮之後，一首清新拔俗的七絕，才在群賈的奚落嘻笑聲中，一氣呵成：

「一上一上又一上，一上直到高山上，舉頭紅日白雲低，四海五湖皆一望。」換來的是遊客的驚奇和讚嘆。

除了這些人們眼中不經的行徑之外，少年唐伯虎的詩名和文名，似乎眞已到了祝枝山所說的「四海驚稱」的地步。

在他所流傳的繪畫中，有幅「貞壽堂圖卷」（註一）。

「貞壽堂」，山東嘉祥縣學諭周希正奉母樓孺人養老的堂名．這位春秋八十歲的老孺人，早歲孀居。以多病孱弱之軀，憑著堅強的意志，把丈夫的靈柩和兩個幼子從廣東樂會縣帶回蘇州。途中，不僅跋涉萬里，更冒著遍地饑荒和遇盜之險。然後，一面蠶績，一面親自教授二子讀書成人。

「貞壽堂圖卷」，不僅要表現出那樣一種堅貞人物的性格，更要在蕭然貧困中，表現母慈子孝的溫馨。

唐伯虎以墨筆白描的手法，以籀篆筆觸和屈曲如鐵的線條，寫山石樹木和人物的衣褶、面貌。佈局則就石編籬，因樹結屋，在松筠楡柏的掩映下，生動自然地表現出圖書羅列，一中年婦人南向而坐，二子旁侍的情境。

畫首，有書家李應禎的「貞壽堂詩序」，題者有沈周、杜启（杜瓊長子）、吳寬、謝縉、吳一鵬等一時名流、隱者，並好友文徵明。

然而，那流傳千載的圖卷，只不過是十七歲的唐伯虎初展其繪畫上的才華而已。同時，從十幾位題詩作序的赫赫名流，不難看出他在老輩或同儕眼中的份量與光耀的前景。

△ △ △ △

沈周畫署「白石翁」，並起用赤松山農金元立所鐫的白文印，是成化二十年四月間的事。

其時五十八歲的他，幾次攀爬陽山餘杭大石之後，彷彿又恢復了年輕的信心和活力。

立夏前後，到西湖舊地重遊，住在劉邦彥的竹東別墅。每日詩債、畫債，依舊堆積如山，又成爲劉邦彥取笑的對象。

四月初，在女婿史永齡陪同下，往遊虞山。六年前偕好友吳寬初遊虞山後，這座常熟縣的名山，也就成了他常遊之地。至道觀的七星古檜，則成爲他最喜愛的吟詠描繪對象。傳說七星檜植於梁時，在雷電與時間的摧殘下，七株僅餘三株，其他四株，爲後人補植。碩果僅存的三株，則形態各異：有的體裂枯槁，分成數片。有的禿而蜷曲，葉不像葉，幹不像幹，若斷若續，暴筋露骨，像一襲破袖脫腕的舞衣。更有的槎折瘿沃，若支蹺而出的象齒，若潰爛的鬼眼，若長矛短劍，一場楚漢相爭後的殘肢斷臂……。

吟詠圖繪間，雖然逸趣橫生，但不免使他想到友朋凋零和艱難困厄的老境。一種追求完美、永恆的心緒，油然而生：

「…君子重貞固，頑醜小人讕。緣高坐吹簫，我欲呼鶴鸛。從根覓埋丹，澆泉覬紅燦。長生就其蔭，永作婆娑伴。」——七星檜（註二）

「吾年六十，則更號『白石翁』矣。」在夏日鳴泉聲中，沈周一面向來訪的崑山友人黃雲（應龍）展示他的詩稿、畫稿，一面道出他預計已久的心事。

六十耳順，在人生路途上，似乎是一個鮮明的里程，爾後，即步入眞正的老境。周甲來臨之前，爲了使這個里程更加充實完美，他正出版初刻文集；他不但請鄱陽童軒童太常作序，並寫下「五十八歲畫象自贊」。此外，他也計劃趁秋涼之際，往遊浙江的天臺…也許，他覺得永恆究竟是渺茫的事，莫如把握現在。

爲了改進早年書體與畫筆間的不盡調和，多少年來，沈周始終留意於山谷老人黃庭堅的筆法。而黃雲這位崑山的素交，不僅是沈周繪畫的愛好者，也同樣是山谷書的仿效者。他常以一封封山谷老人體的書簡向沈周求畫，幽默風趣，使沈周愛不釋手；這樣一來，沈周反倒不急於償還畫債，而靜候黃雲一封封瘦勁脫俗，情詞並茂的求畫書簡和求畫詩，以爲珍藏。

「五日十日畫水石，經旬亦可成一幅。我求君畫故作難，三四年過將五六。人來莫怪數附書，譬諸熊掌吾所欲…」這首七古長詩，寫到後來，詞意幾近哀求，沈周記在心裡，在友好之間，誦黃詩以爲談助：

「…三茅二華入手筆，崢嶸之頂空洞腹。經營意匠忽貌成，爛逸天真洗凡俗。厚予之嗜亦多矣，豈止三月不知肉。若令烏有先生來，只向江山寄遐矚。」（註三）

當兩人正在溪樓上面品詩論畫的時候，適有一位道士，以沈周的「擬雲林畫竹」求題。

在沈周尙未落筆之前，黃雲率先題了一首七絕；藉著畫中之竹，表現出這位鬚髮俱白的相城隱士風骨：

「千畝何嘗貯在胸，出塵標格有仙風，疏髯短鬢俱成雪，消得人稱白石翁。」

沈周見了，心中說不出的欣慰、贊嘆黃雲的詩筆和對自己的知賞之外，吮筆醮墨，在詩後寫：

「自此稱白石翁矣。」（註四）

「白石翁」之稱，就這樣提前了兩年。

△　△　△　△

沈周雖然提前兩年稱翁，並自覺無論飲酒、登山、腕力、目力，一切都呈現老化；甚至於連昔年最喜愛的新聞，也懶於紀錄。倒是祝枝山後來居上，〔枝山前聞〕、〔語怪〕一類的著錄，層出不窮。只是溫柔敦厚，無傷大雅的幽默文字，沈周仍然樂之不疲。事實上，除了那些摧肝斷腸的慘事之外，在他心目中，每樣事情都充滿了幽默與情趣，都值得歌詠和戲謔。

在春天渡船中，某妓女玉環落水，滿面的焦急愁悶，卻被他描寫成：「就中心事知多少，暗脫明璫贈水神。」

道士還俗，被他形容爲：「仙都白日無緣住，世路紅塵帶笑還。留得松梢滴殘露，別研螺黛畫眉山。」

鄰居和尙福公酒病而死，沈周除了以惆悵悲傷的筆調，哀輓菊酒詩畫的方外友之外，另賦一詩，來調侃這位沉溺於醉鄉的出家人：

「遊魂何地月蒼蒼，錯認泉臺是醉鄉，一個石幢千載事，酒籌今日為誰忙。」——書福公酒病而歿（註五）。

最滑稽突梯的，莫過於好友陳廷壁角巾落水趣事；撈起角巾後，看到別人笑，陳廷壁自己也莫明所以地跟著開口大笑。及至猛然省悟衆人所笑無他，正是其又老又醜一向諱莫如深的禿頭時，才突然打住，並慌忙地舉巾遮蓋；然而，平日漿熨得硬挺挺的白綸烏巾，卻軟扒扒地不復成形，河水淋漓，傾注而下。沈周以妙趣橫生的筆調寫：

「先生巾墮水，老醜禿如嬰。開口從人笑，遮頭漫自驚。白綸傷潦倒，烏巾失崢嶸。不減龍山興，仍堪歌濯纓。」—戲陳廷壁角巾失水（註六）

惟不知何時，沈周幽默的視野，轉落在朱存理的高度近視眼上。

朱存理（性甫）、朱凱（堯民），同樣隱居在葑門外，距吳寬東莊，僅一牆（城牆）之隔，人稱「兩朱先生」。

年輕時，兩人同樣有著豐厚的家產，爲著藏書的癖好，都變得一貧如洗；朱凱較存理尤甚。所剩下的是滿室圖書，等身著作，和忍饑號寒的子女。

「萬事不如杯在手，一年幾見月當頭。」這是朱存理月下悟出的名句，曾經震撼整個蘇州詩壇，爲之詩酒雅集，作數日之歡。耽於書卷之外，他善飲、好遊歷。由於近視，讀書時，往往睫毛觸字。筵席中，別人爲他斟酒時，酒已溢出杯口，他才感覺得到，連忙搖手拒斟。有時，好不容易賈勇奮身，爬到山上，舉目四望，卻如煙似霧，一片茫然。仰視晴天麗日，卻在心中留下陰霾不散的印象。只有一件事情，靈敏不過，當他知道那裡藏有異書時，不論幾十百里，他都冒著暑熱或寒冰，立時扯帆前往。如不能典衣購買，也要手抄口誦，使成囊中的祕藏。

「戲朱性甫近視」五言古詩，首由沈周開鑼，吳寬繼之。到了後起之秀的祝枝山手中，則集幽默戲謔之大成，犀利的筆鋒，敏銳的觀察，工整的對仗，頗有青出於藍之概。

「…睇遠野常霧，瞻晴天久陰。逢人昧真面，而從言語尋。欲比亢倉子，誤名觀世音

…」形容過存理的視覺機能後，沈周筆鋒一緊，警句隨出：「出門皆通衢，長迷蒼耳林。平生絕騎馬，惴惴在臨深…」（註七）

吳寬性淸醇和，詩中一面以「其詩洵善謔，當于古人尋。」表示對沈周幽默的激賞，一方面對朱存理這種差勝於盲的視力，近於盲人騎瞎馬，半夜臨深淵的苦況，以及憑堅強毅力所獲的學術成就，表示撫慰和欽敬：

「…矻矻手所抄，書卷徧詞林。平生臨池興，墨氣識淺深。時復瞑焉坐，雅思發孤吟。要知視短者，反視惟求心。」（註八）

且看祝枝山詩中的一些妙對：

「對樹常疑屋，尋芳不辨柯。」

「察耳因嗟蹇，尋聲卻娛羸。」

「回身避石獸，揮策叱銅駝。」

「綠葉總呼菜，白花都是荷。」

「過鵲憎鴉噪，眠豬誤狗訶。」

「偶卒喚家僕，遠姬稱阿婆。」

認馬作驢，把石雕當眞獸，把樹看成屋，喚少婦爲阿婆…這位吳中才子幾乎把朱存理因近視所鬧的笑話，羅列殆盡。雖然在「奉和沈先生戲贈性父短視之篇」（註九）篇末，同樣賦出對這位鄉前輩造詣的肯定與敬意；但他那矯若游龍的筆緻，總給人一種把蘇州白酒倒入喉嚨的感覺——又辣又熱。

朱存理早年，曾經像一般少年那樣拜過舉業師，但他跟這位八股文教師彼此都不能適應，乃轉而像沈周一樣，拜在杜瓊老師門下。他和杜老師另有一層淵源是，杜老師所居雍熙寺西「樂圃」，是朱存理先祖宋朝朱伯原所建的宅院，朱存理受業之餘，更可以就地訪求其先人的事蹟。出土於園中的「吳中三大老詩」殘石，即歸藏於存理手中。

進入老年的沈周，對索畫者，常採「拖」字訣；或由門弟子代筆，再稍加潤色。以黃雲而言，前者曾奏奇效，而杭州游湖所積下的畫債，多半採取後面一途。唯獨對付這位眼盲腿健，逋入不惑之年的同門朱存理的「纏」字訣，就頓覺手足無措了。

他不像黃雲，只以詩或函，頻頻催促。不像那些杭州索畫之士，成年累月，難得來一次相城。這位無官無職的詩人和考據學者，從其葑門的藏書小樓下船，北上相城，可以朝發夕至，施展糾纏不已的戰術。

「此紙於繪事家，頗稱水墨；知子胸中丘壑，天下巴蜀也；能不使余□□此卷中耶？」朱存理初展說詞，聽來曠達、文雅而懇切。

看看他手中畫紙，質地縝膩，確是上好的衢州紙。但是，再看看紙的長度，四張裁成八張，粘接起來，足有四丈多長，沈周不由得目瞪口呆。不過，這位同門師弟，可並不理會沈周是否答應；一面磨墨，一面舒紙，神色自若，信心十足。沈周不得已，只好含笑塗抹幾株雜樹，幾塊坡石；所畫長度，不過一尺左右，就停下筆來。

「事□有難於先，必易於後也。」對於這種收穫，朱存理似乎既滿意，又樂觀；邊說邊把畫卷納入寬袍大袖之中。然後，一次再次地出擊，每次見面，都磨墨、引紙，如出一轍；口裡不是說：

「西山朝來覺有爽氣。」就是說：

「子敬洛神賦僅遺十三行，亦自可愛：便見全文，得不竦人乎！」

看著那長長的畫紙，聽著又委婉又殷勤的諛辭，使沈周啼笑皆非。然而，一旦舉杯小酌，講起古書、遺事，則旁徵博引，彷彿引繩貫珠，對答如流。就在這種煩憚愛敬交織的情緒中，沈周以一年多的時間，斷斷續續地完成了這幅設色的山水長卷（註十）。

大抵同是成化二十一年春天吧，無獨有偶，沈周妻子陳夫人的娘家侄兒—陳三郎（用之），也以長卷求畫。

三郎平日很少給姑母請安，如今想索取一幅吳中山水，才前來奉紙如儀。跋中，沈周故作惱怒地調況：

「…三郎不來拜汝姑，乞畫輒惱姑之夫。況持長卷費手腕，雨氣昧眼成模糊。憶郎家在沙上住，門前潮水搖青蒲，我期一到待麥熟，吹風小魚肥可餔。」（註十一）

這一年麥熟之際，沈周到底有無作客於江潮洶湧，黃沙耀目的魚米之鄉，飽啖那肥嫩香酥的小魚，不得而知。然而，這詩，這濃厚的親情，卻成為日後沈周憑弔妻子的一點憑藉。只是，那時他已是七十六歲的老人，與他同年出生的妻子陳氏，則已天人永隔，離去一十八載。畫也失去了；只是那詩，陳三郎卻能記得一字不漏。

「此詩為用之賢姪題卷者，記越十八年，卷已付諸烏有之鄉，老妻亦化去，余雖存殘喘，乃旦暮人耳；用之尚能誦詠不忘于口，豈愛人及烏也歟。」嘆息聲中，沈周為他向記憶深處，搜尋十八年前的山山水水，重作一卷，並題前詩其上；只是搜尋不到十八年前的心境了。

註一、〔過雲樓書畫錄〕頁二七二。

二、〔江邨消夏錄〕頁二九六。

三、〔明詩紀事〕丁籤卷十二頁四—一三四九。

四、〔石田集〕頁八八七。

五、〔石田集〕頁七〇三。

六、〔石田集〕頁三七九。

七、〔石田集〕頁一六四。

八、詩見〔匏翁家藏集〕頁一三三及〔野航附錄〕頁四。

九、〔祝氏詩文集〕頁二八〇。

十、〔穰梨館過眼錄〕頁六四八。

十一、〔穰梨館過眼錄〕頁六六一。

第十一章　風流韻事

牛、無論在畫家筆下或詩人吟詠中，往往有著深邃的含意和千變萬化的情態。

在人們心目中，對牛—田裡默默耕耘著的，或表現於詩畫中的，隨著年齡、地位、處境的不同，而有不同的感受和意義。

漢宣帝時，宰相丙吉出巡，不理會一場群毆後縱橫路上的死傷者，卻關心另一條路上被主人驅趕，吐著舌頭喘氣的牛。丙吉所持的理由是「宰相不親小事」；處理群毆不過是長安令、京兆尹的職責，他只要考核他們即可。關懷牛喘，則是唯恐時氣失節，有虧「調和陰陽」的三公職守。

沈周故友劉珏致仕前，曾應某憲臣之請題「牧牛圖」：

「牧子驅牛去若飛，免教風雨濕簑衣。回頭笑指桃林外，多少牧牛人未歸。」（註一）栩栩如生的圖畫，劉珏寓意深長的詩意，再加以風雨飄搖的時勢，竟使某憲臣不由得感慨唏噓，掛冠求去。

幼時的沈周見欺於儕輩，爲了報復和發洩心緒，曾畫幼兒牽牛圖於壁，那龐大的水牛搖尾掙扎而又無可奈何的樣子，別是一種情境。他在畫上題：

「力大如牛服小童，見渠何敢逞英雄，從來萬物都有制，且自裝呆作耳聾。」（註二）然而當日欺負他的頑童，如今有的物故，有的早已是兒孫滿堂的老人，有的爲逃避逋賦，遠去他鄉…想來不勝感慨。而他心目中的牛，也有了新的意義：不是受制於童稚的龐然蠢物，不是象徵急流勇退，在風雨來臨前飛奔而回的牛。也不是晁无咎筆下隨老子出函谷關，渺然不知所終的牛。而最能使沈周感動的，是李唐的「牧牛圖」，和另一位宋代不知名畫家的「平疇呼犢圖」。兩幅古作中，同樣抒寫出深厚動人的親子之情。尤其後者所表現子牛的迷茫、依戀，母牛慈祥地回顧、呼喚的神態，更爲生動感人。

多年來喪亂相尋，貧病交加的生活中，母親總是那樣堅強、忍耐，以溫暖慈和的目光慰撫著他。轉眼之間，自己都已年及花甲；白髮老母，則更年近八旬。「平疇呼犢」中所闡發的母愛，使沈周進一步體會到那難以爲報的深恩。

父親逝世後，每當有人勸他出仕，所持理由無論是爲了福國利民，或解除家庭生活的貧困，他總是說：

「若不知母氏以我爲命？奈何離膝下居？」

他深知母親的生活習慣，因此母親的寢膳，他往往親自服侍，不願意假手妻妾。母親外出的時候，他不僅親自操舟，更事先準備她素所喜好的果點美脂，在岑寂的航程中飲食。

一次火災中，母親所善的鄰嫗家毀人亡，孑然一身。沈周毫不猶疑地把她接回家中奉養，讓她和母親同寢共食，成爲朝夕不離的友伴。

花甲年沈周的詩詞繪畫中，牛的筆觸神韻愈加平實。牠已成爲他生活中的一部分，像水、像樹、像自然花草一般地伴隨著、襯托著。

「老夫自是騎牛漢，一簑一笠春江岸，白髮生來六十年，落日青山牛背看……」他在「騎牛圖」上題（註三）。

徜徉在青山落日或江岸暖風中，牛角上所掛的不再是〈漢書〉，而是一壺芳醇的鄉釀。文會、社酒之後，沈周陶陶然地穩坐牛背上，穿過靜夜裡的桑麻小徑，步上回家之路。蛙鳴，或遠遠地傳來三五聲犬吠，沈周腦中不自覺地浮出父親在世時，於野廟中飲酒、觀鶴、賦詩，醉中父子相扶，緩緩策馬而歸的景象。

△　　△　　△　　△

眼花、耳聾、齒痛。

沈周以三首七律（註四），細細地描述一番老年的病症。

「俛眉作字仍虛畫，觴鼻看書反差行……」對讀書人和畫家而言，視力的退化，似乎是最大的不便。因此，他也更深一步體會到朱存理內心的痛苦。雖然他的戲朱存理近視長詩膾炙人口，喧騰一時，而他也常爲這位葑門書蠹索畫所苦，但兩人的友誼，卻有增無已。

至於耳聾，他倒悟出不少好處來；江濤、夜雨，乃至於撼窗掃葉的朔風……似乎每樣聲音，都漸漸地變得微弱起來。也許有一天，他會步入一個沉默無聲的世界：「非是是非還自有，我無聞聽便應空。」隔絕了是非擾攘之後，所面對的似乎應是一片內在的空靈。此外，這也正應了俗語所說的「劖分癡好作家翁」。

比起韓愈的年未四十「而視茫茫，而髮蒼蒼，而齒牙動搖」，沈周有一種知足的感覺。因此，前兩種病症他都可以忍受。無如牙痛影響飲食，有時甚至讓人神魂不安，這就不是壯歲兒女們所能體會得到的。當親朋紛紛贈藥，並把藥效說得神奇無比；當子女爲他準備佳肴，殷勤勸餐的時候，他心中，常有一種啼笑皆非之感；使沈周愈發覺得爲老年人調理飲食的困難—這也許就是他定要親自照顧老母起居飲食的原因。

這一般老人病症，除了帶給沈周某些生活不方便之外，也直接影響到他繪畫的風格。

流傳在索畫者、鑒賞家與收藏家、古董掮客乃至弟子間的「細沈」、「粗沈」之說，沈周早有耳聞。多少年來，便有人刻意搜求他年輕時纖細而精緻的小幅；並不惜以重價購藏！這就是他們所說的「細沈」。「粗沈」，似乎泛指他四十幾歲以後的作品；以「廬山高圖」作爲明顯的里程。令沈周感到費解的，在這些人心目中，彷彿簡單到只要以「粗」、「細」，就足以判斷作品的價值似的。

「余早以繪事為戲，中以為累，今年六十，眼花手顫，把筆不能久運，運久苦思生……」—畫贈世光幷題册（註五）

眼花、手顫，把筆不能久運—是沈周對自己看似率率草成，實則筆墨豪放，氣勢沉著雄渾作品的直接解釋。

除了生理上的原因之外，對人生的領悟，趣味和境界的改變，自我表現與獨創性的追求，也應該是左右藝術生命歷程的主要因素。

還有人把這種發展、變化的歷程，歸之於「運數」；個人和家族的運數。沈周雖然並不把它看得那樣複雜與玄奧，但他也一再在題跋中向觀賞者詮釋：

「小卷筆須約束，要全纖巧，非大軸廣幀，放筆爛漫，信手而成覺易易耳；觀者當念老眼，加一倍看法可也。」——沈周在橫八尺五分，而縱僅五寸二分的山水小卷（註六）中題。以花甲衰年，強運目力，約束筆致，作不盈一握的小卷；內心卻嚮往著在大軸廣幀上，放筆揮灑，自然爛漫，水墨淋漓的喜悅。這種極可能在別人勉強下的小巧精密的作品，對他而言，究竟是一種委屈或是一種驕傲？也許從同卷中的另一段題識中，可以看出端倪：

「古大家揮灑，運斤成風，法備神完，心手兩忘者，斯爲化境，白石翁自署。」

另外一幅山水中，沈周同樣寫出他此期創作的看法和心境：

「山水之勝，得之目，寓諸心，而形於筆墨之間者，無非興而已矣。是卷於燈窗下為之，蓋亦乘興也；故不暇求其精焉，觀者可見老生情事如此。沈周。」（註七）

據此，「興」得之於山水，「興」也是推動創作的力量，「精」既無關於創作的價值，求「精」更不是他繪畫的目的。

題跋中，儘管給人一種乘興揮灑，信手而成的印象，但對千古以來，被視爲「美女簪花」的點苔，沈周絕不輕易動手。

「今日意思昏鈍，俟精明澄澈時爲之耳！」當沈周欠伸著兩臂，這樣說著的時候，意味著一幅渾然一氣的山水，已經接近尾聲。具有畫龍點睛作用的苔點，要等以更敏銳的眼光，清新的頭腦，作整體性的審視思考之後，才能落墨。因此幾位門生和好友，常可見到他堆積滿篋的畫卷，都是未著眉目的山靈和樹石，等待他「點睛」，等待乘著風雷破卷而去的時刻。這種乘著意興昂揚之際，忘情揮灑，待頭腦清明，情緒冷靜下來的時候，再斟酌遠近高下和墨色對比需要而點苔的方式，多少是受他所崇敬的梅道人吳鎮的影響。

△　△　△　△

從各方面的資料，都很難看到有關沈周的風流韻事，所以在人們印象中，很容易把他和得意弟子文徵明，在風塵女子面前的靦覥窘態，道貌岸然互爲聯想。不過，如果仔細玩味，沈周的詩、詞裡面，也不難找出一些饒有情趣的蛛絲馬跡：

追懷首度西湖之旅，沈周曾在詩中發出「也知行樂多紅拂，已倦追歡有白頭。」的幽嘆。而這「已倦追歡」數字，似乎已生動率眞地勾劃出早歲生活的「多彩多姿」了。

春天渡船上，反映在妓女芳容上那玉環落水的焦急，並沒有逃過他那「昏花」的老眼，也多少撥動了他充滿詩趣的心絃。

「六旬自詠」（註八）中，除了慶幸生長於太平年代，關懷朝廷用人良莠之外，則心滿意足地寫出：「有萬卷書貧富貴，仗三杯酒老精神。山花笑我頭俱白，頭白簪花也當春。」的心曲；雖然是借物寓意，但從他此際爲妓女林奴兒畫上題詞，爲友人題亡妓小像之類的逸興，不難諦聽出「頭白簪花也當春」的絃外之音。

> 「舞譽歌聲都摺起，丹青留箇芳名；崔徽楊妹省前生。筆愁煙樹杳，屏恨晚山橫。描得出風流意思，愛他紅粉兼清，未曾相見儘關情；只憂相見日，花老怨鶯鶯。丙午。」—臨江仙（註九）。寫的雖然只是林奴兒的才氣和畫中所表現的清韻，但字裡行間，也足以窺測出沈周老懷，絕不迂闊。

題友人亡妓小像的「疎簾淡月」，更是纏綿悱惻：

「□（疑風）流往事，只剩於今兩行情淚，故影遺真，便與在時無異。□是眉彎銷翠，剛顯出一份憔悴，箇中溫存，就中情意，豈能忘記……」（註十）。寫兩情繾綣，寫生死茫茫的悽愴，寫燈闌夜悄，一縷芳魂深情款款地來到床前，撫慰爲相思而形銷骨立的情侶。設若不解箇中滋味，花甲老翁，何能表現得如此眞摯而細膩？但屬眞情，即使風月中人，也值得珍惜；如果恩斷義絕，雖屬婚配，強留無益—也許可以作爲沈周對男女感情的看法。他以「臨江仙嘲友」，對一位妻子紅杏出牆的朋友提出忠告：

「深院曉寒春料峭，惱人叫地風生；桃花零亂杏縱橫，東牆要出，留煞也無情……」（註十一）。

品評這些溫柔、纏綿、悽美乃至帶有詼諧色彩詩詞的同時，如果順便瀏覽一下沈周六十歲前後的詩餘，會發現其數量雖然有限，內容卻是變化萬千。自遣、感舊、嘲謔、題畫……對他，詩和詞一樣，是眞實生活和感情的紀錄；不僅可以從中找尋沈周風流韻事的塵跡，更可以找出他生命的輪廓和歷程。

五十五歲，是他作品豐收的一年，名著一時的手跡有：「雲泉得意仿吳仲圭長卷」、「餘杭大石圖」，有經年累月才完成的「仙山樓閣圖」，爲大司馬王恕精心繪製的「西園八詠圖」，有遍寫陽山、滸墅、罷石嶺、石屋等吳中名勝的長卷「白雲泉圖」……然而，他這些藝術上的收穫，卻像那年爲水災所沖毀、糜腐了的田禾一般，無補於生活的貧困；沈周在「南鄉子遺興」（註十二），述說那種淒涼的景況：

「天地一癡仙，寫畫題詩不換錢．畫債詩逋忙到老；堪憐，白作人情白結緣！無興最今年，浪拍茅堂水浸田。筆硯只宜收拾起；休言，但說移家上釣船。辛丑。」

然而，在窮困慨嘆之餘，他更多的詩篇，表現出蘇東坡般的灑脫與淡泊。「糖多令」—六十歲所塡的一闋題畫詞，不但可以代表他的詞風、造詣，更可以看出他所步入的生命境界：

「聞道灞陵橋，山遙水更遙。六十年綜跡寥寥，牖下困人今老矣，雙短鬢，怕頻搔！行著要詩瓢，酒壺相伴挑。望秦川□里翹翹，再畫一驢馱我去，雖不到，也風騷。」（註十三）

△ △ △ △

從十七歲—父親昇任南京太僕寺丞那年起，文徵明有時隨文林在公署所在地—安徽滁州，跟少卿呂常（秉之）學詩，有時回蘇州，從學於都穆；更多時候，在大他八歲的叔父文森（宗嚴）指導下讀書習文。十九歲，不僅即將加冠成人，更是該進庠序，博取功名的時候。既不能長期漂泊，便決心定居蘇州。同時被選爲長洲縣學生員。

文森個性像乃兄文林一樣耿介，富膽識。成化二十二、三年，連中秋闈和春闈，殿試賜同進士出身；給文家帶來喜氣，給甫作秀才的文徵明帶來信心。新天子宏治改元後，文森隨即奉使山東、鳳陽、揚州、廬淮等郡，宣諭政令。接著，爲了修〈憲宗實錄〉，奉使浙江，從事採訪。採訪工作剛告一段落，不想體康發生了問題，不得不告假還家。

除了得自淶水教諭文洪親自傳授〈易經〉，在經學和歷史方面，文森日夜誦讀，下過極深的自學功夫；他的悉心教導，對文徵明日後修〈武宗實錄〉，行狀、墓誌乃至翔實流暢的傳記寫作，都有著不可忽視的影響。

文徵明牢記著，弱冠時代的叔父，爲了縣學中考試受挫，竟自我禁閉在學宮裡面，苦讀三年不歸的往事。從種種薰陶看來，文徵明求學的態度，愈挫愈勵的意志力，頗接近叔父和家住南濠以教授爲生的都穆。因之，他與祝枝山、唐伯虎、張靈、錢孔周（同愛、野亭）這些慷慨激昂、性情高朗亢爽的人結爲密友，實在給人一種不可思議的感覺。他們之間，幾乎無日不會；稍久不見，就互相奔走尋覓，恨不得把整個蘇州找遍了似的。

飲酒、賦詩、討論各人所寫的文義、從書中質疑辯論、談笑間評隲古今人物…這是他們集體活動的一面。他們所表現的才華，昂揚的志氣，卓越的識見，使沈周、王鏊、黃雲乃至葑門的兩朱先生，都爲之欣喜讚嘆，深慶後起有人。

嘯傲山水名勝，留連歌舞乃至風月場中，爲歌姬題詩，給妓女書扇…是他們集體活動的另一面。每到這種時候，文徵明也只好退避三舍，回到曹家巷那片孤獨寂寞的天地。

知道文徵明在異性—尤其風月場中女子面前的緊張與困窘，祝枝山和唐伯虎有時會預設圈套：

「此來文君，青樓中素稱豪俠。」首先由唐伯虎對竹堂寺附近妓女作下說詞。接著話鋒一轉：

「第其性猝難狎，若輩宜善事之。」由於說得入情入理，唱做俱佳，妓女們首肯之餘，開始殷殷等待，準備以萬縷柔絲，捕捉伯虎口中那位出手闊綽的青樓貴客。

偕游竹堂寺的途中，唐伯虎、祝枝山故意帶領文徵明繞道花街。唐伯虎眼色一遞，幾位花枝招展的少女，鶯聲嚦嚦地對文徵明糾纏起來。他的困窘、掙扎，益發證明此君「性猝難狎」之言不虛，她們也就愈發撒嬌作癡地拉扯不休。彷彿面臨巨禍、奇辱的文徵明，猛然抬頭，發現兩位好友正笑得前仰後合地旁觀這場鬧劇，才恍然大悟，已然落進了他們預先埋伏的陷阱。

「兩公調我耳！」文徵明羞澀滿面地喘著氣，啼笑皆非的吼著，終於掙脫了髮香粉臂的網羅，三人大笑而散。

文徵明所遭遇到的另一次困窘，是在石湖船上，惶急中，他大喊大叫，幾乎一頭跳下水去。

他、唐伯虎、幾位平日好友，在船上痛飲。起先，不過是猜拳行令。縱目廣闊的湖面、帆檣、畫舫，往來如織。酒到半酣時候，唐伯虎狂態畢露，岸幘高歌，向珠光簾影的畫舫，呼妓進酒。餘悸猶存的文徵明正想辭別而去，唐伯虎卻已重施故技，慫恿一群妖妖嬈嬈的妓女百般勸挽。一片笑謔聲中，唐伯虎不知怕鬧出人命，或是唯恐傷及好友的情誼，只好買舟任他從脂粉陣中脫圍而去。

註一、〔明朝小說大觀〕頁三六一，新興書局。

二、圖見〔故宮文物〕月刊二十八期頁一三八。

三、〔石田集〕頁二九三。

四、「石田集」頁五五〇。

五、「式古堂書畫彙考」冊三頁二七五。

六、「石渠寶笈」三編冊四頁一七八五。

七、「式古堂書畫彙考」冊四頁四一〇。

八、「石田集」頁五五五。

九、「石田集」頁七八三。

十、「石田集」頁七八三。

十一、「石田集」頁七八四。

十二、「石田集」頁七七九。

十三、「石田集」頁七八四。

第十二章　亂世的忠貞與平凡

文徵明端莊自持；或者說是拘謹的性格—尤其在異性面前所表現的，可能與幼時的窮困、孤獨、青少年時代的奔波有關。

遠在三、四歲，還在渾渾噩噩的時候，弄不清父親爲甚麼帶母親和他們兄弟到那麼一個燠熱，經常吹颳著風沙的地方。沒有玩伴，到處都是老鼠。螞蟻不時從屋頂落下，爬滿在各種食物上面。更使他茫然的是，隔沒太久，父親又讓祁春（元吉）舅舅把母親和兩兄弟送返蘇州，使他照樣受曹家巷一帶孩子們的戲弄。捧書長嘆的祖父，老得似乎不能再老的曾祖母，十二三歲的叔父，在祖父的督導，繼祖母的管教下愈來愈變得循規蹈矩…沒有父親，家裡顯得特別冷清。

母親逝世那年，不僅父親還在永嘉，連叔父也隨著祖父去到遙遠的淶水，使只有七歲的他和長他一歲的哥哥更加感到孤獨。起初，照顧他們生活的只有住在幾里外的舅舅。祁春是個老實的中年商人；爲了奉養年邁雙親，平時難得出門；爲了撫育亡妹的遺孤，則每天到曹家巷一次，替外甥帶來換洗的衣物和食品。

文林對這位大他幾歲的妻兄，一向十分敬愛，許多事情均與之商量，有無相通，憂喜與共。祁春則希望有一天那滿腹經綸的妹婿能爲他平凡而平和的一生，寫篇行狀或墓誌銘，留下一點紀念。看到兩個孩子唸書稍有進步的時候，他會半開玩笑半認眞地告訴外甥，如果他們的父親沒空撰寫墓誌銘或行狀，希望由兒子代筆；讓舅舅活著的時候，就能讀到，心裡一定十分快樂。三十年後的文徵明，果然不負所托；只是慢了一步，一向健康的舅舅，在他落筆撰稿前，已離開了人世。

有時，他們被接到外公家裡。外公年紀雖高，性情開朗，喜歡和賓客飲酒詠詩。在並不充裕的環境下，祁春總是費盡心思，爲老父張羅美酒佳肴。外祖母則因病而盲，從換衣、吃飯，乃至入廁之類的瑣事，都由舅舅親自照料。

祖父文洪過世前後，九歲和十歲的文氏兄弟，改由新寡的姨母嚴祁氏照顧。撫育著一兒一女的姨母，生活景況比舅舅更爲艱難，但是勤儉而潔淨。常常從故篋中翻檢出破衣，洗濯補綴，供給子女和徵明、徵靜穿用。盡一切力量，使他們不受饑寒之苦。

繼母吳氏何時進入這個破碎、貧困的家庭，資料所限無法確知；只知文林以五十五歲盛年凋謝之際，吳夫人所生一子「文室」，尙在幼齡；推想文林喪妻後，可能有段不算短的鰥居歲月。

至於文徵明進一步認識父親的清正廉潔，處理事務的幹練，並影響到爾後立身處世準則的，應是他青少年時代，時而永嘉、博平、滁州，隨侍任所；時而回返蘇州的奔波生涯。永嘉是個水陸城市，溫州府治所在，風俗、政情和治安情況異常複雜。無論移風易俗或爲民除弊，都極爲繁劇。成化八年文林中進士後，掌理銓敍的尹宮保，一眼便從好幾位候選進士中，看出他的才幹：

「此我所知能治繁者也。」毅然決然地眞除文林爲永嘉令。

文徵明眼中的父親，除了不畏權勢，英敏果斷外，重要的是對事情觀察透徹，查證齊全，使作奸犯科者無法隱匿，貪賄的官吏，無從作手腳。在這多訟的山城中，一些長輩或年紀較大的好友，曾爲少年文徵明講述乃父升堂審理訴訟的風範：公案上堆滿了成千份的訟牒，大堂內外擠滿了人群。有些圍近了公案前後，也不加禁止。身裁短小而略顯肥胖的文林，不怒自威，圍觀的人群，也自自然然地鴉雀無聲。眼看、手批，口中語音清楚，剖決明快。民衆極爲欽服；甚至有些家庭瑣事，也請知縣評斷。地方父老眼看訟案太多，便自動出來勸阻，以減少訟源：

「縣令如家翁，細事不當親耶……」

文徵明無法確知，是不是這些繁雜而瑣碎的事務，使父親不得不遣送妻子和幼兒返鄉，獨自生活在那陌生的地方。

在永嘉，最爲民衆稱頌的兩件大案：其一是派遣健兒，用計把多年出沒濱海島嶼上的海盜，一舉盡獲。另一件是勾結李中監的王堅肆虐地方案，囂張到殺了人官府都不敢過問的地步。文林訪得實情之後，故意不聞不問。在王堅正以爲新縣令怯懦，畏懼權勢，不過爾爾的時候，文林以計把他誘到大堂，出示累篋的訟牒和證物，使他不得不服。更使浙江數郡稱快的，只在獄中羈押兩宿，王堅就結束了他那罪惡的一生。文林的治績、膽識與對權勢的抗衡，人人都以爲會得到朝廷的重用。但令朝士惋惜、民衆失望的是，三年考績列全浙縣令之首的文知縣，只得到繼續留任的詔命；文林沒說甚麼，他歸之於「數」。

成化十八年丁憂期滿後，轉令博平；在人們感覺中，對文林更是大才小用。不過文林並不以博平小縣而加以輕忽。他仍像在永嘉那樣，鼓勵父老成立鄉社，月朔親自參加社飲，講述禮儀，並藉此探詢民間利弊，作施政參考。

忙於開鑿四十里河渠，清除水患之餘，文林不時到由他策劃遷建後的縣學裡，親自講學。六十多年很少有人中舉的縣學，在如師如友的縣令勉勵下，學風突然蓬勃起來。十四五歲少年文徵明的眼中，置身杏壇的父親，像燕居課子一樣的和藹慈祥。案上，擺設著他不論居家或遊山玩水，總不離身的玲瓏茶具，透出淡淡的茶香。在解經、辯難中的文林，像他的字「宗儒」那樣，是一位飽學宿儒，看不出是一位翻騰於宦海中，英敏精悍的行政長官。不到一年多的時間，縣學中的鄉賢祠隨著設立了，中舉人數增加了，他一貫的正風俗、興禮儀的政治理想，在這古老的山東小縣中，同樣地開出燦爛的花朵。文徵明兄弟，則在這段難得的平靜歲月裡，打下時文的基礎，作進學的準備。

當文林想解除居民多少代來爲藩王輸租納糧的不便，和揭露宗室暴橫不法的行爲時，有人勸他免招不測之禍。

「吾爲民，寧能顧利害哉！」文林毅然決然地上疏論奏。他那確實的舉證，反復激切的陳述，使朝廷不得不採納。但這些事情，難免又連帶到權勢日益高漲的中官。更有一件激怒寺宦們的趣事，但卻同樣震動朝野，使人人爲他捏把冷汗。

縣中，產有一種多汁味美的梨，不知在怎樣的機緣下，得到了中官的品嘗。大加讚賞之餘，令將這種優異的果實列爲貢物；以後年年進貢北京，以快帝王、嬪妃，乃至近倖的朵頤。博平梨也許會像「一騎紅塵妃子笑」的嶺南荔枝一般傳爲佳話；但衡量今後縣民爲貢梨所要遭受軍吏的刁難和負擔，文知縣不惜集中官甚至朝廷的怒、恨於一身，索性連根砍除這些為地方招惹災難的梨樹，使天子、庶人，一律不得享用。

成化二十一（一四八五）年，從博平考滿進京，朝士多以為憑文林這樣敢言敢為，必定會選為御史，重振柏臺的頹風。

「斯人在小官，尚剛訐如是，矧列之臺端乎！」有人正因他敢說敢作，不願他置身言位；同時，也許這話說中了成化皇帝朱見深的心事。年近不惑的君主，一方面依賴錦衣衛和東西兩廠的寺宦，偵伺臣下百僚的言行。一方面寵信妃子，喜好番僧、羽流，大封「國師」、「佛子」、「眞人」……自然不願有這樣一個目光如炬，剛直不屈，大刀闊斧的改革者棲息在他的腳下。因此，他把朝野一致看好的文林知縣，放到設於滁州掌理馬政的「南京太僕寺」，作太僕「正卿」、「少卿」之下的三級主管「太僕寺丞」—官拜與知縣些微之差的「從六品」。

由太僕寺所掌理的購配馬種、牧養、選馬、烙印、校閱以及調撥軍隊使用的馬政，廢弛的情況，在歷史各朝代中，可能以明朝最為嚴重。朝廷的旨意，也許想藉這投閒置散無足輕重的職位，消磨消磨他剛直的銳氣。在衆人的一片惋惜聲中，文林倒異常豁達地說：

「寺丞非官乎！」他似乎有種特殊的本能；無論投置在一個多麼不重要的崗位上，他總會找到許多可以興革、發揚的事情，他的口頭禪，或者說他服官的信念是：

「為吏而無建明，其何以職？」作官有作官的職，作人有作人的風骨。到達滁州後，這位從不為讒言和壓力感到沮喪的文天祥後裔，很快地體認到馬政對增加國防戰力的重要。同時也發現南京太僕寺職掌下的官吏驕不奉法。有些教場的將官、把總，隨意調換官馬。江南人民每年輸納二萬匹馬，而邊關將士，並未獲得應有的補給。非但軍馬沒有謹愼挑選、烙印、造册，連廣大的江南牧場，也被豪勢所侵併……當文徵明爲進學而回返蘇州的時候，文林不止一次上疏論奏那些不法的將軍和官吏，並廣搜一切資料與文獻，準備撰寫「馬策」三篇，徹底整頓弊病，鞏固危機重重的防務。

有爲有守，進退有節的父親，似乎深深地影響到文徵明的處世方針，逐漸形成堅定不移的立身準則；也就是他常不離口的：

「人之處世，居官惟有出處進退；居家惟有孝弟忠信。」

而立之年，奔喪永嘉時的盡卻賻金。中年時的竣拒寧王禮聘。年逾半百，仍不願越次貢入京師。終生不通王府、貴介……處處都顯示出心中所秉持著的，和乃父一般的剛正與操守。

然而，童稚時期的魯鈍與孤苦，稍長後的奔波、遷徙，使他在感情方面顯得拘謹和脆弱，同時也帶有幾分依賴；對朋友的依賴，對家人和後來對妻子的依賴，以及對家園的深深依戀。

弘治元年，當十九歲的唐伯虎忙著與徐廷瑞次女結婚的一段時期，文徵明不僅有種失群的冷寂，更因書法不夠整潔、流暢，被督學抑置於歲考中的第三等，使剛想定居蘇州的他，愈發陷人一種失落、茫然之中。

△　△　△　△

在沈周心目中，生日、年節的忙碌，雖然是衆人之事，也許只有年輕的孩子，才眞正享有節日的快樂。記得五十歲除夕歌中有：

「去之歲，來之年，一迎一送燈火邊，迎新送舊大家事，覺與老者偏無緣。黃雞未號霜滿天，一心百感惟愀然…」

所說的無緣，應指身體的衰弱，世事的繁雜，憂煩苦悶的情緒，自然沖淡了燈火輝煌，爆竹喧天的樂趣。想不到卻一語成讖地送走了手足拘攣，被風痹折磨整整六年之久的老父。

但是，不知由於何種感觸，使他到了周甲前後，反而特別珍惜年節和生旦，唯恐不能飽享佳賓良朋杯觥交錯，吟詠唱和的喜樂。

首先，從王汝和、都良玉和他的三友年會開始：三人不僅同鄉、同歲，也是同學。從小一起在江邊追逐嬉戲，撈蝦捕魚。稍長筆硯切磋。長大後，三人經常相邀飲宴，或相攜杖履出遊。歷經多少天災人禍，艱辛歲月而同登花甲之年，想來十分難得。

正月初二，他和都良玉各攜酒饌，到生日在先的王汝和家中飲燕。初三相聚於都家。破五前一日聚飲有竹居時，樂聲悠揚，三位同年友舉杯爲壽。沈周妻子陳氏，與他不僅同生於宣宗宣德二年，而且連月、日也不差，因此，對沈周而言，這同年友會，也就另有一層意義。

「…聞爾處士沈周、史鑑，沉酣經史，博洽古今，蘊經緯之遠猷，抱君民之宏略。顧乃遯跡邱園，不求聞達…」（註一）

座中提起五年前，由江南巡撫王恕的舉薦，成化皇帝頒詔徵聘的事，使沈周沉默了很久。他和史明古都沒有奉詔應聘；是得是失，似乎也經過一番內心的交戰。好友們也提出許多仁智互見的看法；最難拂逆的，是關心民瘼，訪求民隱，以廉直著稱的王巡撫對他們兩人的懇切期盼。

「君子思不出其位」，是沈周一貫的看法；因此，他雖然關心時政和衆人的疾苦，但在王恕的禮遇下，談話極爲含蓄。史明古，則無論徭役、糧稅、水利、或吏治的得失，不僅知無不言，晤對之外，更詳詳細細書寫下來，作爲施政的參考。這些有條理，有古籍可稽，又經實際考察所形成的意見，使王恕不由得嘆息：

「子之才，可當一面。」

負責織造、採辦、採藥或各種名目的中官，進出郡城的頤指氣使，需索無度，豈只民間和一般官紳不得不奉迎與順從；巡撫和按察使也僅能無可如何地搔首興嘆。沈周在「採藥使」中寫：

「傳聞採藥使，志在括金銀，自厭豺狼慾，深違天地仁。怨咨無曠口，竄匿有驚民，果益吾皇壽，吾當不愛身。」（註二）

「臣聞爲天下國家有九經；不聞有佛經也！」這是好友李應禎的名言。

事情發生在成化八年，雅好佛、道與密宗的皇帝，詔命以書法聞名於朝的李應禎，書寫佛經。堅決抗命的結果，使他飽受廷杖的摧殘，長長一段時間，輾轉在死亡的邊緣。第二年乞歸長洲省親、祭祖的時候，拖著傷殘的身子，親友家人，見者莫不含淚唏噓。

處在這樣一種亂象叢生的局勢，和所見所聞的君臣際遇，愈發堅定了沈周當日的抉擇。而父死、母老，就是他辭不赴召的正當理由。

幾位艱困中虛度大半生的平凡人，於三不朽中的立功、立言看來似乎此生無份；但，「太上立德」，若能共同攜手，以敦孝悌，篤仁義，作子孫和鄉里後進的榜樣，何嘗不是一件美談？想著，想著，一種豪氣不由得浮上沈周帶著幾分酒意的眉宇。幾位老者，吟詠嘯歌，盡一日歡樂之餘，沈周更在長達五百言的「三友會年序」（註三）中，敍述始末，表現亂世裡平凡人，平凡生活的信念：

「…有子孫焉，有子弟焉，仰其容以為表，受其言以為教，風俗因之以長厚，使如郭有道、龐德公者，時稱君子焉。身之後，標名暴行於史冊上，後之讀史之人，尚知所處之鄉之可重，所生之朝之可賀，垂百代而不亡者存；壽不在玆乎…」

爲了珍惜皎潔月色，沈周邀請了六、七位年歲相當的賓客，從八月十四到正節，從紅日初昇到深夜，一直歡飲留連在月下。年幼的姪兒、亭亭玉立的外甥，擊鼓、唱歌，桐樹下面的秋蟲唧唧，爲老年人的歡會帶來了一種生命的活力。

回憶少年時代，中秋月與平時，並無多大差別，心目中的歲月，也彷彿是流不盡的江河。看看唱歌侑酒的外甥，恍如當年西莊雅集中，在祖父、父親及衆賓客面前高吟低唱的自己。猛抬頭，見到周旋在賓客間的雲鴻，已經三十六歲了。多少年以來，他就是沈周生活和精神上的支柱。月光下，雲鴻的皮膚，顯得更加白皙，但身移影動，卻也增加了他那江柳一般柔弱的感覺，不知不覺更加深沈周對孫子的殷切期盼。和自己同樣滿頭白髮的老妻，屋裡屋外地忙著，歡愉的臉上，滿佈著歲月所雕刻的痕跡。

酒令在無譁中井然有序的進行，帶著幾分醉意的賓朋，笑談著一些鄉里的趣聞，和流傳在瓜棚豆架下的故事；沈周雖然不再一一記錄，但仍聽得津津有味。只不知如此良宵與歡樂，今生尙得幾回？

「老人能得幾中秋，信是流光不可留。」

「古今換人不換月，舊月新人風馬牛。」

「月圓還似故人圓，故人散去如月落。」

「眼中漸覺少故人，乘月夜遊誰我嗔。」

一連兩夜的賞月詩中，沈周寫滿了這些淒美、感傷，對人世和友情充溢著愛與留戀的字句（註四）。

十一月二十一日，沈周和妻子的生日。壽堂上懸掛著王理之爲他所寫的六十小像。穿著一身白練羽服的沈周，帶著一頂山谷老人黃庭堅式的頭巾，和腰間的古玉鈎，輝映成趣。頎長的身影，一如他自己所形容的變得瘦勁如竹。霜鬢紅顏，襯托著淺碧色的雙目。當他手持殷商古爵，斟洞庭春勸客的時候，眞有一種仙風道骨，超然物外的感覺。

一直到多年之後，來自崑山攜酒祝壽的黃雲，依然淸楚記得當時的景象。但，曾幾何時，沈周就在「送歲詞」中，發出痛苦的悲音：

「…初謂人送歲，終返被歲送。人於一歲間，過眼幾悲痛。送盡人不知，處歲若處夢，我有同室人，今年室已空。」（註五）

父親過世前的讖語，中秋賞月詩中的「故人散去如月落」、「眼中漸覺故人少」；想不到最先散去、最先送走的故人，竟是自己一生所依賴、鍾愛的妻子。

註　一、〔西邨集〕卷首。〔西邨集〕，史鑑著，列四庫全書珍本。

二、〔石田集〕頁四一二。

三、〔石田集〕頁八〇八。

四、「十四夜月」詩，在〔文人畫粹編〕冊四圖十五「十四夜月圖」的後幅。「中秋賞月與浦汝正諸君同賦」，在〔石田集〕頁二四三；二詩不盡相同。

五、〔石田集〕頁二二三。

第十三章　無用之用

對沈周而言，六十一歲—成化末年，應是生平最空虛、孤獨的一年。陪伴他的，往往是終日相隨的影子；日、月和燭光下的影子，鏡中之影，或臨流、據舷時所見的倒影。雖然並不眞實，但到底是動的，甚至跟自己一樣，透著種無奈和孤獨的感覺。

岑寂中，他不僅細細地體會，並試圖捕捉住那種千古不變的寂寞：

「…**夜壁漫隨燈慘淡，曉窗偏屬鏡分明，算來惟與鰥夫稱，老去猶堪作伴行。**」—人影（註一）

尤其徹夜無眠的雨夜，除了溪流和風雨聲的侵襲之外，不時從鄰室傳來長女病中的呻吟；女婿許貞的窮困落魄，當日岳、婿二人在承天寺中聚飲、賦詩作畫，和雪中江岸送別的景象，就浮現眼前。

「那堪歲歉年荒日，正迫男婚女嫁時。」

把「男婚女嫁」的喜事和「歲歉年荒」的窘迫相提並論，是沈周的絕對，也是他四十幾歲時的親身體驗；一時好友吳寬、文林、史明古等，引爲笑談。但，時近暮年，他卻進一步體會到男婚女嫁之後，並不就此了卻了心事；正如同史明古一直計畫在男婚女嫁之後，可以無牽無掛的壯遊天下那樣的不切實際。許貞夫婦，多年來只生一女，但此刻歸省、養病的長女，形銷骨立的長婿和待字閨中的外孫女，都像簷下的蛛網一般，時時糾結在他的心中。此外，長子雲鴻，所生孫子，六月而夭。沈周側室所產兒子沈復，年紀尚小；年老無孫的遺憾，永遠像塊鉛似的，使沈周心緒沉落無底的深淵。

為了慎選葬期和福地，妻子的靈柩，依舊停殯在屋前石階上。每當雨雪紛飄的時候，沈周總覺得她既寒冷又孤獨。因此，常常用稻草、木板或桐油布，往棺木上遮了又遮，蓋了又蓋。有時，暗夜中憐惜地開窗探視；這種情景，很像她在世時對他病中的照顧。

以前，他並不覺得人生竟如此迫促。幾年前，周宗道請他撰生壙誌時，他的心緒曾感到一時的波動，隨即在生活的忙碌中沖淡。妻子的猝逝，促使他在射瀆的西方治下生壙，作為夫婦共同安息的地方。

無論地勢、方位和四周的景觀，他都仔細地勘察，並著手栽植樹木。和鄰近的寺僧，也結下香火之緣。同時，他要親自把生壙誌，鐫刻於白石碑上。有時，在兒子陪同下，駕舟曳杖，面對著西山的群峰、斷崖，倚壙高歌，並賦「理墳」二首：

「官竹園頭春日斜，手開新土漸成窪，觀生似寄誰非客，視死如歸此是家。白髮暫存如電露，青山長臥有烟霞，慰勞自假閒詩酒，且弄年華與物華。」（註二二）

當他把這些既深情又豁達的詩篇寄給吳寬時，後者無法確定面對著永恆之門，自己到底有沒有像沈周那樣的襟懷。他在「次韻沈啓南自治生壙見寄二首」詩中寫：

「…曾子啟予言不妄，莊生息我意終乖，司空自有藏身地，不學劉伶說便埋。」（註二三）

和沈周同樣過著形影相對孤獨歲月的，還有他的親翁史明古。史明古的孤寂，跟他那種一切嚴守古禮和古制的性格有關。他把恢復古代盛世的理想，和治理天下的抱負，似乎全部投射在子女和妻妾身上。因此，在他的統治下，一種嚴整的生活秩序，和長幼尊卑的本分與儀節，便地久天長般地，實踐在那不算龐大的家族之間。

面對著鏡中鬚髯纚纚的肥胖影像，有時史明古自問：如果把你當作隱遁山林之儒；看來沒有一般儒者的清癯面容。當作爲國干城的勇將，又少了那種文韜武略。神光熌熌，長鬍垂胸，但又出無車馬，口不離詩書；然而，到底是何如人？「噫！豈邯鄲排難之流；抑大梁監門之徒也歟！」這就是他自問自答的結論（註四）。而他半生行事中，也確實表現了赴人之急的熱情，和爲天災頻仍的吳民，奔走請命的道德勇氣。

更多時候，史明古問答的對象，是一幅維妙維肖的五十一歲畫像。遠在文林自永嘉調任博平的時候，由台州寫眞家鍾希哲爲他畫像留念。經吳寬品題後，畫者的聲譽，傳遍了蘇州和南北兩京。成化二十年春天，史明古和沈周相偕往訪。鍾氏欣然命筆，這幅像從此成了史明古朝夕不離的夥伴。尤其每年四月十二初度之日，必然要展開小像，與鏡中人影相對祝飲：

「君（按指像）看古人像，存者百無十，惟能愼厥修，庶幾爲永則。」——畫像後的頭一年生日，由於剛剛畫完不久，影、像之間，有著極高的相似性，所以只對像說了幾句自勉之辭。

「觀者問爲誰（指像）？曰『我』咸疑紿……」—三年後的初度，自覺鏡中容顏衰老，懷疑沒有人再相信，畫中之像，竟乃明古當年；語氣中頗有幾分「遲暮」的幽怨。更不幸的，這一年冬天，病瞎了一隻眼睛，自然，那像也就愈發變得不像了。

成化二十三年，五十四歲生日時候，他不是對像自勉，而是帶著幾分自嘲性地，責備畫像不但不隨他的遭遇而改變態度，也沒有爲他的困厄悲傷，或說幾句安慰的話語。

受責之餘，像似乎是無法繼續保持緘默了，人有人言，「像」有「像」語，「他」提出的辯解是：

「……我雖具形式，生而無性情。休戚殊不知，是非安得言？」此外，也說了一些眼科醫生所常說的，要注意眼睛保健之類的苦口良言。他對史明古最後的一番勗勉是：左丘明目盲而傳春秋，成爲聖門的素臣；徽宗皇帝，目能視日不瞬，卻斷送了北宋的山河。可見人生在於勵志，而不在於盲或不盲（註五）。

沈周花甲之年的兩件大事—六十大慶和喪妻，適逢史明古患目喪明，因此，這位姻親密友，既不能在一時學士大夫紛紛以詩文爲壽的時候，舉觴祝飲，也未能在親家母與世長辭的時候，親臨弔唁。關於後者，他除了在信中表示驚怛，敬佩陳氏夫人的才德，不亞以畫竹著名於世的管仲姬，並勸慰沈周：八十老母在堂，務必節哀，注意眠食，免貽親憂。

史明古經一百五十里航程，造訪有竹莊，以醇美的家釀、一篇誠摯高古的讚文，爲沈周補祝花甲的時候，已經是另一年的隆冬。

成化皇帝駕崩於二十三（一四八七）年的八月季秋，仁孝素著的太子朱祐樘即位，定次年改元「宏治」。一個充滿迷信、貪瀆，外戚與中官紛紛擅權的時代結束。南北兩京，不時有令人興奮的消息，傳到僻靜的江村；多少沖淡了沈周喪妻，和好友左目失明的悲悽。

紛至沓來的佳音和傳言，最使兩位老友快慰的，莫過於重新起用王恕為吏部尚書。在他巡撫江南的十餘年中，首先揭發中官錢能的罪惡，使被挑動得頻頻生事的雲南邊境，得到暫時的安定。中官王敬，藉為皇帝採藥和搜尋寶物為名，強掠民財、荼毒縉紳、辱迫地方官和諸生的時候，只有王恕敢與之抗衡。水旱災時，王恕相機發倉，救助饑民。「兩京十二部，獨有一王恕。」歌謠中，充份表現出人們的景仰，並把這位五十六七歲的三原人，視作整個國家的希望。

對於薦舉賢士，拔擢人材，更有擔當的勇氣。以前在舉薦史明古的奏疏中，王恕不惜以身家性命作保証：

「伏願拔擢陛下臨軒親試，其可畀以方面之重…三年之任而不能大有益於時政，臣當受罔上之誅，無所辭避…」（註六）

對沈周，更是禮遇有加，也曾垂詢和舉薦。可惜兩友隱志極堅。除了提出地方興革意見之外，成化十八九年間，史氏曾受託編撰王恕年譜，以配合其傳記的付梓。想不到成化二十二年十二月，王恕卻因傳記受謗，鏤版被焚，憤而致仕，使朝野為之震驚。隨著王恕退出政壇，南北科道，為他辯誣，陳述其忠直的表章，像雪片般飛向成化皇帝手中。但是，早已厭聽王恕直言忠諫的朱見深，次年一開正就遇到寵幸備至的萬貴妃之喪，復加以四十一歲的鼎盛之年，便衰象畢露；也就實在顧不得這些表章了。

△　△　△　△

史明古雖然生活簡樸，持家如理衙，儘量隱藏心中的感情，但是，對友情的依戀，卻一點也不亞於經常受教於他的都穆和文徵明。

劉珏、吳寬、沈周、沈召…一向是他朝思暮想的遊伴。成化七年二月時，與二沈、劉珏相偕遊杭。遍賞西山勝景之後，將轉遊南山路。乘輿出飛來峰路口時，劉珏不禁依依不捨地回顧，並面山爲誓：

「自此，當歲一相見也。」這話深中以未得暢遊爲憾的史明古情懷。那知言猶在耳，劉珏和沈召雙雙下世。他以後幾次遊杭，緬懷先友，總有一種說不出的悵惘。

他曾經束約吳寬，於成化十四年春天，同遊杭州。但傳說環繞西湖的山裡，像當時蘇州西山一樣，猛虎出沒，白晝食人。吳寬不願意作虎餌，於是回了封讓嗜遊如命的他啼笑皆非，大失所望的信：

「…尚欲與吾兄食老米飯數年，未敢以身許此物也。」

不久，杭州友人諸立夫証實，西山非止無虎，採樵者更多放膽夜行；爲此，吳寬和他，整整懊悔了好幾天。

當有些好友凋落，吳寬遠在京師，文林、李應禎爲官事疲於奔命…史明古空虛的心靈，就整個寄託在沈周身上。在他心目中，沈周是個天生的藝術家，他的靈思，與造物之神融爲一體，所以他的詩有自然的含蓄和神韻，他筆下的淋漓水墨，是自然的回應。

他在沈周詩畫上題：

「…今觀陸允暉所藏沈石田詩畫，各臻其妙，而其蕭散自得之趣，宛然遊於輞川花竹，雪上鷗波間也…」（註七）

在「送李員外（李應禎）詩序」中，史明古更具體地剖析沈周——他心目中的王維、趙孟頫的性氣和詩格：

「…沈君啓南，蘊而未施者也。」意思是沈周才情內蘊，蓄而未發，一種內心的聲音與節奏，藉著詩流露出來：「故其言慼而不傷，激而不詭，復而不厭，怨而不形，皇皇焉，卹卹焉，其有憂於斯世者乎？不然何思之遠也若此！」（註八）

這也是另一位友人王鏊所說的：

「…然每聞時政得失，則憂喜形于顏面，人以是知先生（指沈周）非忘世者。」無論形之詩畫，或形之於情緒，都可以看出他發自心靈深處的至性。

史明古深深記得初到杭州之日：

從西湖北面的寶石山上，俯視十里幅員的西湖波平如鏡。嫩柳紛披，桃花乍放的蘇堤，像條巨龍似的橫亙東西。環湖峰嶺起伏，寺宇相望。夕陽殘照中，雷峰塔籠上一片金紅。吳江縣僧傳上人出酒款客的時候，沈周倚著欄檻，語之不應，飲之不舉。那渾然忘我的神情，使他感到，沈周與山靈、暮靄，與整個自然，正同一氣息，或已全然地融合了；分不出宇宙、自然或沈周。

他最愛沈周於松陵慶雲寺所畫的月下杏花。當月光照射在那片冷艷的花樹上，滿地交錯的枝影，彷彿輕漾在波間的水藻。深夜的露珠，更像從春眠中剛剛甦醒了的花魂，映射出晶瑩的寒光。史明古從畫中可以想見沈周獨自徘徊花下，繞樹行吟的情境。當「吟詠之不足」的時候，沈周復藉筆墨，爲花傳神；這就是他爲慶雲寺所留下的詩、書、畫三絕的鎭寺寶物。每天不知有多少縉紳和才子仕女，前來觀賞石田的墨蹟。史明古戲勸老僧，千萬把畫珍藏起來，可援晉顧愷之在金陵鳳凰台瓦棺寺畫維摩詰像的前例，讓想要觀賞的善男信女，佈施之後再看不遲。

這次爲沈周補祝周甲的讚言中，史明古不願隨便說幾句浮泛的頌美之辭，像飛鳥遺音似的倏然以亡，忽焉而滅。他見有獨到地指出：立德、立功、立言的三不朽中，言雖在後，但如無孔子之言，則無論堯舜之聖，夷齊之賢，都得不到彰顯。因此，他強調「立言」的重要。

就他瞭解，沈周既仁義內蘊，再資以詩書經史之助，思想、造詣，愈發博大精深，如能發之於言，必然是德隨言顯，影響百世：

「…發天地之秘，揭日月之明，鼓風雷之變，涵雨露之濡，究造化之妙，窮鬼神之幽，析事物之理，所謂備古人之能事，而縱横馳騁乎其間，不蘄與古之立言者並而言之，斯立人共用之而不舍也…」（註九）

三友年會中，沈周以能作鄉里後進的榜樣自勉；王恕上疏舉薦，希望這位相城隱土，能立功於廊廟；密友史明古，則以「立言」爲壽；自然之神，更無時不在召喚，和他同其聲氣脈息，藉著他的詩、書、畫，以表現造物者無盡的蘊蓄和神奇。如此一來，取捨去就之間，對年逾耳順的沈周，想必又是一番掙扎和抉擇。

不過，他自號「石田」，老稱「石田叟」；似乎就是一種棄功名於不顧，終老山澤的象徵吧。

沈周從青年時代，就以「石田」爲號；和吳寬的以「匏」名菴，眞是相映成趣，並都寓有「百無一用」的意思。

吳寬在他的「匏菴記」中解釋：匏，誠如孔子所說，可繫而不能食。因此，他既謙虛又風趣的引以自況。然而匏也有無用之用；晉朝叔向就說渡河逃難時，匏的浮力有助於逃脫。就樂器而言，笙、竽的簧管，都裝列在匏內。不能不說匏有和諧八音的功能，有助於宗廟、朝堂間的祭祀和禮儀；吳寬時時引這種「無用中的大用」以自勉。

多少年來，吳寬置身廟堂，以其寬大、誠敬、質樸的性格，不苟同於人，亦不標新立異的處世方針。不僅與同僚相處和諧，更贏得成化皇帝的信任和東宮朱祐樘的尊敬。文林、沈周，則由於他擁有「匏菴」、「老匏」的雅號，先後以珍貴的宋唐匏形古硯爲贈，成爲匏菴的瑰寶；一時傳爲佳話。

「石田」，典出〈左傳〉裡面伍子胥的譬喻：「得志於齊，猶獲石田也，無所用之。」不過，像匏一樣，石田也並不是完全無用，晉末的董景（疑董景道）就說：「余在萬山中，草木可以庇風雨，石田可以具饘粥。」

青年時代，決意耕隱的沈周，大概像吳寬一樣，既以「石田」喻自己的無用，也用來期許自己，像多石的瘠田般，尚有「可以具饘粥」那樣微末的價值。知道他這個號的人，多以爲是一種單純的謙虛；祝枝山卻在「石田記」中別有一解：

「此非謙也！」他認爲，愈是志氣寬宏的人，對自己評估愈嚴，往往把自己評置在一個最低的位置。然後，不斷地自我砥礪、鍛鍊：

「…先生（石田）者，巢許其居服，而禹稷其腎腸，既自退曰：『吾不敢望於世，爲是名己。』乃去以道自治，剷蕭莠，抉沮洳，揭其堅白以對日月，爽然風塵之表…」（註十）

像史明古一樣，祝枝山也認爲「言爲心之聲，詩爲言之述」；要想瞭解沈周的心志，可以從他的詩中一探究竟：

「…非孝忠節義，無觸於膺，無寄於聲，油油乎茁元化之嘉種，粒烝民於終古，其不類杜少陵與？」

在史明古眼中，祝枝山行爲輕佻而「流于言語文字之末端」。祝枝山則覺得這位吳江前輩，古板嚴峻；直到十餘年後，史氏已經作古，他還在批評史明古以飲大量生水醫治百病的愚蠢，不僅害死了產後罹病的媳婦，更害死了自己（註十一）。

史、祝二人，雖然互相不以爲然，但他們對沈周的評價，卻所見略同。沈周不僅鍾愛祝枝山的氣質才華，更重視這位家學淵源的後生評詩論文的識見。其獨具創見的「石田記」，頗使沈周引爲知音。

年逋三十一—比祝枝山略長兩三歲的楊循吉，於成化二十三年秋天，致仕歸吳。

家居閶門外南濠的楊循吉，弱冠時代就和沈周互相唱和，兩人的「夜登千人石」五古，一再和而復答，更是洛陽紙貴，傳鈔一時。成化二十年中進士後，隨即分發儀部主事。然而兩年不到的服務時間，他卻大部份因病閉門不出。偶至部中，則以讀書爲樂。遇有好書，讀到會意之處，不知不覺手舞足蹈；所謂「顚主事」的雅號，就是這樣得來的。一再告病的結果，受到上官的厭惡與訶斥；他索性疏請致仕。

另有一說，是善相者說他：

「君貌非常人，惜促數！」楊主事大驚問壽，相士說：

「明年乎，宰木拱矣！」既然短促得連年底都活不到，還作甚麼官；於是以病乞歸，回到湖山秀美的家鄉，等待生命的結束。

爲了貪戀祿位，都城之中，不知多少霜髮皆白，老態龍鍾的官吏；幾曾見過年才而立，便知機而退？沈周特以七絕三首爲賀：

「都門祖帳百花飛，多見龍鍾賦式微，較取柳條千萬折，不曾送一少年歸。」—聞楊君謙致政賦此以致健羨—其二（註十二）。

返鄉後的「顚主事」，非但沒有就木，兩年來的宿疾，竟也霍然而癒。在故鄉的山水神明喚呼之下，健步如飛。沈周、史明古，乃至都穆、祝枝山和唐伯虎，無不欣喜多了一位生龍活虎、高雅風趣的遊伴。對楊循吉的詩文，沈周一向嗜之如命，因此，也極望求得這位詩侶的一篇「石田記」。楊循吉一口承諾；但遲遲未見繳卷，究因沉醉於山巓水涯，飽享新生命的律動而無暇顧此？或因有了祝枝山的佳篇，使自負的他更加愼於落筆？使沈周不得不如他自己所形容的：「遑遑日翹佇」了。

註一、〔石田集〕頁六四五。
二、〔吳都文粹續集〕册四頁六一四，二首之一。
三、〔匏翁家藏集〕頁一一三。
四、〔西邨集〕卷六頁二「自贊」，四庫全書珍本。
五、以上問眞自勉和責眞的趣事，統見〔西邨集〕卷二頁十、五、十二。頁十二與眞問答中：「廢視傳春秋，聖門名素臣，視日能不瞬，亡宋實斯人。」按前者指左丘明，見人名大辭典；後者推測應指宋徽宗。
六、〔西邨集〕卷首頁五。
七、〔西邨集〕卷六頁二。
八、〔西邨集〕卷五頁五五。
九、〔西邨集〕卷六頁一八。
十、〔祝氏詩文集〕一七二三。
十一、〔祝氏詩文集〕頁一〇六四「與連博士勸勿食牛飲水書」，按文中所寫吳郡「史監」性格、體質、學養、行事，證之史鑑墓誌、文集等，莫不符合。史明古更以夏日暴飮冰兩碗致病，隨即謝世。故推斷祝文「史監」可能即是「史鑑」。

十二、〔石田集〕頁六九四。

第十四章　命運的悲劇

「杏花蕭寺日斜時，瞥見娉婷軟玉枝，撮得繡鞋尖下土，搓成藥丸救相思。」——題仕女圖（註一）

唐伯虎那些綺麗纏綿的詩句；畫中體態婀娜，古艷照人的美人圖，乃至青年時代和遊伴所過的放浪生活，人們禁不住會想：這樣一個風流俊俏的才子，該有一位怎樣風華絕代的美眷？是否像上述仕女圖中婷婷玉立在杏花、古廟、斜陽下凝眸遠視的少女，驚鴻一瞥之下，便引起他廢寢忘食，刻骨銘心的相思？

「瀟灑才情，風流標格，脈脈滿身□倦；修荐齋場，禁煙簾箔，坐見梨花如霰。乘斜月，赴佳期，燭燼牆陰，釵敲門扇，想伉儷鸞皇，萬千顛倒，可禁嬌顫……」——過秦樓題鶯鶯小像（註二）

她，或許也會像唐伯虎畫理的鶯鶯？在寧謐的月光下，步過梨花小徑，看來有如淩波仙子。嫻雅慵倦中，卻掩飾不住埋藏在心中的熱情。

若不然，像他「妒花歌」中所描寫的少婦；那種春陽一般的明麗與嬌憨，如果不是以一顆溫柔多情的心去體會、揣摩，他怎能表現得那樣貼切而生動：

「昨夜海棠初著雨，數朵輕盈嬌欲語；佳人曉起出蘭房，折來對鏡比紅妝。問郎花好奴顏好？郎道不如花窈窕！佳人見語發嬌嗔，不信死花勝活人；將花揉碎擲郎前：

請郎今夜伴花眠！」（註三）

此外，也有人認爲，似唐伯虎那樣清狂不羈的才子之妻，應該如紅拂女一般，有著識英雄於風塵中的慧眼，毅然相隨於天涯海角的情懷。有李清照和趙子昂妻子管仲姬一般的才華和風韻，在清風霽月間吟詠唱和，對菊品茗，向竹揮毫……

由於對才子佳人的傾慕，人們的心理由猜測、想像，逐漸變成了許許多多言之鑿鑿的傳說；或者說是生活在苦悶、平凡、現實中人們心理的一種投射吧。這種集體的遐想和投射，隨著時空的擴展，顯得愈加完美而戲劇化。然而，當鑼鼓喧騰，舞臺簾幕緩緩升起，欣賞那長久生活在人們心中的「唐伯虎點秋香」、「三笑姻緣」等喜劇之前，姑且撥開時空的迷霧，看一看才子唐伯虎襟袖間的模糊淚痕：

在唐伯虎所流傳下來的有限詩文中，描寫家庭、妻子以及婚姻生活的篇幅，竟出奇的少；少得令人無法一窺其持家的風範和閨閣情趣。

與徐廷瑞次女結婚六年，妻子亡故，二十四年後，唐伯虎的岳母吳孺人病故。墓志銘中，唐伯虎以質樸的筆調，簡略敍述這位七十高齡老夫人賢淑勤儉的一生。

她生於長洲，十七歲于歸。和蘇州多數以蠶桑爲業的家庭婦女一樣，自幼至老，吳氏幾乎有六十年漫長歲月，無分日夜寒暑地，伴著繭絲、紡車和織機。

「性稟節儉，虀鹽之外，不求兼味。」唐伯虎寫；這種僅靠素菜或細鹹菜絲下飯的日子，對常常賓客滿座，絲竹之聲不絕，慷慨濟急的唐伯虎而言，是一件不可想像的事。

她不信佛，更不像一般蘇州人那樣，迷信五通淫祠，因此，家中聽不到木魚、磬和梵咒之聲。她認爲人生的修短禍福，冥冥中自有定數，並不是媚神祭鬼就可以得到的。她也堅守著內言不出於閫，外言不入於閫的古禮；一生當中，也就沒有蜚短流長，或落人口實的事。多麼恬淡、平和、完美的一生；但卻是唐伯虎年近知命—直到生命後期，始能徹底解悟的眞諦。他在岳母的墓碑上，寫出他三十年來親身目睹的感受：

「孺人之德兮紡績自躬，沒齒不怠兮繭絲實工；啟予全歸兮在此曲室之中，福利後昆兮萬世無窮！」（註四）

如果相信家世、門風，和爲傳統所珍視的母教，對一個人具有薰陶與啓發作用；則唐伯虎妻子的性格、生活及處世的態度，也就可以想見一斑了。

因此，可以設想秀才唐伯虎的婚姻生活，並不像他交遊的多彩多姿，更沒有歌臺舞榭，青樓畫舫的旖旎而浪漫。他得之於閨閣的，可能是一種安全感，一種淡淡的溫馨、柔順與服侍。但，不一定有他筆下蘭房少婦的嬌憨明麗；鶯鶯含情脈脈的眼神，和帶有幾分慵倦的風流韻緻。也不一定有紅拂的慧識、豪氣或易安居士及管夫人的耀眼才華……

也許這門婚姻，這小家碧玉的妻子根本是唐廣德夫婦爲收束長子不羈的性格，改變其奢侈糜爛生活的一種安排。不過，對唐伯虎而言，那究竟是一個可以使身心得到憩息的家。有它的時候，或許並不覺得欣慰；失去它時，才感到空虛和悲痛：

「淒淒白露零，百卉謝芬芳；槿花易衰歇，桂枝就銷亡。迷途無往駕，款款何從將？曉月麗塵梁，白日照春陽。撫景念疇昔，肝裂魂飄揚！」—傷內（註五）

伯虎喪偶，不過是結褵僅僅六年以後的事，可能是在露零花謝的秋天。這首五古，則是他經過一再散失的遺稿中，僅存的一首對妻子的悼念詩。那哀傷的曲調，有些像「祭夫徐敬業」文中：「霜凋夏綠，雹碎春紅」般地，帶有幾分抑制和雕琢；大概與他早期力追晉唐的文學主張，不無關係。

其時二十五六歲的唐伯虎，所遭遇的不僅是失偶的悲痛，父母和僅有的一個妹妹，也先後亡故，他生活的高塔，似乎在一夕之間，便整個地崩坍了。

△　　△　　△　　△

宏治元年立夏那天，步入蘇州節推樊舜舉纖塵不染的書齋，見到烏木案上一前一後並攤著的兩幅畫卷，沈周心中翻起下一陣波瀾。前面一卷，是他失去已久的黃公望「富春山居圖」。幾年來，那起起伏伏的峰嶺、漁舟和墟市，幾乎無日不在他腦中盤旋；然此刻看來，卻有一種恍如隔世的感覺。樊舜舉以重金購得「富春山居圖」，他早有所聞，而一旦重睹故物，老眼依然不自禁地一片模糊。後面一卷，是他珍藏著的黃公望不世之作失去以後，於前一年中秋，憑記憶追摹而成；不過卻在畫後數日之隔，就歸于樊舜舉手中。

原卷長三丈開外，摹作亦兩丈二尺有餘，高度則所差無幾。山巒、樹石、江流…佈置上也有幾分近似，只是行筆落墨，有著顯著的差異。黃公望一本其獨特的性靈，抒寫他所居住悠遊的山水。畫中水墨淋漓，筆觸如綿中之鐵，寓剛勁於柔和。摹作設色淺淡，線條挺拔蒼勁，又是一種氣象。沈周一向所臨元畫，並不刻意求似，目的在透過黃王吳倪四家筆墨，揣摩五代董巨的遺意；追摹而成的「富春山居圖」，並不例外。

原卷是黃公望爲無用師（鄭樗，字無用，號空同生）所畫。元順帝至正十年，這幅山居圖雖已歷時三載，卻仍未完成。無用道士唯恐完成時被人巧取豪奪，捷足先登，因此懇求黃公望先把創作的艱辛，歷時的久遠，以及此畫應有的得主，題寫在卷末；使覬覦者知難而退。但出乎無用道士和黃公望想像之外的，百數十年後，一位與世無爭，淡泊寧靜的隱者，竟飽嘗被巧取豪奪的苦痛。

黃公望畫後，原有許多元末名士的題跋，可惜歲久脫落了。然而讓沈周更爲痛惜、懊悔不已的是，他不該爲了彌補失去題跋之憾，而送請友人題詩；否則，也就不會被友人之子藉機乾沒；自然，也就不會落到樊舜舉之手。

當他知道侵佔者謀求出售「富春山居圖」時，再次揭起了他心靈的創痛；沈周自己也正爲生活所困，無力出貲購回，他只能眼睜睜地看著舊日珍藏，再次轉入他人手中，內心的焦急與苦痛，比初遭吞沒時，似乎尤甚：

> 「…其子（指乾沒者）後不能有，出以售人；余貧，又不能為直以復之，徒係于思爾。即其思之不忘，乃以意貌之。物遠失真，臨紙惘然。」（註六）沈周在摹本中題。

面對著兩幅長卷，沈周內心的痛楚，似乎不再是「懊悔」或「臨紙惘然」所能表達的。

兒子雲鴻構築「保堂」，「保」者，意味著保持先人餘緒於不墜，包括先人的遺產、志節、德業、學術淵源…而他—一個年逾花甲的人，不僅糊里糊塗失去了曠世奇珍，甚至連用以撫慰心靈創痛的摹作，也無能保有；豈不愧對懸在「保堂」堂額上的黑漆金字。

大癡畫卷予所見若檇李項氏家藏沙磧圖長不及三尺婁江王氏
江山萬里圖可盈丈筆意頗似不似真跡唯此卷規摹董巨天真爛
發極其精能展之得三丈許應接不暇是子久生平最得意筆憶在
長安每朝參之隙徵逐周臺幕請此卷一觀如詣寶所虛往實歸
自謂一日清福心脾俱暢頃奉使三湘取道涇里友人華中翰為予和會
獲購此圖藏之畫禪室中與摩詰雪江共相映發吾師乎吾師乎
一丘五岳都具是矣 丙申十月七日書于龍華浦舟中 董其昌

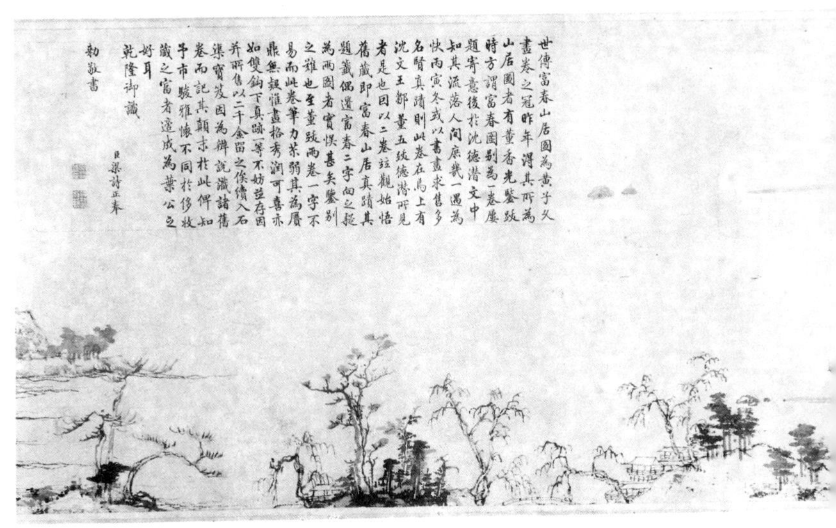
世傳富春山居圖為黄子久
畫卷之冠昨年得其所為
山居圖者有董香光鑒跋
時方謂富春圖别為一卷屢
題寄意後於沈德潛文中
知其流落人間庶幾一遇為
快丙寅冬或以書畫求售多
名賢真蹟則此卷在焉上有
沈文王鄒董五跋德潛所見
者是也因以二卷並觀始悟
舊藏即富春山居真蹟其
題識偶遺富春二字向之疑
為兩圖者實悞甚矣鑒别
之難也至董跋兩卷一字不
易而此卷筆力茶弱其為贗
鼎無疑惟畫格秀潤可喜亦
如雙鈎下真蹟一等不妨並存因
并所售以二千金留之俟續入石
渠寶笈因為辨說識諸舊
卷而記其顛末於此俾知
予市駿雅懷不同於侈收
藏之富者適成為葉公之
好耳
乾隆御識
臣梁詩正奉
勅敬書

黄公望　富貴山居圖（局部）

進入樊舜舉手中的摹作，除沈周原題外，後面有姚綬（丹丘先生），於舊歲重九前一日加題的「溪山勝處圖歌」。姚綬於成化早年由永寧郡守解官歸隱後，便以書畫自娛。有時，一幅作品售出之後，姚綬會很快反悔，並以重金重新收購回來；其對作品自重之情，想來令沈周汗顏。

「…我將送君北上御史臺，畫舡凌風挂席來。更與溪山增氣象，人識君有磊落澄清才；他時相憶復披展，溪山如舊故人遠。」辭意中，這位儒雅、人望素著的樊舜舉，即將北上京師，就御史之職。不只「溪山如舊故人遠」，這幅人世僅存的「富春山居圖」，乃至自己別出心裁的背臨之作，也將相見無日。因此，當樊舜舉請沈周爲原圖作跋的時候，無論再怎樣豁達，對他而言，仍舊是一件極爲殘酷的事。

跋中，他敍述私淑半世的，黃公望的博學、人品和筆墨的源流。

「此卷全在巨然風韻中來…」透視黃公望畫後的董巨靈魂和風韻，不僅是沈周醉心的主因，也是他今生今世努力奔赴的境界；所以與畫訣別之際，依舊無法忘情。

爲了倩人題詩而遭友人之子乾沒的話，自然不便再提；他只能輕描淡寫地表示：「舊在余所，既失之。」

書畫原本風雅之事，但是，它所帶給人的痛苦和災禍，往往不是作者所能預料得到的。忽然，沈周憶起成化末年，太監王敔藉天子之名，搜刮江東人家世守書畫珍寶，以入私囊的往事。有人爲了隱藏，和企圖保有祖先遺物而家破人亡。也有人寶物被攫攫之後，廢寢忘食，終日吁嘆，毫無生趣。好友沈汝融失去家傳兩百餘年的米友仁「大姚村圖」後，彷彿整個換了一個人似的，臉上再也看不出一絲血色和陽光。

沈周曾經向汝融借臨過「大姚村圖」那種淡墨寫出的鐵劃銀鈎，滿紙淋漓的墨氣，加上當代名家以及勝國諸賢如倪雲林、王雲浦等後人的題詠；丈餘長的畫卷，說是「寸紙寸金」並不爲過。即使饑荒之年，有人以三十斛米求讓，依然無法打動汝融的心意；曾幾何時，竟然化爲烏有。

沈汝融渴望這位譽滿當代，對書畫可以寓目不忘的沈周，能爲他追摹一卷，略慰其愧對先祖的內疚，及朝思暮想的苦痛。但是，以前臨本既不知去向，沈周搜索枯腸，更有一種茫然之感；「大姚村圖」中的景象，遠不如多少年來對「富春山居圖」摩娑披賞的印象深刻。尤其元暉自題的三首行書詩，撚斷鬚髯，也難能憶及。沈周眞不知如何撫慰好友的心緒；然而，對著案上的兩卷「富春山居圖」，他又如何平伏自己的心緒？

到了事不可解的時候，最好的辦法，似乎是歸之於「數」。青年時代筮仕的結果，得遯之九五；遂絕心隱遯，這是數。文林昇御史受阻，是數。沈汝融傳世之寶遭劫，顯然也是數……如此，他這兩幅畫的得失，何不也委之於數。

「富春山居圖」上，多少名士題詠，歲久盡行脫去，而畫獨存；「豈翁（按指黃公望）在仙之靈而有所護持耶？」他寫。

既有仙靈護持，何以他得而復失？沈周不得不從起伏的心潮，混亂思緒中，自我解嘲：

「今節推樊公重購而得，又豈翁擇人而陰授之耶？」

接著，他又不能不在跋中推崇樊節推的人品與識見，以證黃公望仙靈「擇人而陰授」之言非虛。短短兩百三十餘字題跋，對沈周彷彿歷經多少個世代和劫數。其中兩個「耶」字，均誤書成百無聊賴的「聊」字，漏掉一個節推的「推」字，和一個「以畫名家」的「以」字；都在寫後重新審閱或樊舜舉指出後，加以補正（註七）。究竟年歲催人，神明漸衰，或一時情緒波動所致！不得而知。無疑地，這不能不說是沈周最痛苦矛盾，且永生難忘的立夏日了。

△　△　△　△

少詹事兼侍講學士直經筵程敏政（克勤、篁墩）來到了蘇州。像前幾次一樣，這位皇帝近臣泊舟胥門，然後入城和沈周在古廟中相會。只是，以前多應吳寬、李應禎、文林之邀，登臨虎邱、陽山、玄墓一類勝景。夜裡隨沈周在寺中聽經，詩酒唱和，或靜觀沈周揮筆作畫。有時，遊揚州前後，也會途經吳下，作數日盤桓，與好友歡聚。但，這次這位長髯飄灑，氣宇軒昂，儼如洞府仙人似的天子師，卻表情凝重，並帶有幾分沮喪、倦怠的神色。原來宏治改元入冬前後，北京一帶天氣，一反常態的淫雨不止；御史王嵩等紛紛上章，以為如此陰陽失調，必與天子近臣有關，理應罷黜，「以塞天變」。更不知以怎樣的推論，竟把天時不順，歸咎到了以學問淵博冠於一時的程敏政身上。迫於台論，宏治皇帝不得不勒令這位家住安徽休寧的才子，一代名士致仕，暫避言官的糾纏。

可是風雲難測，誰又能保證從此就冬天不雨呢？

沈周清楚記得，十一月八日；大約正是北京連雨時候，蘇州西山，也是陰雨連綿。離妻子落葬僅半月之遙，兒子雲鴻正督工構築塋穴的「灰隔」，傾盆大雨，落得遠山近嶺，一片模糊。正當他寢食無緒，鬱鬱不樂的時候，有人以米友仁雨景圖出示。圖中淋漓的水墨，矇朧煙樹，似乎愈發觸及了沈周的憂煩。乃提筆在紙上信手仿塗，作「西山雨觀圖」。題詩中，他只能怨天，卻不能像王嵩御史那樣，隨便就找出替罪的羔羊：

「怪是浮雲塞此圖，雨聲颯欲出糢糊；老夫正急西山役，泥滑天陰啼鷓鴣。」（註八）

此外，他親身經歷的，景泰五年、成化八年、十七年，就有三次巨災，江南人民，已經到了相食的慘境；好友史明古記之甚詳。這些哀鴻遍野，饑荒連年的歲月，非但未見御史糾彈那些近臣要員，而且有些守令更無視於饑饉荒歉，加意征求，以酷爲能。催租索逋，死於守令杖下或懼責自盡的，幾乎日有所聞，未聞言官奏劾。何以改元伊始，正萬事待革之際，竟以天雨，迫使天子放逐大臣？百思不解的沈周，只能以詩慰問好友：

「車馬出春明，雨中人獨行，人從今日去；雨是幾時晴？靜閣一杯酒，亂聞千樹鶯，故山堪註易，天意就先生。」——送程宮諭因久雨爲言者濫及去位（註九）

程敏政久知沈周有竹居所藏古書畫，豐盛而珍貴，離蘇州也僅五十多里的水程，但這次依然未能如願往訪，就匆匆啓碇而去。也許如沈周詩中所說的，他急於回返休寧，讀書註易，讓心情早日平伏下來。或者，他也該像歷代逐臣一般，「閉門思過」——作出一付「惶惶然不可終日」的樣子；以免授人話柄，使宏治皇帝左右爲難。行前，唯有請沈周爲他精心繪製山水一幅，供其臥遊，以驅遣家居寂寞。

「人從今日去；雨是幾時晴？」當沈周溫厚中寓有諷刺的詩句，傳誦朝野的時候，沈周也從程氏留給他的一些詩稿，和來自京城的傳言中，逐漸瞭解到程敏政去官的眞相：

不過一年多以前吧，某些御史，對十八歲，充滿理想和革新意願的宏治皇帝，聯名論奏；請朝廷「退姦進賢」，以符民望；程氏正名列當進的賢良之中。接著，他便以直講東宮時所奠定的君臣感情、瞭解和信賴，擢昇爲少詹事兼侍講學士。

在直經筵的幾個月期間，皇帝對這位從皇儲時代，就一直以過人的才華、廣博的學識及軒昂的氣度薰陶與培育他的翰苑名士，眞是禮遇深重，稱「先生」而不名。

常常，在文華後殿進講〈尚書〉、〈孟子〉之後，爲求知熱望和感激之情所鼓舞的皇帝，會使眼色，命中官取出白金或袍、帶爲賜。有時，以早熟的桃、杏、蓮房、枇杷、雪梨之類，民間尙未得嚐的鮮珍來慰勞講官，以示對師道的尊重。

程敏政印象中最深的，也許是宏治元年七月二十日那次。進講後，不僅得賜織金雲雁緋袍、金帶、烏紗帽和皀靴，皇帝並親致慰勞：

「先生辛苦。」

程敏政以詩記述那種殊有的榮耀：

「…久幸清班容宦履，漸漸華髮點朝簪，經生職分尋常事，消得君王念苦辛。」（註十）

程敏政被巡撫羅綺，以「神童」薦舉進京的時候，只有十歲。復辟後的英宗，召見時先命中官賜食。等到讀完他應旨而作的「聖節」、「瑞雪」兩首詩和一篇經義後，充滿笑容的皇帝隨即下詔：給廩饌，在翰林院讀書。當時大學士李賢，愛重之餘，更以掌珠相許：算來程敏政已在帝都度過了三十多年歲月；然而卻以一場大雨，一種莫須有的罪名，被推下紛亂的政治舞臺。

歸根結底，除被推為賢良，受皇帝禮遇見忌於人之外，恃才傲物和評詩嚴苛，可能也是程敏政受排擠的主因。

有好長一段時間，沈周的情緒跌落在為好友惋惜和悵惘之中。然而，他卻作夢也想不到，這位休寧才子的未來命運，竟會跟他的門生；一個年方弱冠的蘇州新秀—唐伯虎牢牢地糾結在一起。只由於他們耀眼的才華，恃才傲物和大而化之的處世方式，形成了千古冤獄。更巧合的是，他們都像彗星一般，同樣以五十四五歲的英年，便結束了閃亮的一生，為夜空留下長長一抹黑暗。

註一、〔唐伯虎全集〕頁一〇八，水牛出版社。
二、〔唐伯虎全集〕頁一一三，水牛出版社。
三、〔唐伯虎全集〕頁二四，水牛出版社。
四、〔唐伯虎全集〕頁一八九，水牛出版社。
五、〔唐伯虎全集〕頁一二，水牛出版社。
六、〔大觀錄〕頁二四〇三。
七、黃公望「富春山居圖」，現有「無用」、「子明」二卷，均存台北故宮博物院，並編入〔元四大家〕

冊一〇二圖。

八、〔石渠寶笈續編〕冊五頁二七九五。

九、〔石田集〕頁三四四。

十、〔明詩紀事〕丙籤卷五頁二，中華書局。

第十五章　薪傳

不知從何時起，文徵明開口閉口慣稱「我家吳先生」、「我家沈先生」；語氣中，不僅親暱，對吳寬、沈周兩位世交長輩和老師，更流露出無比的敬意。學詩、學文之外，文徵明決心跟石田老人學畫，則是宏治二年八月間的事。那時，寓居雙峨僧舍（按即承天寺，註一）的沈周，正進入了創作的高潮，埋首於「長江萬里圖」的長卷。

看白髮皤皤的石田老人忘情揮灑的神情，凌霄的峭壁、驚濤駭浪、烟雲樹木、天際間隱約的帆檣……一一從腕底湧現，使文徵明有一種隨筆踪墨韻、神遊太虛的感覺。祖父和父親珍藏的畫卷，雖然也引起他的興趣和遐想，唐伯虎作畫時那種敏捷的才思，引起他的羨慕；甚至不畫畫的祝枝山，偶而也會在文後像插圖似的塗抹數筆；但從沒有像沈周畫的那樣使他欣悅、讚嘆及神往。

他幾乎是情不自禁地，向沈周提出學畫的願望；但後者，卻以一種慈祥、含蓄的笑意，勸他不要把春青歲月，等閒地投注在絹素筆墨之上：

「此余從來業障；君何用為之！」（註二）

滿案滿篋的紙張、畫債。

擁塞在橋邊、柳樹下的大小船隻，古董掮客、慕名的投靠者，無休無止的糾纏。

西湖僧舍不斷響起索畫者的扣門聲；使他連旅途上也得不到片刻安寧。

爲思念失去的黃公望傑作而追摹的「富春山居圖」，自己竟無能保有；使他心頭不時揭起隱痛……

也許，這就是沈周所說的「業障」。

祝枝山曾經把他親自目睹的沈周種種困擾，寫成一篇「沈石田先生雜言」（註三），以作爲未來畫史的見證。最使這位弟子痛心和惋惜的，是沈周假畫的充斥：

「片縑朝出，午已見副本；有不十日，到處有之，凡十餘本者……」

作假畫者，竟然變本加厲，得寸進尺地要求沈周在僞作上親筆落款；義憤塡膺的祝枝山和友好，有時不得不加以勸諫；但心地寬宏的沈周卻以爲：

「吾意亦有在耳；庸繪之人，懇請者豈欲爲玩適，爲知者賞，爲子孫之藏邪？不過賣錢使用。吾詩畫易事，而有微助於彼，吾何足靳邪！」

沈周雖然以寬厚憐憫的胸襟，把到處流傳著的假畫，寄望於歷史上有巨眼者自行分辨。然而，眞鑑博識的人何可多得？假畫終不免成爲盛名之累；是否也是沈周口中的「業障」？

年方弱冠的文徵明，正爲沈周的神采與畫境感動而亢奮，一時還領會不到這些隱藏著的困擾；自然也無法接受石田老人那種溫和而含蓄的勸阻。久而久之，作老師的也只好盡心盡力加以指授。

他告訴這位年青的愛徒：畫法自然是以意匠經營爲主，但最後的境界，是氣韻生動：前者，可以學，也容易講解，後者就全靠體會和修養。

比起祝枝山、唐伯虎，或沈周另一位家住常熟的富有弟子孫艾（世節、西川），資質上文徵明屬於寓巧於拙，大器晚成型，文學、藝術的表現，處處顯得穩重和鍛鍊的痕跡，缺少一種通達順暢，風流蘊籍的感覺。

有一次，他在文徵明精心繪製的荊關小幅上題：

「**莫把荊關論畫法，文章胸次有江山。**」文徵明知道，老師的獎許和鼓勵背後，期望他在藝術路途上，除了勤於技法、佈局、意匠等有形的修習之外，多在開闊心胸和文學陶冶上面下功夫；短短十幾個字的題跋，爲他留下深刻的印象，五十餘年之後，仍舊念念不忘，作爲修身立業的準則。

沈周深知，書法上受挫的文徵明，和自己早期習畫，可能有著同樣的困境；無論畫中的筆緻、題跋與繪畫風格的配合，都難能給人一種渾然一體的調和感。多年來，自己花在山谷老人書體上的心力，已逐漸彌平了兩者之間的痕跡。徐有貞、祝顥下世之後，以後起之秀的祝枝山書法成就最高；但氣性上，兩位愛徒有著難以逾越的差異，枝山對徵明書法的影響，不一定能有太大的助益。終於，他想到了南京尙寶司卿李應禎。

「**三月沈公已有孫，九月李公亦有子。**」是祝枝山爲沈周、李應禎所作頌歌「喜哉行」（註四）的首句。

繼「石田記」之後，這是另一篇爲沈周喜悅讚賞的妙文。他形容六十三歲得孫的沈老師和五十九歲始得子的岳丈是：「隴西東陽見復始，厚積遲發惟天理。霜餘木果甘而碩，茯苓神力繫松鹵。」頌德祝禱之外，並勸二老「人生有後樂莫樂」；從此不妨多近美酒佳看，少爲世事操勞，以度安閑恬淡的歲月；惟有表現天地靈秀的詩篇、書畫，不可中輟。

三月十日，繪製「長江萬里圖」的前四五個月，沈周一年一度的在葑門西北東禪寺中賞玩牡丹。忽然有人駕舟來報，雲鴻再度生下一子。得孫之喜不僅沖淡了沈周客中寂寞，想來對地下老妻也是很大的安慰。當下提筆在盛放的牡丹欄邊，作七古一首。比起多年前一面聆聽隔室新誕孫兒的啼聲，一面在燈花下寫信給親友，別是一種情境。

由於得孫後的心情不同，這年中秋他在雙峨僧樓爲友人書寫傳誦一時的「八月十四夜賞月詩」（按，六十歲作）時，有意無意間節去了「月圓還似故人圓，故人散去如月落，眼中漸覺少故人，乘月夜遊誰我嗔…」（註五）一段過份悲涼感傷的詩句。

在太學時代的李應禎，就以善書、博學、熟知掌故聞名於世。當權勢炙手可熱，多少士大夫爭相交結攀附的中貴人牛玉，聞名前往太學看他的時候，李應禎卻遠遠地避開，不屑與之相見。

成化初，李氏官拜中書舍人。爲了皇帝賜燕百官時，禮部大臣未按常規；竟將中書舍人席次安排在給事中和御史之下，李應禎一再上章，毫不畏避地指斥大臣昧於禮法。

爲了拒寫佛經，上章極論讓朝廷命官書寫佛經的不當，觸怒成化皇帝，結果飽受廷杖的摧殘…

宏治改元之後，南北兩京乃至民間，到處騰傳著這位風骨嶙峋的書家不畏權勢，違命抗旨的故事。

然而，讚揚他的節操，欽佩他的眞知灼見之餘，無論上司或同僚，又不免帶有幾分忌憚地對他敬而遠之。是以成化十四年調職南都之後，雖然幾度陞遷，不過一些閒職，更難有所作為。任官已二十年，時而赴人之急，李應禎自己卻落得既無田產，又無居宅；其生活的潦倒不難想見。只有金石刻版、名賢畫像、古老的書畫和汗牛充棟的書卷，成為他精神上的財富。

「…伏望閣下親之，信之，保全之，扶持之；以為國家受惜人才。」（註六）成化二十二年，少保王恕致仕之前，史明古曾上書力薦，請重用李氏。但，未幾王恕被誣去職，李應禎則潦倒如故。

長子李系早卒，二女均嫁，因此多少年來，李應禎心境像失去長孫的沈周一樣，始終蒙著一層暗影，感受那無可言喻的空虛。一旦宿願得償，喜獲麟兒；沈周想像著李應禎在嬰兒宏亮的啼哭聲中，吟誦長婿祝枝山善頌善禱的「喜哉行」的愉悅。性情嚴毅，書風勁健的他，倘若再增添一位沉穩、深富書畫潛力的文徵明為弟子，豈非雙喜臨門，成了更深一層的慰藉？

△　　　△　　　△　　　△

宏治元年九月的一場大火，史明古不但房屋全燬，歷年珍藏著的書卷和字、畫，也付諸一炬。一目失明後，又慘遭回祿，壯遊之興，自然減淡。在極度艱難中，和長他三歲的老妾蕭蘭徵，兒子永錫、永齡，胼手胝足，重建家園。

家居寂寞的沈周，無法像往日那樣和史明古往復唱酬：在蘇州古廟中，相對而坐，邊飲邊研討書中疑義；有時，相訪途中，卻在婁江相遇，於是並舟緩駛，在牧笛聲中，據舷

八月十四夜同浦飾
庵賞月
少年漫見中秋
月視与常時不分
別老來殊重不易
看每把深杯戀佳節
老人能得幾中秋
信是流光不可留古

沈周　八月十四夜賞月詩（局部）

吟詠。也不能在愛婿永齡陪伴下，登虞山，遊劍門，駐足拂水崖畔，看滿天飛濺的珠玉。

記得成化二十年四月，翁婿偕遊虞山至道觀。在史永齡前前後後的扶持下，沈周心中，別有一種樂趣。遺憾的是親翁史明古未能同遊。回到有竹居，他畫了幅丈二長卷「虞山古檜圖」，供這位姻親臥遊；沈周不知此畫可能逃過火劫？

成化末年臘月三日，岑寂中與東床快婿相對夜坐。溪樓外面濤聲雨勢，兩相呼應。草閣中燈光搖曳，與溪樹遠峰，掩映成趣。沈周畫興忽發，抽筆點染之際，由於空氣潮濕，墨色渾化無跡，雲烟飄渺，林木迷濛；整個畫面彷彿自然潑灑而成，使他愈加體會到漫山風雨烟樹，揮筆捕捉靈思時的胸襟和氣象。沈周在這幅贈史永齡的「雨意圖」中題：

「雨中作畫借濕潤，燈下寫詩消夜長，明日開門春水闊，平湖歸去自鳴榔。」（註七）

在妻子去世，他所鍾愛的三婿史永齡，親翁史明古爲生活、家務所累的時日裡，常熟弟子孫艾；又老又禿的書家陳瑄（廷璧），和嗜畫如命，對他需索無已的朱存理，填補了他生活的空虛。

寫生畫風頗有錢選（舜舉）意趣的孫艾，是沈周弟子中少有的富家子弟。他的慷慨好客，作事魄力雄渾，也爲沈周所僅見。

「開門延萬里不羈之客，赤手鑿千仞未闢之山；平生知己，東湖（錢士弘）、石田。」沈周八十三歲那年，爲這位高足畫了一幅小像；從時人鄧文度的「西川像贊」中，不僅可以看出孫艾的氣度，更可以看出師生間的情誼。

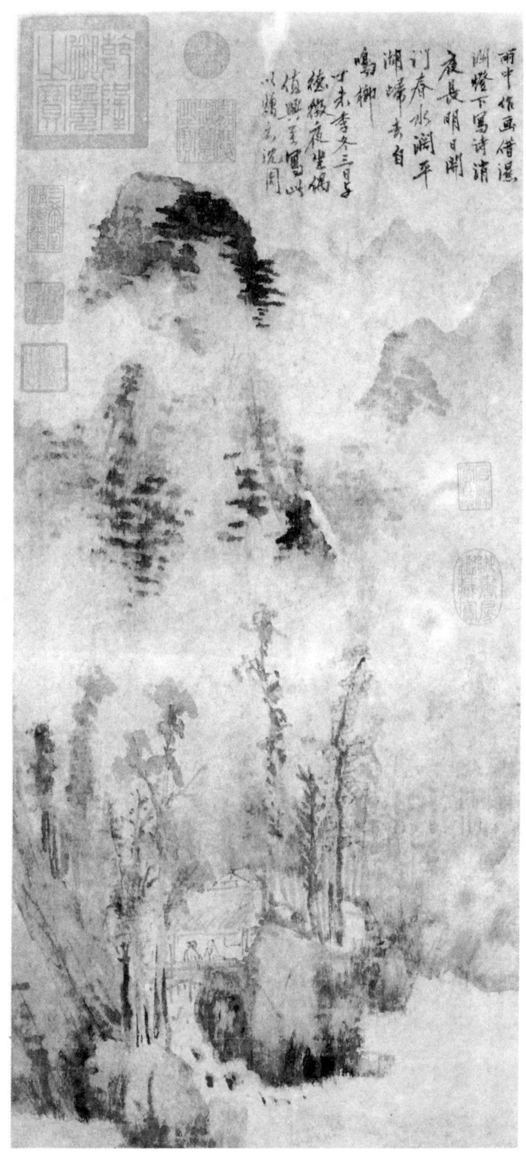

沈周　雨意圖

孫艾爲沈周寫眞，則是宏治三年五月間的事。綠陰中，秀目豐頰的石田老人，穿著一身紫袍，彷彿在對景微吟。紅潤的臉色，襯托著一縷隨風飄動的白鬚；似乎只能用「神仙中人也」來加以形容。這幅生動傳神的畫像，連三歲小童都可以一眼認出圖中的人物。題跋更多一時名筆。沈周自己對這六十四歲的影像，也珍視異常；所題詩句有：

「綠陰如水微吟處，紫袷含風半暖時。」詩後，沈周更進一步顯示出那濃厚的師生之情：

「世節以余有一日之長，不鄙不學，或相問難。又過於愛，爲陋容於此紙；尚期永藏之，百年後，猶屋梁落月耳。」（註八）沈周晚年，頻遊廬山；雖然不像蘇州那樣每月必去，但一年當中，也總有一二次之多。去則多與孫艾、顧應和、桑民奇互相唱和。孫艾往往爲東道主人，以其龐大的家財，盡力供奉老師，使他有一個舒適無比的吟詩作畫的環境。

陳廷璧這位年長沈周十二三歲的書法家，又窮又老；卻像他的號「梅雪翁」一樣，有著安貧樂道的情操。他不畫畫，但對畫的瞭解和鑑賞，連沈周也不得不加以稱道；他深信書法和畫法一脈相通。沈陳二老，更有著同樣的風趣；沈周那傳誦一時的「戲陳廷璧角巾落水」詩，陳廷璧自己也時加吟詠。他極愛沈周的繪畫，索求的方式，卻和朱存理大異其趣。常常，這位七十六七歲的老人，穿著兒童般又短又破的衣裳，捧著他的八分書和小篆，向沈周換畫。一旦沈周首肯，爲他揮寫一幅花卉或山水小景，會高興得不管畫紙乾濕，也等不得題詩用印，捲起來便疾走如飛而去。

一個風雪之晨，凍得沈周十指，像蟄蟲一般伸展不開。陳廷璧卻突然而至：「趁此梅清雪淡天爲容，傳神正須及此際。」不僅要畫，且指定要畫梅、畫雪、畫大雪飄飛，北風怒號中的「梅雪翁」像。尤其令沈周怪異的，是畫上一定要題詩—題上長長的古詩。沈周無法確知，他是想用以表現他那種清高超逸，不畏酷寒的梅雪精神，傳爲後世的典範；還是唯恐在風雪中凍餓而死，想爲親友留下一抹可資紀念的遺容。但首要的是加塡松枝，吹旺爐火，烘暖僵硬十指和冰凍了的石硯。

梅花怒放，雪片紛飛，奇寒徹骨的香徑上，幅巾策杖的老者，獨自徘徊…沈周一面構想佈局，並在腦海中琢磨著一首既風趣，又能表現出親密的友情，和此老氣性的「梅雪圖戲陳廷璧」詩篇（註九）。

年近知命，近視越來越嚴重的朱存理，以靜態、動態雙管齊下的方法，獵取知識和友情。

從宏治二年夏天起，他便在門前松下，擺設一張桌子，幾隻竹凳。桌上攤著墨硯和紙筆，松邊另設茶具。客過時，啜茗清談，總不離品硯、借書和鑑賞書畫一類的話題。客去之後，他再吮筆醮墨，記錄所得，名之爲〔松下淸言〕。

經常過客中，有遠自閶門一帶的楊循吉、都穆、祝枝山、史引之、吳次明…來自東西鄰舍的少不了朱堯民。晚一輩的如唐伯虎、文徵明自不待言；是屬靜的一面。至於動的，大約也是這數年之內的事，在好友的勸募、資助下，他建了一艘木船，名爲「野航」—野人之航，似乎也是漫無目的之航。

「野航誰謂小，恰受野人身，載我欲何向，五湖煙水濱。」—野航（註十）

王鏊不僅爲他撰寫「募造野航跋」一篇，更以一首五言絕句，抒寫出對野航號的親身體驗。然而對「野航」體驗最深的，卻莫若楊循吉。

餐具、臥具之外，舟中滿載他所收藏的古書、字、畫和石硯，堆疊著他四處抄錄來的手本。因此，除了瀏覽兩岸風光，更可左右逢源，沉醉在書香墨海中。既然行無定向，它可以不計時日，隨便停泊在洲渚、岸葦之間，舉杯邀月，或是品茗聽笛。野花野鳥環繞左右，釣艇、漁舟悄然地來去。比起求官、應試時的在舟中一住月餘，晝不得伸腿，夜不得展足，輾轉難寐，思之作嘔的旅程，楊循吉覺得眞是不可同日而語；他樂而忘歸地感嘆：

「今登于是航也，神和意暢，不知其樂之至是也…」（註十一）同時，也愈發堅定了這位「顚主事」的隱志：

「吾蓋深思而得之，較然知富貴之多憂，而貧賤之易悅也；而使吾忽將忘世而逃乎山水之中焉。」

有了輕快、舒適的「野航」後，朱存理便可以隨時沿江而下，航向五十里外的有竹莊去。

先是宏治三年六月，盛暑之中，兩人日夕相對。他那淵博的學識，儒雅的氣度，加上適當的奉承；沈周似乎也樂於被他敲詐，一次爲他畫了十幅山水。其中第三幅題：

「滿地綸竿處處緣，兩人同業不同船，江風江浪無憑準，相並相依是偶然。」（註十二）沈朱兩人雖然也是同業不同船，但是他們的相並相依，可並非出於偶然；大有斬獲的朱存理，不出半個月的工夫，就再度揚帆北上，蒞臨有竹莊的避暑溪樓。這次胃口更大，帶著好大一卷繭紙，希望得到討索已久的，仿倪雲林墨法的溪山長卷。由於時在七夕，陶醉於含飴弄孫之樂的沈周，雅不願意掃遠客之興，只好以詩來安撫這位貪得無厭的舊日同門：

「隨時逐節且追歡，酒滿山尊瓜滿盤。一種鈍根誰乞巧，兩肩詩骨自擔酸。奈多白髮籠無帽，有好黃金買亦官。膝上抱孫天遣慰，不知星漢夜闌干。」（註十三）那知，朱存理索畫的意志堅定，索畫的耐心也可圈可點，節日的歡樂，滿桌的美酒和果鮮，無法使其忘懷此來的初衷。

第二日，兩人同舟航向蘇州，朱存理再次出紙苦苦相逼，沈周才後悔不該誤上賊船。好在江南仍是暑悶正濃，無以排遣，沈周也就不再堅拒，在輕風細浪拂拭著的「野航」上，提筆揮灑起來。不知不覺間，已是塗得滿紙滿卷；雖是摹仿雲林墨法，卻仍舊不離石田本色。然而，朱存理倒也心足意滿地說：

「謂為雲林亦得，謂為沈周亦得，皆不必計較，在寄興而已。」（註十四）

△　　△　　△　　△

宏治三年，文徵明到滁州省父。至於他如願跟李應禎學書，則是次年春天的事；為時也只有短短兩個月而已。

由南京尚寶司卿陞任太僕寺少卿的李應禎，也許因爲有好友文林爲伴，詩酒唱和，心情也好像江南的春景，豁然開朗起來。忽然一天，他把目光投射在年方弱冠的後生文徵明身上。多少人談過文林仲子幼年的魯鈍；在衆人對他感到絕望的時候，卻奇蹟般的開了竅，成了吳寬、沈周的得意門生。儘管在縣學中，並無太好的成績表現，甚至爲書法拙劣，被置於三等，但他一直是老友文林口中大器晚成的「白眉」。自從遷進太僕寺官舍之後，他就注意到那年輕秀才對他的恭謹，諸多瑣事，也自動地承擔。當李應禎以三個指尖搦管，懸腕疾書的時候，文徵明看得更加出神，臉上流露出無比的欽敬。有時，李應禎會談論一些書法理論，書家的修養、風骨，和一些掌故給左右圍觀的後生們；不過對文徵明並未加以特別的指點。

那天，文徵明正埋頭書寫「魏府君碑」，無論執筆、運腕的方式，間架、起落…似乎都有意無意地受到這位父執書家的影響。眉宇間更流露出一種誠敬，一種蘊蓄著的靈智和剛毅。他有著和祝枝山鋒芒畢露，玩世不恭全然不同的性格。他的領悟力也許會慢些，但他的執著，使人可以斷言，是塊可造之材。一向嚴厲、剛直，對後生少假以辭色的李應禎，竟爲之感動起來：

「吾學書四十年，今始有得，然老無益矣；子其及目力壯時爲之。」（註十五）

在得子與暗慶書學得傳的雙重喜悅中，李應禎傾囊相授，爲文徵明講授書法要訣數百言之多。更把凝思、吮毫、濡墨各種基本功夫，一面講解，一面示範給文徵明看。至於字的起落、轉換、大小、向背、長短、疎密、高下、疾徐…各種法度，文徵明以前固然曾聽人談論，書中也常有論及，但一直無法心領神會。李應禎的書訣，雖同樣得自古法；然無論小楷、行、草和篆籀，均有其別出心裁之處，所以能獨步一時，稱爲有明以來的第一人。一代宗師的悉心指授，文徵明手抄、心識，不眠不休的習練，薪火相傳的節奏，順暢而輕快，一如雨後的溪流。

文徵明家藏蘇東坡「楚頌帖」石拓一本，心中極爲喜愛；從李老師的珍藏中，更得見此帖眞跡。東坡書一向有「墨豬」之譏；甚至在徽宗面前自稱「臣字爲墨豬」。但此一眞跡中蘇氏卻一反積習，以淡墨書寫；弄筆草草，愈發顯得爛漫天眞。一次，李應禎批閱文徵明書法，發現字蹟中帶有蘇學士的筆意，不由得聲色俱厲地呵斥他這心目中的傳人：

「破卻工夫！何至隨人腳踵；就令學成王羲之，只是他人書耳！」（註十六）

經此當頭棒喝之後，文徵明突然領悟張融所說的：「不恨臣無二王法；但恨二王無臣法。」老師所授筆訣和古法，不過引導入門，並逐漸啓發個人的潛能和氣秉；並非一成不變，隨人腳踵。於是這位青年秀才，在學書歷程上，有了新的領會：

「自書學不講，流習成弊：聰達者，病於新巧；篤古者，泥於規模。」此後學書，極力避免這些弊病，以穩健的步伐，不標新立異，更戒規行矩步，泥古不化。同時，文徵明在「我家吳先生」、「我家沈先生」口頭禪之外，又加上了「我家李先生」。

註一、按〔蘇州府志〕寺觀志一頁十，「承天寺」又名「承天能仁禪寺」，在閶門內臯橋之東。寺前有二土臯，故又稱「雙峨寺」。時人詩文中，更有「雙娥」、「雙蛾」不同寫法。

二、〔文人畫粹編〕册四圖五五「文沈合璧圖」跋。

三、〔祝氏詩文集〕頁二二八。

四、〔祝氏詩文集〕頁一〇三。

五、〔吳派畫九十年展〕頁二三六。

六、〔史西邨集〕卷五頁二五。

七、〔故宮藏畫精選〕頁一九二，讀者文摘版。

八、〔石田集〕頁八八六。

九、〔石田集〕頁二九二。

十、〔震澤集〕卷七頁五，四庫珍本。

十一、〔野航附錄〕頁五，「楊南峰野航記」，四庫珍本。

十二、〔故宮書畫錄〕卷六頁三八。

十三、〔石渠寶笈〕頁三八七。

十四、原題末句爲：「在寄興云爾」。

十五、〔甫田集〕頁四八二「跋李少卿帖」。

十六、〔甫田集〕頁四八三—四「又跋李少卿帖」、「跋東坡楚頌帖眞跡」。

第十六章　閉門好畫入時眉

文徵明正式跟他口中所說的「我家李先生」學習書法一個多月後，李應禎和文林，一個辭官，一個告病假，同時離開了官場。

宏治四年春天，上任僅僅兩個月的李應禎，和相交二十幾年的同鄉好友文林，爲了祝賀萬壽聖節，同往京師，也同時利用機會，擺脫厭倦已久，難有作爲的官場生涯。以界畫聞名燕市的杜堇，冒著春寒，抱病相送，答謝文林二十年前在京中的邂逅和知愛：

「南國分司品位清，歐陽人望是先生：封章激烈公卿畏，納諫如流聖主明……」──題畫送文太僕宗儒還吳（註一）

南下的船上，想著從此卸下肩上的重擔，文林和李應禎，都感到無比的輕鬆。尤其文林，不僅想到游山有伴。兒子更可以長期地接受這位一代書家的指導與薰陶；豐腴的臉上，堆起一陣陣的笑意。六十一歲的李應禎，望著緩緩移動的岸樹，捋著一縷花白的鬍鬚，沉默不語；想是在想念著他那兩歲半能玩能跑的兒子。他那剛毅而嚴峻的面容，時而露出一種掩飾不住的柔情，似乎正沉醉於未來林下敎子的生活情趣。

船經江蘇金壇縣茅山到宜興東南張公洞一帶，風景優美，山勢奇絕，到處是充滿神秘色彩的古老遺蹟；長途航行的疲憊，不覺爲之一振。兩人相互吟和，杖履相接，更留下永生難忘的回憶。

一次，目空一切，專好嬉笑怒罵的桑悅（民懌）自蘇州來訪。面對這位以「江南才子」自稱的常熟狂士，像是無所不知而又無所避諱的言談，使文林才眞正感到一頂烏紗帽所加予心靈上的束縛。在燈火細雨中，談文論詩，聽戍樓的更鼓，文林心中，滋生出無限的感慨。

「奔走卑官歲再更，江湖偏重別離情，逢君怒罵為知己，顧我摧頹負此生，細雨燈花消午夢，青山詩思繞孤城；自慚不是臨邛令，潦倒安能重長卿。」—喜桑民懌至自吳門（註二）

由於一官在身，有時不僅寢不能安，食不知味，連面對著青山綠水，心靈中都會有一種視而不見的痲痹。

抽出好友沈周不久前所寄來的詩箋，那蒼勁挺拔的字跡，那恬淡的詩句，對處境尷尬，進退兩難的他，竟像是一種諷刺。

「碧雲渺渺一江分，聞道滁山盡屬君；愛是醉翁亭最好，每思遊燕讀遺文。」（註三）詩中，石田翁不僅羨慕他生活中的滁山、滁水，更以未能親臨歐陽修筆下所形容的醉翁亭爲憾。如今他和李應禎，卻毅然捨棄了環山帶水的滁州，捨棄瑯琊山間「釀泉」的甘美、釀泉酒的清冽；也捨棄了多年來「食之無肉，棄之有味」的官職。預想中，不久之後，他就可以和沈周、桑悅、孫艾，同遊虞山，詠致道觀的古檜，看拂水崖飛掠的珠簾。在殘破的家園中，修築一間「停雲館」；取陶潛「停雲」詩序中「停雲思親」之意，同時也使自己這朵飄浮半世的雲停留下來。賞玩自己所珍藏著的古書和古畫；刊刻古代碑帖—

不妨就叫「停雲館帖」……

家鄉、好友；奇怪地，當他愈是計議著未來的居鄉歲月，心中也愈發增加了對醉翁亭的留戀。「醉翁之意不在乎酒，在乎山水之間也」；歐陽修「醉翁亭記」的名句，鎮日在他腦中迴響。也許就是這種發自自然的呼喚，這種出自心靈深處的思戀，致使他在告病之後，卻遲遲不歸？

自然，他也有些公務上的牽掣，宏治皇帝登極後，文林先上「聖政」十事，繼而呈奏他研究多年，具體可行的「馬策」三篇，希望能藉自己這段痛苦獲至的經驗，改變國防的形勢。皇帝和許多朝廷政要，也確實有了容納直言的雅量；一一奉准施行。但，相對的，也有來自四面八方的嫉妒和敵意；因此，他的「告病」，也只是無可奈何的政治病。藉病脫身的當兒，卻又發現重重疊疊的糾纏，彷彿一張龐大的蛛網，任他跳動、掙扎，卻又難以脫身。

先期返蘇的繼室和次子徵明，眼看已隆冬歲暮，焦急等盼中，卻遲遲不見文林的歸舟。次年就是文徵明和四川敘州知府吳愈（惟謙、遯翁）三女的婚期；吳氏是崑山世家，文吳聯婚，不能不說是蘇州的一件大事。

△ △ △ △

二十二歲的唐伯虎，依然是一個未嘗愁苦滋味的秀才。他、祝枝山，和他同樣屬虎的文徵明，由於詩文書畫的進境，名傳遐邇，頗有「吳中三才子」之目；然而，看情形，應該說是「吳中四才子」了。一個十二三歲的少年徐禎卿（昌國、昌穀），在蘇州文壇上，正脫穎而出，博得長輩和宿儒的矚目。徐禎卿籍屬長洲，也許由於家境貧困，身體顯得羸弱；但，透過那清瘦，甚至可以說是醜陋的臉龐，仍舊可以感到一種逼人的英爽。尤其那雙精光外射的眼睛，讓人不敢逼視，彷彿一眼便能看穿事理和人們的心意。幼小的年紀，已能深通文理。怪異的是，遍視他的家中，似乎一本藏書也沒有；但談論起來，卻又似無書不通。這種情形跟常熟狂士桑悅，倒眞是一對絕配。行年四十五，以柳州通判，丁憂致仕的桑悅，生平以孟軻自況。文章一道，班固、司馬遷、屈原、宋玉之外，認爲可以不必再論；而他心目中的韓愈，雖有「文起八代之衰」的美譽，也不過是「小兒號嗄之聲」（註四）。至於當代文學上的成就，桑悅則當仁不讓地說：

「舉天下，亦惟悅最高耳，其次祝枝山，其次羅玘（景鳴、圭峰先生，時任翰林苑編修）。」（見註四）

然而，博學如此的桑悅，家中也是一書不蓄。徐、桑二人不同的是，禎卿家貧無書，所學得之於他人藏書，過目不忘，故而無書。桑悅有書，只是隨讀隨焚；他的理由也很簡單：

「既能憶矣，何所用之。」

桑悅對徐禎卿這樣一個後起之秀的評價如何，未見記載；但他早年聞祝允明之名，卻極力加以詆毀笑罵。直到從沈周齋中，讀到祝枝山的錦繡文章，才惺惺相惜地將他安排在第二把交椅上。

識得徐禎卿後的唐伯虎，除了急不及待地把他引進枝山、張靈、文徵明等幾乎無日不聚的群體之外，更向沈周和楊循吉極力推薦；吳都小才子之名，由是像一陣風似地，傳播開去。

爲求進一步深隱和安靜讀書，致仕後的楊循吉由閶門外南濠移居到支硎山的南峰，「楊南峰」之號，因此而來。不過，他和沈周、祝枝山、都穆、唐伯虎等往來，並未中斷。經常相伴，泛舟於虎邱山麓。

楊循吉、祝枝山，由於文才相當，文壇之上多以「楊祝」並稱。一次，與唐伯虎等相偕泛舟，楊主事忽而對祝枝山發出奇問：

「卿之文循吉所不如，何迺『楊祝』稱？」

「馬固去驢遠甚；然未聞人曰『馬驢』也。」枝山敏捷的辯才，引得唐伯虎高聲嘯叫，一時浪起船搖，柳蔭中蟬鳴頓息，崖壁間，幾隻長尾黑猿，跳竄而去。

五月的末一日，也是一次使唐伯虎終生難忘的虎邱之泛。偕游者，楊循吉外，還有一直在南濠或吳江史明古家執教的都穆。田田荷葉間，伸展出婷婷玉立的菡萏；嬌美的神態，彷彿往來畫舫中，釵光鬢影，輕搖綺扇的少女。酒香加上迴蕩在塘面上的陣陣輕歌，使周圍山色變得格外的柔和。低垂的藤蘿，成了一張張的翠蓋。朱腹綠翅翠鳥的鳴囀，連憔悴而經常帶有幾分抑鬱的都穆，都在不知不覺中，融成可掬的笑意。功名、富貴、城市中的塵氛，以及所有的機心，都被這仲夏的微風融化無蹤。但願能與二三知友，永遠徜徉於波光綠影之中；他在「仲夏三十日奉陪弘農楊禮部、丹陽都隱君虎邱泛舟」詩中，許下了願望：

「…日承綺扇釵光發，山入仙杯酒氣柔，幸奉瑤麾論所願，皓首期言伏此丘。」（註五）

同是二十二歲這一年，唐伯虎也初嘗到生離死別的哀痛。

劉嘉（協中），是他的鄰居、好友，遠自兒時，便以知音相許。進學後，更像他一樣，與祝枝山、都穆、文徵明朝夕研討，幾乎無日不聚。在這些友人中，劉嘉跟任何一人都不太相似。一身白絹的衣袍，愈發顯出面如傅粉，唇若塗丹；他們眞想像魏文帝對何平叔那樣，請他在三伏天噉熱湯餅，看他拭面時會不會褪下粉漬。

劉嘉的言語，總是那樣溫雅，如同永遠掛在臉上的那抹淺淺的笑意。他常靜處一隅，與人無忤的性情，似乎更接近文徵明；但是，他沒有徵明自幼南北奔波的風霜，穿著更不像文徵明那樣破舊和隨便。

他是已故廣東參政劉昌的獨子；據說，晚年乏嗣的劉氏夫婦在河南時，曾以虔誠之心祈求上蒼；因此於古都洛陽，誕生了這個被表兄楊循吉形容爲「靈質天稟，風儀如玉」的麟兒。

談到表弟幼年，楊循吉說起他獨坐在一張小几前握筆寫字的神情，充滿靈智和自信，儼然乎一付大家的風範。

少年時代的劉嘉，眼見離他先塋不遠之隔的宋丞相范成大墓，常遭宵小盜掘，以悲傷典雅的筆調，爲文弔祭，那不加修改，揮筆立就的捷敏，連宿學老儒見了，也不得不讚嘆他的博雅—是他在文壇上，驚人的一鳴。可惜這篇對一代大詩人的悼念文字，在傳閱中不知去向。

十五歲喪父之後，家道日漸中落。爲了孝養母親，後來還要照顧婚後的妻小，羸弱的劉嘉，不得不爲生活而勞頓。但忙碌貧困中，筆札始終不離左右，更不時赴人之急。

有時，爲求片刻寧靜，和文徵明相約在吉祥寺相會，隨即又放心不下家務，只好匆匆別去：

「城裡幽棲古寺間，相依半日便思還；汗衣未了奔馳債，便是逢僧怕問山。」（註六）文徵明一直珍藏著劉嘉這首小詩，尤其好友離世之後，每過吉祥寺，便想到故友之約，兩眼禁不住一片模糊：

「塵蹤俗面強追閒，慚愧空門數往還，不見故人空約在，黃梅雨暗郭西山。」（同註六）

當文徵明滁城省父，在聆聽滁水岸邊的疎柳，晝夜無眠的夜晚，想著孤獨中離群的自己；故園的花木和養病的叔父。想著情逾手足的唐伯虎—不久前曾寄詩來，描寫夢中和文徵明笑語喧嘩的景象；自然地，也使文徵明聯想起和唐伯虎同住在臯橋附近的劉嘉。

一次，他在「有懷劉協中」詩裡寫：

「東風度幽館，群鳥相和鳴；念子會無期，茫然過清明……」（註七）

不知那算不算一種詩讖？不過，劉嘉辭世前一段時間所寫的詩文，連年老的沈周讀後，都感覺到有種過份感傷的氣氛，和一種不吉的徵兆：

「色慘花當萎，鳴悲鳥將逝…」六十五歲的石田翁，無限惋惜地感嘆著。尤其劉嘉抱病題寫在伯虎樓壁上的幾首詩，更讓讀者直覺到那美玉、明珠似的才子的生命，正漸趨於消逝。

那天，忽然他讓久守床邊的伯虎出去爲他卜筮。執手作別時，兩人熱淚，都禁不住地流下。

不知幾次，從昏迷中醒轉的劉嘉，喚他，找他；一種欲有所言的樣子。但唐伯虎卻始終沒有聽到；只能從平日言談或所見到的一些光景中，猜測劉嘉臨去前的未了心願。

二十四歲的生命，留下一個六歲男孩，一個女孩和年輕的妻子。

不僅他們失去了朋友，而是蘇州失去了一顆衆所矚目的明星，悲悼與哀悽，有如梅雨季中的西山迷霧，久久不得消散。唐伯虎除了以悲愴的筆調撰寫墓志——也許是他生平的首篇墓志，並像拾綴散珠似的，以無比的耐心搜尋劉嘉秀才題在寺壁、寫給朋友的小詩；刊刻爲二卷：

「錯玉成器，擲金有聲，歲月悠遠，散亡是懼！」（註八）

自此，唐伯虎心目中的人生，也許不再像他一向想像中那樣美滿和恆永；彷彿水中蜉蝣，以及春花、朝露…他對功名的踟躕，對佛門的皈依；除自然山水的呼喚，和數年後春闈獄案的當頭棒喝之外，好友的傷逝，也應是樹因結緣之始吧？

△　　△　　△　　△

久盼不歸的文林，直到告病後的第二年，才面對朝思暮想的家園：

「中外驅馳二十年，暫依桑梓息塵緣；豈無薄祿終非計，幸喜還家莫問田。歲久先廬

從斂甚，水邊喬木故依然；過從喜有貧親戚，檢理尤存舊簡編……」——還家十韻（註九）

帶著滿身疲憊的文林，雖見廬敝園荒，且喜從宏治元年，任憲宗實錄採訪工作後就回蘇養病的弟弟文森，已經痊癒，並起復爲河間府慶雲知縣。次子婚事的籌劃，更塡補了他奔波勞頓後的空虛。

一向不涉足花叢，視風塵女子爲蛇蝎的文徵明；甚至和一般女性也甚少交談。眼見同窗紛紛成家，心中未免有一種空虛和羨慕。雖然從不表白，回家後就在守寡的老姨媽祁氏照顧下，默默地度日。但他的詩筒中，卻暗藏著一首鮮爲人知的七絕，抒寫心中的幽怨：

「前年伴嫁南鄰妹，今歲仍陪北舍姨；老我無媒心獨苦，閉門好畫入時眉。」——前年（註十）

他暗自描摹的心中偶像，娟秀雅靜之外，最重要的，也許應像母親般對他體貼與照顧；以彌補稚齡失母，和常年奔波的孤苦。

十餘年來，隨父親官職的調動。訪師游學，雖然歷經南北各地，只是無論如何，也改不了文徵明偏食的習性。餐桌之上，往往有許多口禁。以在冰浸和荷葉襯托下的楊梅（又名楊家果）爲例，沈周、王鏊，乃至唐伯虎，無不長篇短句地歌詠爲袪暑聖品，是寫詩、作畫靈思的泉源。多少年來，任由閶門大街、邑廟前後，滿肆地叫賣，徵明就是不買。甚至朋友相贈，丫環把紫紅色的果實洗得乾乾淨淨，用冰盤盛著擺在眼前，他也不肯一沾唇齒。爲此，不知惹來多少嘲笑；他寧以長詩來解嘲：

「南風微微朝夜吹，暑雨未到山中時；此時珍果數何物？五月楊梅天下奇！纖牙彷彿嚼冰雪，染指頃刻成臙脂；論名列品俱第一，我不解食猶能知。天生我口慣食肉，清緣卻失楊梅福…」（註十一）

衣著方面，他也非常隨便，一襲襴衫，雖然潔淨，卻重重疊疊的補綻；從小慣穿姨媽翻撿來的舊衣，因此也不以爲意。

滁州，乃至更遙遠的博平，孤獨的他鄉歲月，使他渴念故園中梅花的消息，牆邊老樹上的棲鴉，和尚們從西山採摘來的新茶…只是，從未想到未來的家庭生計，或居室中待補的漏痕。

……

他一遍遍描摹著未來妻子的容止和神情，不知是否也遐想到她的性情，和能否涵容他這些性格弱點的雅量？

趙孟頫—文徵明所最崇拜的書家畫家—爲了一己的愛欲而起納妾之意，使管仲姬不得不強忍心中的哀怨，以一首溫婉的「我儂詞」，打消了薄倖丈夫的妄念。文徵明唯一答報未來妻子的，似乎就是永不會讓她受到感情的傷害。

「…佳期在邇，雲鶴綾裙段一事附去，聊佐盈門利市之末…」（註十二）

儘管像一般婚前青年一樣，文徵明心中充滿了興奮和憧憬，但，對婚禮的籌備，似乎並未聞問。直到宏治五年春天，收到史明古寄回爲他批改的「重慶堂記」和「水月觀記」兩篇文章，以及附寄的賀禮，他才驚覺嚮往已久的佳期已近。

「綠陰生寂畫遲遲，薄汗沾裳氣力微，起傍曲闌垂手立，清風細細落薔薇。」（註十三）

這就是文徵明筆下的「春閨」，沒有唐伯虎吟詠中蘭房少婦的嬌憨俏麗，卻有世家女的嫻雅與風範；也許正是他對新婚妻子的寫照。

徵明次子文嘉，對父親的回憶中，除了敍述乃父「性鄙塵事」，更坦率指出一切家務，均由出身詩禮世家的母親吳夫人照料。無論慈親喪葬，男婚女嫁，以及置產築屋；文徵明都可以埋首於詩文書畫的創作，不受絲毫的干擾。

證之嘉靖初年，文徵明在北京翰林苑的短暫歲月，家園遠隔，好友分離，層出不窮的人事和政治紛擾；只有吳夫人間關北上後，才使他空虛煩悶，神魂不安的心靈，得到撫慰和依傍。

「…老我無媒心獨苦，閉門好畫入時眉。」不能不說，文徵明已得到了他婚前暗自描摹祈求的偶像，和停泊生命的港塢。

「…內行尤淳，固與吳夫人相莊白首也；生平無貳色…」（註十四）

從王世貞的「文先生傳」裡，可以見到，文徵明妻子的心靈中，永遠不需要吟詠「我儂詞」那類哀怨的詩歌。

註一、〔吳都文粹續集〕卷五二頁一五。

二、〔吳都文粹續集〕卷五二頁五。

三、〔吳都文粹續集〕卷五二頁一四。

四、〔二科志〕頁一四，中央圖書館善本書庫藏。

五、〔吳都文粹續集〕卷二〇頁一〇。

六、〔甫田集〕頁九〇。

七、〔甫田集〕頁七一。

八、〔唐伯虎全集〕頁一八八，水牛版。

九、〔吳都文粹續集〕卷五二頁六。按，文林於宏治四年春天入賀萬壽聖節時，告病奉准，隨即返滁州辦理未了公務。推測是年秋冬之際，復往北京謁告，南旋時，又與長子徵靜久客滁州，致家人焦盼；沈周更有「懷文宗儒父子久客滁州」七律之作—見〔石田集〕頁五〇八。次年新歲；史明古寄書予婚期在邇的文徵明（請閱註十二），函末語氣中，文林似仍未歸。揆諸情理，文林當歸於宏治五年春，次子婚前。

十、〔甫田集〕頁八四。

十一、〔二科志〕頁六。

十二、〔西邨集〕卷五頁三九「與文徵仲書」。

十三、〔甫田集〕頁八三。

十四、〔甫田集〕頁十四。

第十七章　黃粱一夢

「長憶當年樂未央，醉花眠柳度尋常，珊瑚枕上三更月，玳瑁筵前午夜香……」——憶昔（註一）

宏治三年前後，年逾而立的祝枝山，由於家道中落，功名不就，加以疾病的襲擊，經常淪入情緒的低潮。感覺中，似乎事事都不太如意。

尤其在陰雨綿綿的夜晚，不由得想起少年時代眠花宿柳，流連歌舞場中，一擲千金的歲月。那時回到家中，滿園繁花如錦，蜂飛蝶舞，衆鳥喧啁，連樑間的乳燕，也在細語呢喃，助長著青春歡樂的氣息。如今，蘭堂外面一片荒蕪，蕉葉晝夜地滴滴嗒嗒，那株老柳和手植的梅樹，則在風中嘶吼不停。街上傳來深夜的更鼓，更把一切都染上一層凄涼的色彩：

「雨葉風條總斷腸！」他在詩中形容那素有人間天堂之稱的蘇州之夜。

跟楊循吉虎邱泛舟，和唐伯虎飲酒看劍的景況和豪氣，恍惚猶在目前；有時，又像離得很遠。

多才多藝的祝枝山秀才，另有兩種鮮爲人知的絕技：捉蝨與捕蚊；尤其後者，手急眼快的他，自稱已經練就了百不失一二的高段。重要的訣竅，在於等待蚊子專意於嚕人的時候，以穩定迅速的手法，一舉成擒。這不過是生活中瑣碎得不能再瑣碎的事，然而祝枝山不僅鄭重地加以記述，並從中產生了治世理政的見解：

「謂伺嚐不失期，時地安而顝，毋縱心於獲耳；可以為禽盜之法。」—捕蚊（註二）

由此，不難看出，這位名門子弟，即使生活在紙醉金迷的時候，仍舊沒有忘懷盜匪的爲患，民生的疾苦。然而，以前那種以豪俠自期，經國濟世自任的胸襟，似乎隨著鏡中憔悴的面容，早生的星星白髮，銷磨得無影無蹤。三十一歲的他，被貧病折磨得只想學學農圃，經營出一座花木茂盛的庭園來怡情治性，娛樂妻妾。

「余於花無不愛，塵土之所妨，迄不得學圃一日，不知予不幸邪？花不幸邪？恨矣！」—花約序（註三）

那年花朝（二月十二日）前夕，在妻妾的慫恿下，祝枝山乘興跟花訂了約，在輝煌的燭火下，他以倚馬可待的文思，洋洋灑灑地寫了一百多條栽花、近花、愛花和詠花的條款。又寫了篇序文，以見花約的始末；一時之間，很有興工動土，移花接木的架勢。

暮春、盛暑，都在懶、病和無情無緒中度過。端午過後，虎邱四周菡萏該已含苞待放，祝枝山忽然想起數月前的「花約」；放眼園中，非但荒蕪依舊，竹叢更因失於養護而摧折枯槁，他所鍾愛的垂柳，竟不知何時爲童奴連根伐去。心中有著說不出的悵惘。

深秋，他曾往南京一遊，低沉的情緒，似乎因沿途田中此起彼落的牛鳴，而略爲振奮起來。他說不出愛聽牛鳴的原因，他只覺得那種聲音渾厚、含蓄、圓潤，堂堂鍠鍠，只有黃鐘可以比擬；既沒有鶴唳的哀怨之感，也沒有秋蟲的悲涼。

眞正心緒的平伏，是臘月六日，三十一歲生日那天，幾杯黃酒下肚，窗外梅花乍放，陣陣寒香，彷彿患難好友，再度向他伸手撫慰。看著滿架的書卷，更有一種與古人爲鄰，舉杯相對，聲氣相求的欣悅：

「庚戌闌殘月，乾坤鈍重身，衣冠弊顏色，書策抗風塵。一唉當今日，三杯見古人，窗前有梅樹，歲歲共生辰。」——庚戌初度（註四）

宏治四年的一春一夏，祝枝山依舊在病苦窮愁中度過，對花，仍然懷著負約的歉疚。兩眼酸痛，氣似游絲，偶爾離床，只能靠一支枯藤杖，支撐著瘦弱的腰肢。回視案上，往日的詩稿、文卷，卻換上了藥爐和單方。有時他眞想質問蒼天生養他這樣一個人，這樣耀眼的才華，又這樣窮病潦倒，到底所爲何事？

蒼天無言，然而，卜者卻爲他帶來一線希望：他到癸丑（宏治六年，三十四歲），就能更造新運，步入通達的順境。不過卜者所說的：

「壬子先一年而成名」，卻有點不明確的感覺；如果指的是癸丑的先一年成名，則無疑是指壬子年的鄉試而言——壬子中舉，癸丑登科，似乎順理成章。若壬子先一年係指宏治四年（辛亥），對貧病纏身的他，顯然是十分費解的了。

△　　△　　△　　△

宏治五年（一四九二）的蘇州，水患頻生，然而，藝文界卻有幾件轟動一時的盛事。

其一，是吳中才子祝允明鄉試中舉。

南京闈場中，主試王鏊，手裡拿著一份文義古奧的彌封朱卷，看了又看，愛不忍釋地說：

「必祝某也！」開封之後，果然是在府學中困守十餘年的祝允明；使王鏊越發喜於自己的知人之明，不時在友好前提起，對祝允明的才華、功力，也揄揚不置。

中秋前的赴京途中，祝枝山詩興勃發：「秋晚自丹陽入江口作」、「憶內」、「憶侍兒」、「明就試客窗走筆」…從江口到客舍，多情多感的他，眞有一歌三嘆的情韻。

彤霞漫天，水波竹影，蕩漾明滅，一輪黃月緩緩浮昇；正是江南生員們緊張待考的時刻。客中的祝枝山，卻忽然聯想起那湘簾後面，收妝佳人含笑凝立的景象：

「…海綃鄣袖煖聯手，別時無愁別後有；一時意倚妝臺中，空樓夜燭啼寒風。」（註五）這首七律，由於只含混其詞地以「有所思」爲題，並未照例直書「憶內」、「憶侍兒」或「遺小妾」等致贈的對象，顯然和他「海綃鄣袖煖聯手」，依依惜別的佳人不是家中的妻妾侍婢，而是別有所鍾。

詩思泉湧的他，連八月十五，五更天在闈場中等候試題的時候，仰望著斜向天邊的圓月，依然不自禁地題詩在號舍的板壁上：

「寶月流輝夜未央，金翹玉李粲天章，卑臣一寸丹心切，願託剛風奏紫皇。」（註六）

「疊起趍蹌拂卻塵，勞君伴我十年身，殷勤相別還相勸，休把光陰伴別人。」—別欄衫（註七）

鄉試中舉後的祝枝山，一面摺疊起穿了十餘年的生員服，一面珍重地作詩與之告別。

以爲只若通過明年春闈，從此天高地闊，便可以一展報效君、國的宿願。

「卑臣一寸丹心切，願託剛風奏紫皇」；八月十五夜，在南京闈場中所許下的心願，似乎並未上達天聽，也未如卜筮者所預言地步上新運；此後的祝枝山，不僅在春闈中連連敗北，一些出人意料的困擾，更使他形神俱疲；一如他多年後所描述的：

「…平生有尺寸靈抱，其撓汩殆盡矣；嘻！可悲夫！」—感記（註八）

可悲的到底是命運？或是開國以來的八股文取士制度，恐怕祝枝山也無法意識得清。

△　△　△　△

九月中旬左右，宮諭王鏊懷著爲國得人的喜悅，回到蘇州。除與家人親戚相聚，大部分時間和沈周、楊循吉、文林等好友，詩酒雅集。在京中，吳寬、王鏊這兩位鄉友，所任官職總是吳寬在先，王鏊在後；吳寬晉升之後，便由王鏊繼任他的職位。成化年間，吳寬曾以右諭德侍太子朱祐樘於東宮；現在王鏊則繼之以侍講學士兼諭德，侍另一代的太子—朱厚照。九月廿九日，歸隱後的文林，在太湖舟中，爲即將啓碇還京的王鏊置酒餞別。眼見彼此頭髮均已斑白，相會更不知何日，心中均不禁浮起依戀之情和無限的感慨。座中，年長的沈周率先詠出那濃濃的離愁：

「偶合故人語，仍嗟歲月流；老懷雙鬢短，秋水萬家浮…」—石田餞別圖題詩（註九）

接著，更以吳仲圭那種雄渾沈鬱的筆緻，橫塗豎抹，寫出湖濱餞別的景色，文林和詩於後。遠在北京的吳寬，見到這重湖峻嶺間，繫舟作別的氣象，風流一如晉唐高士。回思家鄉諸友，也爲之感慨不已。和詩之外，更爲餞別圖作記；愈發增加了這幅畫的紀念價值。

另一件轟動蘇州的是，在爲王鏊作餞別圖的前二十天，壬子年的重陽佳節，六十六歲的石田老人，終於如願地完成了「仿米友仁大姚村圖」。自成化末年，沈汝融家藏兩百餘年的大姚村圖披太監王敔撿括去之後，沈汝融的臉就沒有開朗過。甚至絕望到自覺即使進入九泉，也無顏會見地下的祖宗的地步。

王敔敗後，據說米友仁原作，已轉落到太常少卿兼侍讀學士李東陽（賓之）之手，但返璧似乎依然無望。所幸沈周的仿作，對沈汝融那顆枯槁多年的心，產生了起死回生的作用。當他開展眉頭，重新加入好友們的游燕，人們心目中的石田老人，不啻成了救苦救難的菩薩。

有人說，沈周把先前臨摹的一幅大姚村圖付與次婿徐襄收藏，但自己卻忘了；因此一直沒法應承沈汝融的要求。結果這幅臨本卻在無意中翻檢出來，重臨一本，成了沈汝融的續命靈丹。不過據沈周自己的說法，則是他無意中從次婿徐襄那裡，發現了米友仁大姚村圖題詩的稿本；詩稿才是他仿作的靈泉，米友仁所潑灑出來的雲煙，則一直深印在他的腦裡。

陸陸續續爲這幅摹作題識，敍述感慨的名流很多，見仁見智，觀點不一。

回到長洲的李應禎，站在書家立場，對沈周題在摹大姚村圖的書法提出他的看法；可以說是對沈周一生書學成就的定評：

「相城沈啓南妙於詩畫；然字不甚工。後乃倣黃山谷書，輒得其筆意；蓋書畫同一機也。今觀此卷，雖不純用米家筆仗，要之自有一種風致；可愛！可愛！李禎伯。」（註十）

吳寬從好友的心血結晶，回想到陳璚（成齋、玉汝，按係陳淳的祖父，陳淳時年十一歲）所藏的二幅米友仁作品。由題跋中，知道米友仁的妹妹住在吳縣大姚村。因此，才有「大姚村圖」之作。兩相比較，吳寬認爲石田已經把握到小米畫法的神髓；沈汝融大可不必再對原作之失耿耿於懷，念念不忘。

素有考據癖的都穆，從米芾（元章）爲朱存理先祖朱樂圃所撰墓表中，考據出米氏本襄陽人，米芾晚年愛潤州山水，卜居北固，但不時客居蘇州，女兒因此下嫁吳地：

「作宋史者直云吳人（指元章），而後之論撰者遂以爲吳縣人；胥失之矣。」（註十一）都穆以充滿自信的口吻，在跋中論斷。

祝枝山寫了一首大姚村圖歌，描寫圖中之境，石田老人所表達出來的米氏雲煙的精神，並嘆息神物在人間的飄忽莫測：

「…得耶失耶孰主張，茫茫宇宙悲弓亡；神物不可久靜處，能走四海生暉光…」（註十二）

不過，無論都穆的跋，祝枝山的歌，乃至於王鏊、文徵明等的題識，都是在此後數年間，陸續落墨的。

△　△　△　△

記得那時，他正走過一座石灰橋。

十幾個道貌岸然的和尚迎面而過，他們的談吐、服裝，和儀容一樣，讓人覺得古雅。於是沈周與他們相偕而行。

「先生可無一言貽吾衆耶？」爲首的和尚說。既是有緣，沈周便口占一偈：

「方袍相逐過溪橋，溪葉溪雲野迹飄，朵朵青蓮心不染，住山行腳總逍遙。」

「自然超逸！」帶頭的和尚贊嘆著，沈周也爲自己的悟性感到詫異。

不覺登上一座高臺，臺上有亭，樹影搖曳，綠陰如洗；他先以爲是北禪寺，仔細一看，又並非他所熟識的北禪寺。

一個稱他爲「親家」的青蓋官員從東而至，他看看竟素不相識；那些高僧卻一個個相率別去。接踵而至的是粟官二十餘人，他不僅認識，並叫得出名姓；後來他又忘了，唯有最後一員，他確知是「趙廣華」。他們留他在亭上共飲；海蝦、鬚鰭……菜餚豐富精美。只是那手敲木魚，口念善歌，赤身露體不約而至的和尚，未免大煞風景。衆客要求之下，沈周重又口占一偈：

「歷落歷落又歷落，費盡千聲與萬聲，不若把魚抛丢了，出門一笑大江平。」（註十三）

在舉座叫好聲中，沈周忽然醒覺。窗外蛙聲咯咯；想是夢中木魚聲的由來。

如果把沈周宏治五年六月廿七夜，病中的這場黃粱夢，和他宏治四五年間所記的現實生活，兩相對照，會發現夢中情境，不僅有天籟滲入，也有對天災、饑餓等恐懼，和對鄰居、好友關懷的心理因素：

「…渾舍相抱哭，淚行間饑涎；日夜立水中，濁浪排胸肩。大兒換斗粟，女小不論錢，驅妻亦從人，減口日苟延。風雨尋塌屋，各各易為舡…」──十八鄰（註十四）

這就是沈周對宏治四五年間蘇州水災的描繪，是一幅充滿血淚的饑民圖。禾苗在雨水濁流中淹沒，他和鄰居老少，一起下田掘土、抽水，最後卻只能無可奈何地攤開兩手；枯萎、腐爛的秧苗，自指尖滑落。世代相好，患難與共的鄰居，一家家把兒子賣了，女兒只求能送出去就好。爲了減少家中人口，以求苟延殘喘，把妻子趕出去從人。接著是災後的瘟疫，到處漂流的屍骨；這種種慘象，日夜在他眼前浮現。然而他自己呢？僅能自保；對呼天不應，求救無門的流民，杯水車薪，欲救無力：

「…老夫廪無米，亦無廣廈千，對眼不忍見，衷腸如火然。便欲吐我哺，納彼此一咽，眾口相嗷嗷，欲足理莫全，故好成乖隔，載聚何因緣。」（仝註十四）

一次，他來到濱臨太湖的光福。居民房屋背山臨水，波光如鏡。虎山橋畔，開始了忙碌的晚市。漁郎敲打著皮鼓，兜售鮮活的鯉魚。漫山的霜前橘抽苞泛黃。同樣風雨，在這地勢高亢的山村裡，卻使成千上萬的楊梅，結滿了豐腴的果實，彷彿一顆顆紫色的水晶。比起近在咫尺，連遭數年潢潦的家鄉，真是另一個世界。在「光福」詩中，沈周無限感慨地寫：

「…三年潢潦我無家，恨不移書亦居此。」（註十五）

儘管潢潦、饑民、瘟疫，把蘇州鬧得天翻地覆，但對自幼在沈周家裡長大的火工阿富而言，幾乎不受任何影響。他的年歲，算來比沈周應該不相上下，長年睡臥廚房，煙燻火炙，雙目早已全盲。他懶惰依舊。因此，除了他能作、肯作的燒火工作之外，在沈周上下心目中，他只是一個可有可無的影子，連早年拿他助談取笑的樂趣，也逐漸淡薄。

宏治六年元旦後，忽然有人向沈周說起盲富的一些怪誕行徑：

他在他所睡臥的爨下，祭祀起他那死去的父母。魚、肉、豆腐、米糰……似乎有甚麼便供甚麼；不倫不類，滑稽可笑。更怪異的，是他那獨言獨語的祝告：

「富既瞎廢，東西不知，貧苦依人爲生，不能辨好供養。肉在包、魚在包，豆腐在案，米糰在案，楮錢在地；我爺我娘慢慢喫些子。」祝告再三，神情恭敬，宛宛款款，依依戀戀，彷彿死去一個甲子的雙親，就在眼前：

「願爺娘虛空中庇我無病強健，身上蟣蝨咬，若陰力爲我除之。」除了求爺娘冥冥中庇祐他，這老年瞎子也不忘爲主人祈求：

「願主家公多壽多米，使我討喫見成飯，多活幾年……」

聽到的人，先是怪異，看到他一臉誠敬，又不禁爲之感動。

沈周求證旁人，據說每到年節，都是如此，有甚麼就獻甚麼，並無挑選；但，聯想到祖父在世時曾有一個討飯的乞丐；他早已不再出現了，不知行蹤何處？也許是位山林奇士！

他常到莊中討飯，但並不多討，有了些飯菜，便匆匆忙忙沿小徑向江邊走去。

有人見到那乞丐，在快到江邊的時候先煮熱飯菜，整肅一番他那破爛的衣服。然後捧飯下船奉敬他那窩居舟中的老母。她吃飯的時候他在一旁擊鼓跳躍，很有彩衣娛親的意味。

幾乎在那貧母親逝世的同時，村中就失去了乞丐的蹤影。多少年來，他們一直記得這事，一直爲之感嘆；然而，值得感嘆的事，也出在沈周家中的盲僕阿富身上。

他對亡父亡母的那份誠敬。

他念念不忘所受的一飯之恩。

更難得的是那盲人的純潔無僞；一切只在無人處暗中進行。

深受感動和熱情鼓舞的沈周，忽然想到某些位極人臣的封彊大吏，想著某些食君之祿的民之父母，比起這盲者區區之誠，眞有霄壤之別；他在「盲富祀父母」的結尾中寫：

「…有若身都將相，位極人臣，尚貤封於先，補蔭於後，金玉田宅，豐積不貲者，不見其涓塵圖報；甚者，反欲賣人國於讐敵，此皆盲富之罪人也。嗚乎！盲富果廢人哉！」（註十六）

註一、〔祝氏詩文集〕上頁二三九。

二、〔祝氏詩文集〕上頁十五。

三、〔祝氏詩文集〕上頁一八三。

四、〔祝氏詩文集〕上頁二四〇。

五、〔祝氏詩文集〕上頁一二〇。

六、〔祝氏詩文集〕上頁一二〇。
七、〔祝枝山全集〕，詩下頁七七，漢聲版。
八、〔祝氏詩文集〕上頁二六。
九、〔紅豆樹館書畫記〕卷八頁十六，廣文版。
十、〔式古堂書畫彙考〕卷四頁三九六。
十一、〔式古堂書畫彙考〕卷四頁三九五。
十二、〔式古堂書畫彙考〕卷四頁三九六。
十三、〔石田集〕頁八五三。
十四、〔石田集〕頁一七七。
十五、〔石田集〕頁二五五。
十六、〔石田集〕頁八五〇。

第十八章　忘年知交

春耕、夏耘、秋收、冬藏；一般而言，邁入六十五、六歲，正是人生的秋冬之交，忙於收藏的季節。詩書畫三絕的沈周，自不例外；然而收、藏之餘，他更忙於對所經歷的人生，細細地咀嚼和體會，再藉著他那清新酣暢的文筆，妙趣橫生的加以描述。

談到生活的情趣和品味，沈周便不免想到十四五年前過世的父親。

父親綸巾氅衣，手持古尊，登眺竹莊溪樓的儒雅、灑脫神態，仍不時浮現在他的眼前。酒酣的父親，有時以悠揚的聲調吟誦宋朝范成大的詩篇，或在落日餘暉中，揮筆作和。有時讓沈周和孫子雲鴻唱歌，淙淙的流水，蕭蕭風竹，匯合成自然的節奏。

無論西莊的夜宴，或有竹居的小集，處處表現出倫理孝道和古雅的風範。酒、詩與禮的凝聚，使這江南世家，永遠充溢著一種醇和優美的情調。從沈周記事時起，前來觀禮的賢士大夫，就不絕於途。

然而酒，也有使沈周憂戚的一面：

晚年的父親，爲風痹所苦，纏綿病榻的六年間，手足不斷地痙攣。雲鴻的仁孝、勤奮和理家治事的能力，一直使沈周引以爲傲，但他的豪飲無度，卻使作父親的心中，不時蒙上一片陰影。

「…念夫少老相尋，乘除代謝；來者不容拒，去者不容追，其勢然也。予但冥冥其

間，順其所謂自然而然者……」—老杯酒軒詩引（註一）

在生命的新陳代謝，老少相尋的無可奈何中，沈周首先採取了咀嚼人生，享受人生，順其自然的態度。

自然人生，並不處處美滿，事事順隨，因此在咀嚼、享受和適應中，也需要有一個可以憩息、逃避和暫時痳醉的地方，這就是他所說的「醉鄉樂地」—也是自然的一部分：

「迨天為我而設，敢拂天而止絕乎！倘年未至（按，集中此處疑有漏句）……夫酒須止其所止，更無貪乎多，亦無惡乎少；於酒如此，於年亦然……」（註同前）

生命不可自我摧殘，提前謝幕，酒亦不可禁絕，他只能在飲酒的方式和數量上調節與適應。

常常，他獨坐有竹居的小軒中吟哦，疲倦時，就倒臥下來。善解人意的書童，見他閒著無聊，往往爲他斟上三兩杯黃酒，有甚麼小菜，隨便擺了上來；於是，沈周步上醉鄉樂地的幽徑。「醉鄉路穩宜頻到」，酒量原本有限的他，到了髮疎目眊之年，愈發不勝酒力；幾杯下肚，醺陶陶地，只覺得一種捉摸不清，形容不出的情趣—自然，更無法說與人知。

他稱那小軒爲「老杯酒軒」；語出山谷老人，因此，他集了黃庭堅這四個字，大書於粉壁之上。首句下面，是沈周自詠的七首五言絕句；既可以吟哦爲樂，也可以歌來侑酒。座客中，能引起共鳴的，歡迎唱和，至於缺乏同感的人，他也絕不勉強；因爲那原本是他獨自悠遊的天地：

「杯但容一呷，悠然萬事忘；乾坤納於此，乃是醉之鄉。」（註同前）

夜中靜坐，是老年沈周另一片悠遊的世界。

幾年前的一個雨夜，他與愛婿史永齡一起體會夜雨的淒清，抽筆點染之際，無意中發現雨中作畫筆墨暈化的妙趣，留下一幅值得紀念的「雨意圖」。幾年後一個久雨新霽的夜晚，他卻在靜坐中，體會到另外一種境界，不僅留下一幅筆墨清新簡淡的「夜雨圖」，更留下一篇傳抄一時的「夜坐記」。

那是一個寒冷的秋夜，他睡得很酣暢。矇朧中，有風撼竹木的聲音，有狺狺的犬吠。紙窗上，映著淡淡的月色。一種雨霽後所特有的新鮮空氣，流動在草軒之中。沈周披衣起坐，精神感到分外的清爽。在熒熒燈火相伴下，隨手翻閱幾頁書後，沈周就傾注於那些紛至沓來的夜聲上。也許由於早年盜匪橫行，斫關入室，非刑逼勒的恐怖經驗，陣陣犬吠，使他心中昇起一種防盜禦寇的壯志。颯颯的竹木，使人感到一種特立獨行，百折不撓的氣勢。接著是鼓聲：大的、小的、遠的、近的；有的節奏緊密，愈擣愈急，有的遲緩低沉，淵淵不絕，使人時而起憂煩不平之思，時而有奮發猛進之想。待天將破曉的時候，東北角上，傳來寺廟的鐘聲，清越悅耳，盤旋的群鴉，發出嘈雜的鳴叫，又使人不禁生出待旦興作之思。

他仔細思維，這一切聲息，幾乎每夜都有，然而心爲物役，卻從來沒有這一夜那麼心神靈明，感受深刻。這種外靜內定，澄心發志的經驗和境界，使沈周進一步想到：

「……聲絕色泯，而吾之志沖然特存；則所謂志者，果內乎，外乎？其有於物乎，得因

物以發乎？」（註二）

從一連串的疑問和思辨中，沈周深覺夜坐功能宏大，因此他下定決心，以後更要經常靜心孤坐，在長明燭下，參悟事物之理，心體之妙，作爲脩己應物的基礎。

△　△　△　△

似乎從「夜登千人石」五古長詩，與楊循吉一再唱和，蘇州文壇到處傳鈔吟唱，沈周就以這位窮困而帶有幾分顚氣的南濠詩人爲文學上的知己。

楊循吉「奉陪石田先生登覽虎丘」詩中，有：「況奉鹿門屐，玄言承滿襟，撫已良自足，終老復何歆！」（註三）可見這位致仕主事對沈周的敬愛之情。

經常有人迢迢千里之外，遣人以重金索求沈周的畫，卻未見以重酬索沈周的文章，不僅使楊循吉不解，更使他禁不住爲沈周那充滿睿智與哲思的文章呼冤。認爲眞正有眼光有見識的名公達人，應該注意沈周所表現的氣稟、道德和思想，時時遣人存問或薦達朝廷，不該止區區貪愛他的繪畫。

宏治五年，楊循吉忍不住把心中感慨，題寫在沈周一幅山水畫上。沈周一方面感念他的知音，一方面以謙虛口吻，在循吉題後作跋：

「…予固自信予之能畫久矣，文則未始聞於人，特今日見知於儀部，予故難自信也。」（註四）

跋中，他也謙稱書畫於他，都不過漫興而已，說不上有何專精獨到之處；他風趣異常的表示：

「併當號予爲『漫叟』可矣。」

由這位文學知己撰寫一篇「石田記」，表現出他的性情和涵養，是沈周多年來的心願。尤其讀到楊循吉致贈其他友人的文章，典雅富麗，燦如星斗，心中愈發想要得他一篇宏文，好和祝枝山的「石田記」形成雙璧。

「山中有石田，廣衍得數畝，堅瘠不可畊，無用實類某，朋從從加稱，遂為石田叟⋯⋯」（註五）「速楊君謙石田記」中，沈周現身說法，點出「石田」爲號的來由。

接著，他以生花妙筆，亦莊亦諧地表現對楊氏文章的傾慕，警告老友不可自食其言，「石田」之石，非比尋常：

「⋯⋯不應似生吝，吝生虧所厚；吾石能作言，將以子歸咎！」

楊循吉這篇應許已久的「石田記」是否兌現，沈周這塊田中之石，是否開口問罪，文獻所限，難得其詳，只有這篇催筆的信札，展示出沈楊兩隱者深厚而親密的情誼。

孤獨、寂寞、篤於友情的沈周，對楊循吉的思念，眞可以說是朝朝暮暮。

春山看雨，放眼四周，華巒秀嶺，朦朧起伏，彷彿天然的水墨圖畫。雜花叢草間，數朵餘紅，與崖邊蒼松遙相呼應。頃刻之後，低雲擁窗而入，景物混沌一片，似與幽者相會，似來滋潤詩腸⋯沈周急不及待地寫下那種幽謐神祕之美，希望楊循吉立刻整備屐笠，前來共享一般人難得領會的詩境。

收到楊循吉新詞「念奴嬌—雨晴」後，沈周整個融進那恬淡愉悅的天地中，立刻遣人遞送他心靈的迴響：

「紫門晴也；喜山意方舒，春湖堪寫。拄著藤條門外走，見打鼓喧村社。逐隊隨行，南閭北巷，儘趁兒童耍；強於游宦去鄉，千里羸馬……」—念奴嬌—和楊君謙雨晴韻（註六）

辛亥（宏治四年）二月二十日在支硎山麓的一次意外邂逅，使楊循吉在沈周心中，留下一種如眞似幻，飄逸若仙的影像：

夕陽餘暉，在支硎山路上，投下一片金色的薄霧。隱約間，沈周望見一人頭戴竹笠手持書卷，乘坐筍輿緩緩而來。那種閒適的氣度，似乎只有畫裡、書裡才能看到。當兩乘山輿互相接近時，沈周才看出來者乃是隱居在支硎南峰的好友。在暮色催迫下，兩人心中的驚喜，只化成淡淡的一揖，便匆匆而別。沈周轉望輿後，微塵中，但見一個擔夫，擔著花筐和酒榼，緊隨筍輿而去。山鳥啁啾聲中，沈周恍若進入仙境，詩思畫意，油然而興，歸來後，趕緊捕捉心中的意象，「支硎冒雲圖」（註七），於焉誕生。

△　△　△　△

宏治六（一四九三）年，對行年二十四歲的文徵明，無論生活和感情，都是衝擊力極大的一年。

在他二十六歲的「乙卯除夕」詩中，有：「幼女仍誇學語嬌」句（註八）。幼女學語，嬌態可掬，想必已兩歲多，弄瓦之喜，推測當在廿四歲春天前後。經過多年的奔波和孤獨，這種天倫之樂，應是他夢寐以求的事。

七月九日，正是繼祖母呂氏病重，舉家惶急忙亂的時候，授業師李應禎的病逝，無論對他或父親文林，都是沉重的一擊。以後，無論看到李老師的手蹟、藏帖，想到他爲人的風骨、操守或在滁州官舍中授書的情景，總禁不住嘆息和唏噓。

李應禎之死，離致仕歸鄉，只不過短短兩年的時間。他那剛直嚴峻，好面斥人過的脾氣，始終未改。傳說李氏退隱後，蘇州知府劉某，橫征暴斂，人呼爲「白面虎」；李應禎則以「虎渡河」詩投贈，對劉知府加以無情的譏刺。

李應禎致仕時的蘇州知府史鑑（按，非史明古史鑑），洛陽人，以監察御史昇任。李應禎的「虎渡河」詩，則是成化十五年閏十月間，題寫沈周的「松壑虎嘯圖」上，其時郡守爲蠡縣劉瑀，也是由監察御史陞任；成化十九年以陞任江西右參而去職。因此，在時間上，這傳說不無差錯。

成化十四五年期間，正是沈周往返西山鳩工葬父的時候，不獨西山有虎，常熟、杭州，風聲鶴唳，似乎無處無虎。天災、苛政，以及虞山西南尙湖，猛虎泅水半渡之際，爲居民乘船七手八脚地搠死於湖內之事，使李應禎借題發洩心中的義憤：詩中，這位獨步一代的書家，先形容虎在山林中的威猛，渡河時卻只能「昂頭豎尾」，顯得十分無助，以及健兒操舸殺虎的快人心意。詩的後段，則一針見血的指出：

「…食其肉，寢其皮，虐人之報當如斯！嗚呼！虐人之報當如斯；為人之上者寧不思！」（註九）

李應禎逝世前，除了性情剛烈如故，由於嚴於操守，濟人之急，加上撫育亡弟李應房的遺孤，因此，一貧如洗的情況，也依然如故。留下來的是滿箱的碑帖、書籍、一個五歲幼子，和生活無告的妻、妾。

李應禎逝世時，由於繼母呂恭人病重，文林直到一個月後，才在沈周陪同下，哭弔這位相知二十餘年的亡友。爲使他那經世的文章，能夠永存人間，文沈二人，立刻著手搜羅他的章疏、文稿和詩稿；然而卻早被李應禎焚燒得一乾二淨；他自認爲：

「亦何足傳世！」神龍見首不見尾，這就是李應禎處世態度和風骨。失望之餘，文林、沈周，也只有訴之於深深的嘆息。

朝廷遣官諭祭，御祭文中有：

「學優、才贍、性眞、行方」之語，不僅代表朝廷，也是士大夫和諸多好友對他的定評。宜興徐少傅，遠自京師遺賻，厚卹他的妻兒。知府史鑑和文林，全力爲他經營喪葬。更多人帶著淚眼，戀戀不捨地離開他們敬畏之友在蘇州薦福山九龍塢的坟墓（註十）。

文徵明繼祖母呂氏的死，也是七八月間的事。當喪事料理停當後，文徵明告別了再次懷孕的妻子，前往和南京隔江遙遙相對的江浦，從南京行人司副莊昶（猛暘、定山）學詩。

莊昶和文林、史明古均屬舊識，文徵明婚前寄請史明古批改的「重慶堂記」和「水月觀記」，也參有訪客莊昶的意見，並由這位被視爲異端的詩人莊昶執筆，在文徵明原稿上面，綜合出史明古和另一位座客—趙栗夫三人的評語。

此外，文徵明也久聞莊昶多用道學語，專意摹擬唐人詩風，在朝野間造成很大的爭議。喜愛其詩風的人，說他的境界遠遠地超越唐人。即如杜子美的詩中警句：

「穿花蛺蝶深深見，撲水蜻蜓款款飛。」就遠遜莊昶的：

「溪邊鳥訝天機語，擔上梅挑太極行。」

不喜其詩者，則指莊昶為「下劣詩魔」，其詩有如「村巫降神，里老罵坐」。又因為莊昶好講太極圖，常藉詩句闡釋太極眞義，抨擊者便引他的妙聯：「太極圈兒大，先生帽子高。」以爲笑料。

而他的另一付名句：「贈我一壺陶靖節，還他兩首邵堯夫。」更被滑稽刻薄的人改成外官和京宦之間索賄的對話：

「贈我兩包陳福建，還他一疋好南京。」（註十一）聞者莫不爲之捧腹。

江浦離太僕寺所在地滁城，及以醉翁亭著名的瑯琊山僅一水之隔，路途並不陌生；但深秋之際，受嚴親之命，單人匹馬地在群山中行役，對文徵明而言，並不是一件快意的事。想到溫暖的家室和妻女，那些文酒雅集中笑語喧嘩的好友；將投見的，又是那樣一位性情古怪，備受爭議的老人，文徵明腦中，一片茫然。心思一會兒回到停雲館、西齋和窗前那片略顯荒蕪的人工湖山，一會兒又想到前面的州城或未可知的師生感情。夜晚，在旅店睡不了多久，雞聲一鳴，就得冒著清晨細雨，匆匆上路。有時更要連夜騎馬趕路：

「蕭蕭東葛路，馬上聽嚴更，月出高山黑，天空遠水明。年光秋漸索，客子夜猶行，村落知何處，時聞犬吠聲。」—東葛城夜發（註十二）。「東葛城」俗呼「羅城」，距東南的和浦三十五里，看來已經是此行的最後一程。

莊昶園中，遍開著菊花，潔白的水鳥，在青山環繞的湖水中，悠然自在地浮游，一切顯得幽靜而恬適。無論外人如何議論，年老的莊昶，似乎決心作一個與世無爭的隱者，講學之勤，尤其對太極的闡釋，眞有一種敎不厭、誨不倦的精神。

文徵明除了與莊氏門弟子相互研討之外，以更多的時間，咀嚼莊昶那些被指爲晦澀的詩句：

「山隨病起青逾峻，菊到秋深瘦亦香。」
「土屋背牆烘野日，午溪隨步領和風。」
「招隱誰甘同寂寞，著書不獨為窮愁。」
「坐久可忘今夜月，夢回誰喚北堂鐘。」
……

文徵明發現，每一點每一滴，都有著無限的回甘，都是莊昶苦思凝鍊的結晶。他像古代通儒一般，除了精研經義，學習聖賢之道，更希望能身體力行；可惜思想與時代相違。因此，只能棲息田園，對著山川嘆息。

經過幾次侍坐對談之後，莊昶發現這位年輕秀才，對他的作品不僅心領神會，對他的一切思想作爲，也有著透徹的瞭解。莊昶也深深感覺到這位故人之子，無論詩、書、繪畫乃至文章，均有頗深的造詣和潛力；對這忘年知交，不覺昇起相見恨晚的感慨：

「一燈何處寫相知，對坐寒窗暮雨時。詩本平生非杜甫，琴才臨老遇鍾期。儘堪出手名家早，但覺忘年得友遲，儻許無言真妙意，欲得千載慰深思。」—附定山莊先生贈詩（註十二）

註一、〔石田集〕頁八〇五。
二、〔文人畫粹編〕冊四圖二十五。
三、〔吳都文粹續集〕卷二十頁十。
四、〔石田集〕頁八五七。
五、〔石田集〕頁一三七。
六、〔石田集〕頁七八五。
七、圖記見〔式古堂書畫彙考〕卷四頁四〇五。
八、〔甫田集〕頁八〇。
九、〔式古堂書畫彙考〕卷二頁三八八「文外翰書松壑虎嘯詩」。
十、有關李氏生平，見〔吳都文粹續集〕卷四十二頁九、文林撰「南京太僕少卿李公墓誌銘。」
十一、有關莊昶性行及作品，參閱〔列朝詩集小傳〕頁二六六、〔明詩紀事〕冊三頁六五四。
十二、〔甫田集〕頁七三。
十三、〔甫田集〕頁七三。

第十九章　滄桑

對蘇州而言，宏治四至八年（一四九一－一四九五），是黑暗而痛苦的年代，水旱天災，不斷地襲擊著這東南古都一帶的居民。

最嚴重的一次水災，是宏治七年七月的海水倒灌：鹹濁的海浪，滾滾而來，平地水深五尺，沿江水勢，更深達一丈有餘。箱籠、樹木、溺死的人畜，隨處漂流，成了名符其實的澤國。在江南烈日的曝晒之下，接踵而來的，自然是瘟疫和饑饉。

「…憂厄久不解，豈免疾疫纏；死者隨河流，沉骨魚龍淵。生者乞四方，所餉何處邊…」宏治五年，沈周曾在「十八鄰」（註一）中，描寫淫雨成災的慘劇。然而，比起宏治七年初秋海水倒灌的景象，就有一種小巫見大巫的感覺。災區廣及蘇、鎮、常三州，也是近年少見；因此，落在人們心中的恐怖陰影，也廣闊無際。

除幾年前遭遇過一次亡友之痛外，一向無憂無慮的唐伯虎，也在宏治六七兩年內，面臨到最黑暗的深淵。從他三十歲那年，寫給文徵明的一封長信中，可以看出當時這位二十四五歲青年秀才心中的烏雲和濃霧：

「…不幸多故，哀亂相尋，父母妻子，躡踵而歿，喪車屢駕，黃口嗷嗷…」（註二）事實上，唐伯虎所遭遇到的痛苦和不幸，並不止此；信中的「黃口嗷嗷」，推測應是妻子徐氏所遺留下來的骨肉，有關那嬰孩的訊息，此後就未在任何資料中出現。因此有理由相信，他與妻子僅有的感情結晶，很快地便爲天災或疾病所吞噬。

他有一位年約十八九歲的妹妹，和年紀小他七歲的弟弟。弟弟唐申，性格自幼平庸而懦弱，失去父母之後，生活對他，自然變成一種嚴酷的考驗。但父親唐廣德尤爲耽心，且至死念念不忘的，則是聰明伶俐，一向溺愛著的女兒的終身大事。然而，這僅有的一個妹妹，卻使唐伯虎終生遺憾，深感愧對父親臨終的囑咐；婚後不久，她就離開了人世。究竟自殺或死於意外，外人無法確知。只見唐伯虎在簡短的「祭妹文」中，椎心泣血地寫：

「：吾于其死，少且不俶，支臂之痛，何時釋也？」（註三）

美滿的家庭，忙碌但卻優裕的生活，轉眼之間，家破人亡，門庭冷落。唐伯虎想像不出，像他們這樣一個五代積德，鄉曲交口稱讚的爲善之家，何以竟落得這步田地；似乎只能說是蒼天無眼了。

有時，他半夜醒來，仰視天邊，群雁悲鳴，彷彿在爲多難的大地，流離失所的饑民發出聲聲嘆息。同時，也加重了這破碎的家族，患難弟兄的孤獨感覺。使他不由得肝腸寸斷，涕淚橫流：

「元序潛代運，穠華不久鮮；仰視鴻雁征，俯悼邱中賢。迅駕杳難追，庭止念周旋；殺身良不惜，顧乃二人憐。嘉時羞芰棗，涕泗徒留連。」—夜中思親（註四）

從某些角度來看，唐伯虎的達觀、隨遇而安的生活態度，和祝枝山極爲相似。宏治五年中舉後的祝枝山，文名遍傳南北兩京；眼見只若次年春闈得中，從此便可平步青雲，步上仕途，達成先人的遺志。但，接踵而至的卻是他與親戚間的紛爭、官司的糾纏、接二連三的疾病……冥冥中似乎眞有命運的安排，對這位三十五歲的才子，加以無情的鞭笞。使唾手可得的功名，罩上一層望不穿的黑霧。嶙峋的瘦骨，蕭條得有如霜摧雪掩的園木。然而，一旦到了新春之日（原註臘月廿一），陣陣春氣，催發了他手植的梅花，幾杯家釀的黃酒，溫暖了詩腸，快樂和希望的簾幕，也就從他那朦朧的醉眼中，緩緩地垂落：

「拂旦梅花發一枝，融融春氣到茅茨；有花有酒有吟詠，便是書生富貴時。」（註五）三天之後的送竈詩，更有一種突梯滑稽，玩世不恭的意味：

「豆芽糖餅薦行蹤，拜祝佯癡且詐聾；只有一航休閉口，煩君奏我一年窮。」（註六）

在窮愁潦倒中嗟嘆，卻也不忘苦中作樂；在兇濤惡浪裡浮沉，但也無時不保有希望的火花。這就是祝枝山生活的基調；遭到巨變後的唐伯虎，對生活的適應，大致也類此。

「俠客重功名，西北請專征；慣戰弓刀捷，酬知性命輕。孟公好驚坐，郭解始橫行；相將李都尉，一夜出平城。」——俠客（註七）

慷慨然諾，濟人之急，以性命酬知己；這就是唐伯虎心目中的俠客形象，魯仲連、郭解則一直是他效法的對象。雖然喪事連連，家業逐漸凋零，身爲一家之長的唐伯虎，依然如故。經常集聚一些窮途潦倒的慷慨悲歌之士，或詞林好友，彈琴賦詩，終宵飲宴。他那洋溢的才華，一無忌憚的談論，一方面使人沉醉在他的光彩之中；一方面也引發某些人心中的嫉妒；暗自以一種幸災樂禍的心情，看著他生活天地在他的肆意揮霍中崩坍。

失去管束的唐伯虎，像祝枝山一樣，也養成了呼盧喝雉的賭博習慣。參加豪賭的人，不單是蘇州的青年浪子，也有外地來的首富；江陰秀才徐經就是一個例子。在日以繼夜的賭博中，唐伯虎欠下這位青年富紳三千賭債。逼不得已的情況下，只好忍痛以一幅倪雲林畫卷來抵償。

此外，說是天性也好，說是塡補家破人亡的空虛也好，唐伯虎把更多的時間拋置在靑樓的妝台前和歌舞場中。

「門外青苔與恨添，私書難寄鯉魚銜；別來淚點知多少？請驗團花舊舞衫！」—代妓者和人見寄（註八）

「細摺紅箋付鯉魚，梧桐明月共躊躇；負心說是隨燈滅，到夜吹燈試看渠！」—舊人見負以此責之（註九）

這個時期唐伯虎的詩囊和文案上，常見有代妓女寫的情詩，表現與風月場中女性感情糾葛的文辭。另一種，和此類文字大異其趣的則是墓碣、墓表和墓誌銘。前者可見他感情上的空虛，對前途的茫然。後者可以看出當時人們對唐伯虎文章的重視；這種表彰死者性行、功德，撫慰亡靈的文字，對他而言，既不擅長，似乎也不符合興趣，但對增進他的聲望和筆潤，想來不無小補。

△　　△　　△　　△

宏治六年歲暮，辭別忘年好友莊昶，從江浦返回蘇州的文徵明，於次年喜獲一子，和一方五星古硯。

兒子文重金的降生，不僅爲他和妻子帶來欣悅，對丁憂家居的老父，更是莫大的安慰。而那方玲瓏的五星硯，在文徵明眼中，除了是文房的珍寶，也是舉業上幸運的象徵；也許能和父親的小端硯，相互輝映。

成化八年，文林北上赴考前，杜瓊先生曾送給他一方小小的端硯。硯唇上，有便於穿繩攜帶的孔竅；硯背刻著他自勵自勉的銘文。

當年，父親便以這方端硯入對大廷，結果春風得意。八年前，叔父文森，又以同一方古硯，取得進士；因此，這方輕便溫潤的石硯，就成了吉祥的象徵、傳家的寶物；兄弟子孫相傳，專門用以進京趕考，對策金鑾。

對未來鄉試滿懷興奮和緊張的文徵明，時常到僻靜的崇義院裡讀書。鬱鬱蒼蒼的庭樹，樑柱間縹緲的游絲，幾個入定了似的僧侶，寂靜得連偶而響起的敲門聲，都別有一種清幽的情韻。讀得睏倦時，在精舍中小睡片刻，望著闌干外面的花木，啜著苦茶提神。更無聊賴的時候，便到松蔭下面，獨自擺弄一會盤上的殘棋。

有時，他也會像沈周那樣，遇到索書索畫的苦惱。使他想起數年前在雙峨僧舍裡，要跟石田老人學畫時，所得到的勸告；他在詩中寫：

「髹几新揩滑欲流，時時弄筆小窗幽。自憐多好還成累，揮汗為人寫扇頭。」—崇義院雜題之八（註十）

除了偶爾一面揮動用棕櫚葉擘成的拂塵，一面和閒僧清談幾句之外，最能使他心靈鬆弛的，是步過皐橋，在唐伯虎的小樓上飲酒、談天，隨手翻看滿案滿架的古今圖書。文徵明的酒量有限，但他喜歡那種情調，沉醉於那種親密的友情之中。薄暮的蒼煙，飄浮在不遠的閶門樓上，市河裡的船隻，發出欸乃的櫓聲。文徵明幾次振袖而起，卻又戀戀不捨地坐了下來。

然而，由於唐伯虎的浪跡青樓，文徵明忙於宏治八年的科考和中秋鄉試，這種密友間的淺斟低酌，總要旬月之間才有一次。遠非以前在庠序中日日相聚，時時研討可以比擬。有些向唐伯虎求文求畫，或聞名來訪的長者，停車閭巷之中，結果也是不得其門而入，只能滿懷悵惘地投刺而去。

一次，文徵明夜登南樓，月光照射下，四周樹木，彷彿籠上一層輕煙。喧囂的市聲，已逐漸沉寂下來。一縷幽細的笛音，在夜露微風中裊裊升起。文徵明循著那時隱時現的笛韻，想像著唐伯虎在輕歌曼舞中所過的纏綿夜晚。一時之間，捉摸不出是羨慕？是關懷？還是對友情的思念？他在「月夜登南樓懷子畏」詩中寫：

「曲欄風露夜醒然，彩月西流萬樹煙。人語漸微孤笛起，玉郎何處擁嬋娟。」（註十一）

當文徵明三番兩次訪伯虎不遇，懷著幾分孤獨和失望離開吳趨里時，一路上想著人們對唐伯虎放浪形骸的閒言閒語，心中不由得昇起不平；他又在「簡子畏」詩中，稱贊唐伯虎的豁達，爲他的放浪辯解：

「落魄迂疏不事家，郎君性氣屬豪華；高樓大叫秋觴月，深幄微酣夜擁花。坐令端人疑阮籍，未宜文士目劉叉；只應郡郭聲名在，門外時停長者車。」（註十二）

事實上，文徵明和文林對唐伯虎關愛之餘，也經常加以勸諫。尤其文林，每當伯虎犯有嚴重過錯，總像對待子侄一般，予以毫不留情地訓戒。知道他有所改進時，這位致仕太僕，又一改其嚴厲面貌，溫言勸勉，在文酒會中，表彰他的學問進境；初交時如此，此際更不例外。

沒有人比文徵明更了解唐伯虎的性情和才華，他對這位同庚秀才的果敢與機敏，幾乎到了崇拜的地步。但，也沒有人比文徵明更瞭解唐伯虎的缺點；只是，他自己可以抗顏直諫，卻不容別人對他好友作惡意的批評和中傷。

△　△　△　△

宏治七年十月廿三日，吳寬繼母王太宜人以七五高齡卒於蘇州。以蘇州和北京間的里程估計，吏部侍郎吳寬奔喪返蘇，應該是宏治八年正月下旬前後。

年逾花甲的吳寬，除了帶回滿頭皤白的鬚髮之外，胸中更蘊藏著無窮的感慨和遺憾。

成化二十年春天，弟弟原輝抱病前往北京看他。北上之前，有人勸阻時，這位半生讀書和種園的少弟卻堅決表示：

「吾必一視吾兄！」在北京住了四個月後，兄弟抱頭痛哭而別。原輝好像有甚麼預感，專程北上訣別似的；回返蘇州不到五個月的工夫，就與世長辭了。吳寬曾經跟兄弟相約，歸老後，同隱先祖與父親所辛苦經營的東莊。結果，不僅長兄原本在父親死後不久，便因病追隨於地下，連原輝也不再等待他了。

「吾當益經理其地，與吾兄樂也。」望著冰凍的池塘，蕭條的園木，吳寬心中迴響著那年原輝在北京臨別的語言。

宏治初年，吳寬官進左春坊左庶子時，結褵三十年、體康欠佳的正室陳夫人就不時勸他：皇恩夠大了，官位夠高了，該適可而止地返回故鄉了⋯⋯

可惜那時，不僅她的病不宜於長途舟車，他也由於受命預修憲宗實錄無法分身。這位一生沉靜、端莊的常熟世家之女，竟於宏治三年春天，客死於北京寓所。

次年秋天，家人扶妻子靈柩返鄉的時候，吳寬誓言：

「⋯子尚行矣，我終乞身，臨穴而葬；當共諸親，子行無恐，亦無我戀⋯⋯」（註十三）到了宏治六年冬天，妻子下葬的時期日近；他更惦念著風燭殘年的繼母，希望能早日回鄉省視。但，上疏乞假的結果，卻因擢陞吏部右侍郎未能成行；為妻子送葬的諾言，對繼母稍盡孝養的心願，就此同時落空之際，卻突傳繼母過世的噩耗。這些內在的歉疚，吳寬恐怕終生也無法平伏。

此外，李應禎逝前，亟欲與他一見訣別，結果仍以相隔數千里之遙，政務無法分身，使好友抱恨以終。史明古、沈周為李應禎尋覓葬地，安排喪禮；知府史鑑，以俸金助葬；文林為他撰寫墓銘⋯吳寬唯一的彌補方式，是含悲執筆，為他撰寫一篇墓碑銘，以告慰這位鄉友的在天之靈。

吳寬放眼四周，由於幾年來潢潦和癘疫的蹂躪，蘇州處處呈現出一種殘破、蕭條的景象。即以父親、兄弟相率經營多年的東莊，也因災後亭屋失修，牆籬坍損，有些樹木也被鄰人砍伐，呈現出一片荒蕪。

幾位碩果僅存的好友中，以史明古的生活變化最大。喪失一目，又遭遇一場火災的史明古，經過幾年胼手胝足地重建，一切總算就緒了。家庭擔子，交給二子分擔，自己退居新構的「小雅堂」中；一面以賞花讀書爲樂，一方面準備輕舟遠泛，遍游中州的山水名勝。宏治六年元旦，看看重新步上生活軌道的家族和庭園。這位年及花甲的隱士，豁達而樂觀地吟詠：

「流年今六十，壯志日蹉跎；得此已為幸，更來能幾何？青山遊未偏，白髮在無多；去去不須道，逢春且嘯歌！」（註十四）然而，就在這一年八月，爲他生兒育女，同甘共苦的老妾蕭氏病逝，使他頓時淪於悲傷和孤獨之中。

比吳寬先一年丁憂的文林，精神十分健朗。除了在門前排水不良，且也不算寬敞的停雲館中含飴弄孫之外，照例攜著一套講究而簡便的茶具，不時和弟弟文森遊山玩水。有一次，兄弟同泛到了東莊，把船繫在門前的柳蔭下，信步登上岡、亭和懸垂著藤蘿的石板小徑。在悅耳的鶯歌蟬鳴聲中，俯視綠波裡的游魚。難得相聚的兩兄弟，吟詠嘯歌之餘，想起數千里外的好友，雖然是田園的主人，卻不能與他們同賞園中的怡人景色，特別以詩遠寄京師的吳寬，表達內心的感慨：

「…故人方宦達，樂事誰與論；室邇人則遐，想忘黯銷魂，出處各有會，一笑覆餘尊。」（註十五）只是沒有想到，卻同在居喪的情況下相聚。

對半百之年，文林日益發福的身子，吳寬十分關懷。另一方面，他也關懷文林胸藏濟世之才，卻就此埋沒在山林之間。每當他勸文林人生出處，雖然各有其會，但總不能不爲苦難的蒼生，多盡一分心力時，後者卻總是率直地表示，經過二十年的奔波，實無意再行沾惹紅塵是非。

沈周的鬚髯，稀疏如故，頭髮並未像史明古那樣日就脫落，卻比吳寬更加皤白。宏治初年，吳寬寄自京師的「問白鬚」及「代白鬚答」，乃至再問、再答的詩，沈周隨口可誦：

「早年曾咎汝，頗憶爲文時；忽焉白滿把，次第行及髭，衰老固宜爾，此理奚待思；但恐緣我咎，報復未可知⋯」（註十六）其實，無論吳寬早年的「咎鬚文」，近年的「問白鬚」，都和沈周、祝枝山師徒的「戲朱性甫近視」唱和詩一樣，遍傳遠近。

年近古稀的沈周，像早年一樣，經常進城在古寺中作畫寫字，尋求安靜，時與友人在佛前聽經。從程敏政的談話中，吳寬知道，宏治六年二月望日，沈程二人曾在文府左近的寶幢教院相聚。飯後，沈周取出刻不離身的珍藏「林逋手札二帖」欣賞。看著那瘦硬挺拔的書體，想像遍開在西湖孤山上的梅花，和棲息在冷月寒花下的羽鶴，方於宏治五年官復原職的程敏政，不禁深深地讚嘆。忍著手瘡的疼痛，題詩於吳寬、陳頎、沈周、張淵等早年的題跋後面：

「⋯人清并遣鳥亦好，字勁宛得梅之餘。東風古寺揩倦目，想像西湖雲水居。」（註十七）這首七律，也爲他與沈周的吳門之會，留下一個永久的紀念。

多年的京中歲月，不時有人以沈周的畫卷，請吳寬鑑定、品題。有些，他從筆墨神韻中，立刻可以辨認出好友的手蹟，有些則使他猶疑躊躇；有些仿作、僞作，更使他啼笑皆非，爲沈周叫屈不已。然而，這次返蘇所見到的沈周寫生長卷，卻使他大爲驚異。覺得沈周已經走出古人的畦徑，直接面對自然的奧秘。

註一、﹝石田集﹞頁一七八〇。

二、﹝唐伯虎全集﹞頁一六〇「與文徵明書」，水牛版。

三、﹝唐伯虎全集﹞頁一九九，水牛版。

四、﹝唐伯虎全集﹞頁十二，水牛版。

五、﹝祝氏詩文集﹞頁一二七。

六、﹝祝氏詩文集﹞頁一二六。

七、﹝唐伯虎全集﹞頁九，水牛版。

八、﹝唐伯虎全集﹞頁一〇〇，水牛版。

九、﹝唐伯虎全集﹞頁一〇〇，水牛版。

十、﹝甫田集﹞頁七六。

十一、﹝唐伯虎全集﹞頁三〇三，漢聲版。

十二、﹝唐伯虎全集﹞頁三〇四，漢聲版。

十三、有關吳寬妻子、繼母、長兄與弟弟資料，散見﹝匏翁家藏集﹞頁三四五、四二八、三六一、三八二。

十四、﹝西邨集﹞卷三頁十。

十五、﹝吳都文粹續錄﹞卷五二頁四。

十六、〔匏翁家藏集〕頁一〇八。

十七、〔石渠寶笈續編〕頁二六六一。

林逋　手札二帖

第二十章　白髮

疎柳、釣船、修竹環繞的竹籬茅舍、抱琴訪友的隱者、江干和簷下喁喁清話的雅士，以及貫穿著整個畫卷，寧謐而平緩的江流…這就是沈周筆下的江南；也是客寓北京的吳寬魂縈夢繞的江南。除了朝夕往還的鄉友，如王鏊、陳璚等外，沈周所寄來的詩文集和江南山水圖卷，就成了吳寬懷鄉症的良藥。他在卷後題：

「石田寄此卷來京師，遂忘塵埃之苦，江南風景常在夢寐；不知何日能與石田親履此景也。」（註一）

除了這筆墨簡淡至極的山水圖卷，就沈周舊贈的虞山圖、雨夜止宿圖，及以三年時間精心繪製的送行卷外，經常浮現在吳寬胸臆中的，還有沈周多年來，以無比熱愛和感受反反復復描繪的吳中勝景。

然而更令他驚異讚嘆的，是這次返鄉所見到的「蘇州山水全圖」、「臥遊册」，和許許多多筆墨鮮活、靈明生動的寫生册。

「蘇州山水全圖」，是卷全長五丈餘的巨作，山巒重疊起伏，結構繁複，皴法細密，卻脈絡分明；黃鶴山樵的影像，依稀可辨。

隨著沈周的筆鋒，吳寬的神思由山塘、虎邱、許墅、天池、風現嶺、涅槃嶺、天平山、楊循吉所隱居的支硎山…直到帆檣如織，浩淼無際的太湖。畫中河廊、水榭、山亭、

吳中無甚崇山峻
嶺有皆陂陀連衍映
帶乎西湖若天平
天池虎丘爲最勝地
而一日可遊之遍遠而
光福鄧尉亦一宿可盡

光福鄧尉亦一宿可盡
余得稔經熟歷無虛
歲應目寓筆為
圖為詩者屢矣
此卷其一也將謂
流之他方亦可見吳
下山水之槩以識
其未遊者畫之工拙
不暇自計矣　沈周

蘇州山水圖（局部）　沈周　跋

殿閣、浮屠、津梁…每一寸地方，每一個曲折，都是那樣熟習，都是自幼便跟父兄好友登眺游憩的所在。甚至可以指出親族的墳墓、題詩的崖壁、賞花品茗的寺院，乃至放舟的蓮塘。然而二十年來的宦海生涯，除成化十一年丁憂之外，竟與故園山水暌違了那麼悠長的歲月。在父親、兄弟、妻子、繼母、多少童年玩伴和同窗契友紛紛謝世之後，才帶著滿頭蒼白的鬢髮，空虛愁悵的胸懷，回到「兒童相見不相識」的故鄉—多像南柯一夢？

夢，有醒的時候，但他，丁憂制滿，卻依舊要回返明知是一場空的夢中。他以模糊的淚眼，讀沈周的尾跋：

「吳中無甚崇山峻嶺，有皆陂陀連衍，映帶乎西隅；若天平、天池、虎丘爲最勝地，而一日可遊之遍。遠而光福、鄧尉亦一宿可盡。余得稔經熟歷無虛歲，應目寓筆，爲圖爲詩者屢矣，此卷其一也。將謂流之他方，亦可見吳下山水之概，以識其未遊者；畫之工拙不暇自計矣。」（註二）

沈周的畫，一方面把他引回童年往事，引回幸福的時日，一方面揭開吳寬心頭的創痛。

「…與子相處，三十餘年，我困而亨，子實偕焉。復來京師，又踰一紀，促我早歸，無貪名位…」吳寬忽然想到妻子祭文中的字句，短短不足兩百字，卻字字含著無限的哀痛和身在宦海中的無奈。不但妻子客死他鄉，連返吳爲她送葬的諾言，竟也無法實現。比起沈周的徜徉於山水之間，親自爲自己和妻子尋求一處風光秀麗，視界開闊的生壙，爲亡妻構築長眠的佳城，得失之間，似乎無法以道里計算。

記得當年，史明古和沈周、沈召、劉珏偕遊杭州，西湖勝景吟詠殆遍，回到吳江後並輯成專册；意思是留待老病在床的寂寞歲月中，可以咀嚼玩味，可以臥遊。

不知年近古稀的沈周，是否也想在生命之冬來臨之前，儲備些精神食糧，留待年老體衰，登臨不易的時候臥遊？

「臥遊」册中，以遙承徐崇嗣衣鉢的沒骨花鳥動物爲主，間雜著幾幅筆簡墨淡的山水。

單從卷首的跋中，就可以見出他的豁達與氣度：

「宗少文四壁揭山水圖，自謂臥遊其間。此册方可尺許，可以仰眠匡床，一手執之，一手徐徐翻閱，殊得少文之趣…」（註三）

這種臥遊的方式，一旦睏倦，可以掩册而眠；比起懸畫於四壁的勞師動衆，似乎更爲簡便；沈周的結論是：

「倦則掩之，不亦便乎？於揭亦爲勞矣，眞愚！聞其言，大發笑。」

南唐徐熙筆下，多野鳥、野花、藥苗和園蔬，所以人稱「徐熙野逸，黃筌富貴」；沈周册中的花卉蟲鳥，自屬野逸一派。

册中一頁，但見幾抹淡柳，彷彿一泓被吹縐了的秋水。一隻棲息在枝頭的鳴蟬，像浮在水波上的素瓣，給人一種隨波而逝的短暫和淒清的感覺。

「秋已及一月，殘聲遶細枝，因聲追爾質，鄭重未忘詩。」畫和詩，各佔一半的位置，這種妙趣橫生的筆墨，奇特的佈局與詩思畫意，使吳寬不禁捋鬚沉思起來。

另有一頁，獨畫一牛，拖著繮繩，自行奔馳。再不似沈周童年受欺鄰兒後，爲報復同儕而畫於壁間的牛：一個受制於小兒，無可奈何的蠢物。畫中詩意，表現出一種人牛相得的感覺：

「春草平坡雨迹深，徐行斜日入桃林，童兒放手無拘束，調牧于今已得心。」吳寬無法確知，是否象徵著對新政，或牧民的封疆大吏的愉悅？

一隻昂然而立，啾啾而鳴的小雞，頗有長啼破曉的氣概；莫非是對少年激進者的一種忠告？只見好友詩中寫：

「…白日千年萬年事，待渠催曉日應長。」石榴、枇杷、芙蓉…冊中所畫，儘管都是周邊事物，卻各有深長的寓意。對於這些活潑生動，清新恬淡的寫生畫，沈周覺得像「捕風捉影」一般的困難，他在另外一本寫生册中題：

「凡花者、葉者、菓者、蓏者、飛者、走者，舉囿於化工，非人力所能效矣…」（註四）。然而這些出自化工，不是人力所能仿效的自然形象，卻在宏治七年春天，有了得心應手的表現：

「我於蠢動兼生植，弄筆還能竊化機，明日小窗孤坐處，春風滿面此心微。」（註五）文字間充溢著心領神會的創造的喜悅。接著他寫：

「戲筆此册，隨物賦形，聊自適閒居飽食之興；若以畫求我，我則在丹青之外矣。」

這十六幅寫生畫中，第五幅的葡萄是以淡色繪寫的，其餘蝦、蟹、魚、螺、雞、貓等物，概以鮮活的墨色，放筆橫掃，而能形神俱全地寫出自然之態—不知不覺間，他已步入了寫生畫的頂峰。最使吳寬讚嘆的，是册中的一鴨一驢：前者，昂首闊視，神采如生；可以媲美元朝陳琳（仲美）在趙孟頫齋中所寫的「溪凫圖」。後者筆墨厚實酣暢，濃淡層次分明，使他聯想到梁朝張僧繇失傳已久的「凹凸花」。長耳直豎，鼻孔抽動，且鳴且走。一筆筆寫就的蹄、腿、關節，充分刻劃出此物的性格和動態。他不能不爲沈周在新題材上的造詣，感到欣慰。

△　△　△　△

宏治八年春天起，蘇州就那樣陰雨連綿，二十餘日，仍舊沒有停止的跡象；多半又是一個饑饉荒歉之年。

皐橋兩岸，更是灰沉沉一片，市河裡的船隻，像橋上行人一般地稀少。石階上，許久聽不到浣衣、洗菜的婦女的歡笑，更不要說嬌甜的賣花聲。淅瀝的夜雨，彷彿連更鼓聲也能遮掩得一絲不漏。唐伯虎的小樓上，不但失去往日的絲竹和飲宴的嘈雜，連燈光都顯得暗暗淡淡。

在車馬稀少，座客零落的日子裡，唐伯虎那種慷慨然諾，濟人之急，古之俠者的飛揚意興，也罩上一層沮喪和淒涼的色彩。

尤其當他從曉鏡中發現，那烏黑濃密的長髮中，竟夾雜著一根根的白絲，心中不由得襲起一陣惶恐與感傷；難道這就是行年二十六歲的唐伯虎；耀眼的才華，豁達洒脫的胸襟，使他從來沒有想到那麼快就受到時光的催迫。一時之間，這位蘇州才子驀然昇起「前不見古人，後不見來者，念天地之悠悠，獨愴然而涕下。」的孤獨與悲愴：

「清朝攬明鏡，元首有華絲；愴然百感興，雨泣忽成悲。憂思固逾度，榮衛豈及衰？
夭壽不疑天，功名須壯時……」——白髮（註六）

唐伯虎的白髮詩，落到年屆知命，滿頭飛霜的文林眼中，所引發的感慨，也就特別深切。對唐伯虎這株文學、藝術上的奇葩，遠自少年時代他就加意培植和督促；不但使其蓬勃發展，更要把他導向正途。眼見成立在即，卻突然連遭巨變，愛憐之餘，他把這一切歸之於數。

唐伯虎詩中的「愴然百感興，雨泣忽成悲」，使他憐惜，使他不得不像父親般地慰撫。但「夭壽不疑天，功名須壯時」，和末句的「君子重言行，努力以自私」。則顯示這位歷經滄桑的青年，正步向堅強、成熟的一面；無論他詩中的「功名」，所指是場屋或名山之業，都使文林感到欣慰。他在「和唐寅白髮」詩中，因勢利導地勸勉：

「……天地閟殺機，與奪難窮詰，鏗壽今亦亡，回死有餘烈，數命人人殊，疾徐付甘節。大冶範我形，堅脆任生滅。」（註七）

也許，由於這情同父子的一長一少，都相信冥冥中有「數」，所以在未來歲月裡，當他們分別從九鯉仙的隱喻中，突然省悟到屬於他們的命和數時，更沒有絲毫憂懼。一個以大丈夫氣概，坦然接受數的安排，回返那冥冥渺渺的國度；一個寫下達觀得近乎玩世不恭的絕筆詩，一笑赴黃泉。

△　　　　△　　　　△　　　　△

自從與文徵明初交，唐伯虎就不斷聽到他的口頭禪：「我家吳先生」、「我家沈先生」；那口吻，彷彿他是吳寬和沈周面前，最受嬌寵的孩子和門生。幾年後，當文徵明滁城省父，回到蘇州，口裡又多了個「我家李先生」。

文、沈兩家固屬世交，然而，唐伯虎從少年時代，就已才名卓著，加以祝枝山的提攜；因之，文、唐二人，誰先列入沈氏門牆，是件難以確知的事。對這些後生秀才，盡心教導之外，沈周隨和慈祥，和他們一起賞花、玩月，詩酒唱和。有時更互相在畫上題詩；形同知心好友，不以尊長自居。因此，唐伯虎很能體會出幼年失母，在孤獨中長大的文徵明說「我家沈先生」時，所流露出來的那種驕傲，和感情上的依賴。

李應禎，生情嚴肅，好面斥人過。愛護後生，並熱心指點他們書法；但是，他有一個不變的原則：

「前輩自有規度，若自降以崇虛讓，豈所以教後學邪！」（註八），他不但嚴於接見後生晚輩，對他們的舉止行爲，更要求中規中矩。尤其晚年家居，據說性情愈發嚴峻、急躁；已經成爲一種病徵。在一向對禮法之士避之唯恐不及的唐伯虎眼中，這位致仕太僕少卿對祝枝山和文徵明兩人的溫藹與眷顧，不能不說是異數。

至於文徵明一聲聲親暱中又帶著幾分神聖意味的「我家吳先生」，由於一向住在京師，所以伯虎尚無緣拜識。他只知道吳寬性情，平和溫厚，在朝中，從來不發空論，也從來不說激切的話。對於權勢、榮利，總是儘量退讓。

「吾初望不及此，吾處此甚宜之，甚安之。」每當有人爲他昇遷遲緩表示不平時，他總是這樣謙虛地說。然而一旦被選爲宮僚，有人向他祝賀的時候，他則緺眉蹙額地表示：

「我何以當此任哉，我何以堪此榮哉。」（註九）並一再上表辭謝。他只求默默地作好份內的一切；所以，在政事上，他不是猛藥，而是調和各種藥性的甘草。公餘之暇，則在舍東園中，蒔花灌木，跟在家鄉時，種竹醫俗一樣。除了平日把卷吟哦，據說每到良辰佳節，更具簡邀請知友，在亭下賞花聯吟。

無論唐伯虎從沈周、文林、都穆乃至文徵明口中，聽到吳寬早年居鄉的遭際和舉止言談，或讀他那醇古，具有唐格的詩稿與文集，他總會不知不覺地在心中描摹著一幅純樸而厚重的影像；那樣子，不像一個官，只像徜徉於溪雲黃葉間的隱者。然而，比起另外一位鬢髯紛披的隱者—史明古，唐伯虎心中的吳寬，愈加顯得慈祥而風趣，像一杯陳得不能再陳的酒。

吳寬丁憂返鄉後，當喪事告一段落，文徵明一面準備中秋鄉試，一面再度跟吳寬學習古文的時候，唐伯虎則鄭重地選輯平日詩文，書寫成册，作爲贄見之禮，拜在他素所敬仰的吳寬門下：

「寅再拜：昔王良適齊，投策而嘆；歐冶去越，折劍言詞。藝不云售，慨猶若此，況深悲極憤者乎？寅夙遭哀閔，室無強親，計鹽米、圖婚嫁、持門戶；明星告旦，而百指伺餔。飛鼠啓夕，而奔馳未遑。秋風飄爾，而舉翮觸隅。周道如砥，而垂頭伏櫪。輿隸交叱，刀錐並侵：烟爨就微，顚仆相繼…」（註十）在堪稱生平傑作之一的「上吳天官書」中，唐伯虎先以不卑不亢的筆調，述說近年的遭遇，和一個有志於道的人，卻不得不接受生活瑣事的困擾與折磨。

談到胸中的抱負和志趣，使人想見這位表面上放蕩形骸的蘇州才子，內心裡卻蘊涵一股排山倒海的熱浪：

「…若肆目五山，總轡遼野，橫披六合，縱馳八極。無事悼情，慷慨然諾；壯氣雲蒸，烈志風合。戮長蛻，令赤海；斷修蛇，使丹岳；功成事遂，身斃名立。斯亦人生之一快，而寅之素期也…」

在事與願違，窮困潦倒之餘，更感人生若朝露，百年猶飛電；他表示他不得不效法「平子縟才，乃假聲于三都之賦；孟陽後進，敢托途于劍閣之銘」來自我推薦，希望能夠得到賞識和提攜，一展其胸中的抱負。

「吳安得此人耶？」這封「上吳天官書」，懇摯的情詞，充溢者耀眼的才華和豐沛的膽識，使吳寬不絕地讚嘆。他也把這種得人的喜悅，和唐伯虎的文詞，在好友和公卿間，廣爲延譽。使才子的光芒，從蘇州，從江南，展佈得更廣、更遠。

△　△　△　△

同一年深秋，唐伯虎登鸚鵡皐岑，從桂香亭畔俯視，只見江帆隱隱，煙光雲氣，蒼茫百里。他急不及待地回到舟中，對景作畫。他以細潤的筆緻，勾勒山水屋木，夕陽下的歸舟，湧向沙灘的白浪。然後再罩以墨瀋，一幅煙霧朦朧的景色，躍然紙上。

「皐岑丹桂飄香，古岸夕陽秋色，煙波江上歸帆，鸚鵡憑林暮迫…」（註十一）

然而，就在唐伯虎暫時抛開心中煩亂，家中瑣碎，放舟登眺鸚鵡皐岑前後，好友文徵明則從南京鄉試中，落第而歸。不過，說他此行全無收穫，似乎並不盡然，其一是透過都穆，結識了李瀛（宗淵）、顧璘（華玉）、陳沂（魯南）、王書（欽佩）等；後三者，更有「金陵三俊」之譽。爾後，都成爲他終身好友。其二是從沿途的旅舍、寺壁中，收集到了許多父親和祖父的題詩。尤其後者，先後廿年，六次進出於南京秋闈。許多渡頭的船夫、寺廟中的知客、旅舍中的夥計，提起蘇州老秀才文洪，多能述說當年往返南京途中的掌故，並爲之搖頭惋嘆。

祖父的詩稿，他多半可以隨口背出，其中「下第回經丹陽」他每次諷誦，都不由得熱淚盈眶。

「京塵漠漠染襴衫，依舊書生跨蹇還；防虎夜投淳化鎮，聽雞朝度句容關。僕夫已熟驅馳事，道路爭看困悴顏；六誤科場垂廿載，鬢毛那得不斑斑。」（註十二）

虎的威脅，路人的指點和議論，斑斑的白髮⋯他無法想像祖父怎樣忍受那漫長歲月中，一次次的挫折與奔波；然而，他不是已經首次遭遇闈場上的敗蹟？他也無法推測，甚麼時候，才能走出這種科舉的泥淖。

祝枝山中舉後，曾鄭重地摺起穿了十年的襴衫，寫詩作別，表現心中的慶幸和喜悅。而祖父得中後的「志喜」詩中，除了認爲可以「粗慰衰遲白髮親」外，重要的是那種從層層困厄中掙扎出來的解脫感：

「⋯霧歛南山通隱豹，水生北渚縱窮鱗；廿年一舉非容易，豈是看花得意人。」（註十三）除了悲酸，文徵明實在無法從中領會到幾許喜悅。

註一、〔沈石田畫集〕第六輯，中華書畫出版社。

二、〔吳派畫九十年展〕頁二二六—二二八、〔文人畫粹編〕册四圖二一。

三、〔沈石田畫集〕第二輯。

四、〔石渠寶笈〕頁七七八「爲王可學寫生册」。

五、〔吳派畫九十年展〕頁二四〇—二四三、〔文人畫粹編〕册四圖三三—三六。

六、〔唐伯虎全集〕頁十一，水牛版。

七、〔唐寅年譜〕頁二六，楊靜盦編，大西洋圖書公司。

八、〔吳都文粹續集〕卷四二頁十一李氏墓志銘。

九、〔吳都文粹續集〕卷四二頁四「文定公墓志」。

十、〔唐伯虎全集〕頁一五九，水牛版。

十一、〔唐寅年譜〕頁二七。

十二、〔文氏五家集〕卷一頁八，四庫珍本。

十三、〔文氏五家集〕卷一頁十二。

第二十一章　醉士

在荒欠饑饉中，蘇州人總算挨過了宏治八年；然而，比起前幾年的潰潦與瘟疫，日子可說是差強人意的了。這一年中，蘇州藝文界也鮮有狂風巨浪，不過一些點點滴滴，也頗饒趣味。

當唐伯虎攬鏡自照，爲頭上突現的白髮悲嘆唏噓的那一陣，沈周也正爲連綿的春雨所困惱；耽心田裡的禾苗，一些貧苦的鄰居、好友，是否又瀕臨斷炊？西山的墓園有沒有坍陷？過客的稀少，減少了他的見聞…百無聊賴中，窗外的梧桐，檻前的花朵，院中的風竹，成了他相對不厭的好友。沈周抽筆點染，畫後自題：

「春雨浹旬，過客甚稀。檢篋得一紙，漫寫墨花數種；以見閒居多暇，不敢自逸。」（註一）

清明前後，牡丹盛放；每年此際，沈周除邀客舉杯，吟賞東闌的牡丹之外，就駕舟到郡城，在幽深寧靜的的東禪寺中，觀賞牡丹。這一年，則由於史明古的小雅堂前，花開爛漫，因此，又有吳江之行，賞花、唱酬之外，更探看女兒和四歲的外孫。

但，無論雨中無聊，揮寫墨花也好，邀客賞花也好，沈周心中，總有一抹揮之不去的陰影，或者說是一種不祥的預感，在心頭浮現。慢慢地，沈周就意識出來，那種不安的感覺，來自那位隴西客人應武的身上。

去年初秋，塘中荷花依然盛放的時候，應武來到有竹莊中。一身翠綠色的衣裳，長裾飄風，彷彿搖曳生姿的蓮葉，又似架上的長尾鸚鵡，有種形容不出的俊逸風致。濃眉、深目、一張上唇長下唇短的大嘴，嘴下滿綴著捲曲的短鬚。不過，他的眼珠卻是黑的；如果換上沈周的碧藍色的雙睛，看起來就更像色目人了。

「綠衣生」。

他以流暢的漢語，介紹他的名號；看那滿身的翠綠，眞是名符其實。當他唸佛或獨處自語的時候，所說的則是一般人無法了解的西域話。因此，在家中傭僕和左鄰右舍眼中，綠衣生無疑是個怪人，形同古人所謂「南蠻鴂舌之人」，不時用話加以譏誚：

「言哉，言乎哉！會鳥獸之離哉！」

這些譏誚帶給綠衣生的不是憤怒，而是鄉愁；常見他不時地引領西望，一面點頭，一面啁哳嘔咿地自語。這使好客的沈周，不自禁想到禰正平賦中的景象：

「眷西路而長懷，望故鄉而延佇！」

豈不正是綠衣生的寫照！但，他也不知道他何以離群來到這多煙多雨的江南？到底有甚麼不能西歸的苦衷？更不知道怎樣安慰這青年遊子的寂寞。

七月十三，大約綠衣生作客竹莊一年左右，沈周心中那種不祥的預感終於應驗了。臥病不起的異域青年，睜著乏神的眼睛，看著西下的落日；這時的他，早已食不下嚥，連平時最喜歡嚼食的麻籽，放進口中，也隨即吐出。只是含混無力地唸著佛語，彷彿想藉以消除罪衍，回歸彼岸。

沈周以悵惘的心情將這位客死他鄉的西域青年，埋葬在西崗之下；頭向著西方，使他可以永遠遙望故土。並在埋銘上刻：

「言華服章，速身之殃，牢籠客土，氣阻乃癒；首西而埋，以永爾懷。」（註二）

△　△　△　△

距綠衣生死前十餘天，六月癸亥，愛壻史永齡的四歲兒子，出疹夭折；不僅爲史明古一家帶來悲戚，也使沈周的心境，籠罩上一片灰暗。世上最慘痛的事，無過於白髮人送黑髮人；幾年前，長壻許貞丟下妻子和幼女撒手而逝的時候，沈周曾以詩來抒寫心中的悲痛：

「人生壽短由天數，為汝純明特哭之，眼淚不堪秋水注，鬢毛合作曉絲垂……」──哭許貞（註三）

此後，沈周和那又貧又病的長女，就把希望投注在許貞的孤女身上，盼望她結婚生子，遙承許氏的香煙。

「人生壽短由天數」；沈周思量著哭許貞詩中的字句。不久前，傳誦一時的文林「和唐寅白髮」詩中，也有「天地閟殺機，與奪難窮詰」的句子；看來死生眞是一件無可如何的事，只好由天任數；然而，一個四歲的孩子，三個月前還親見他在牡丹闌前玩耍跳躍，以那稚嫩的吳江口音，朗誦著淺近的唐詩。那天眞的影像仍不時浮現沈周眼前，誦詩的聲音，也依舊縈繞在沈周的耳邊，那稚嫩的小生命，卻一去不回；這只能說是上天對史明古和他，對愛女、愛壻的一種無情的作弄吧！

△　　△　　△　　△

也許眞是所謂「禍不單行」吧；這一年鄉試落榜的文徵明，更慘遭喪子之痛。兩歲的長子文重金，正在牙牙學語的時候，像株突然被吹折的嫩苗，離開了人世。對年逾知命的文林，也是一記沉重的打擊；好在他爲人達觀，兒子、媳婦年輕，依然抱孫有日，內心的哀傷，不久就平伏下來，專注於著作或整理在滁州時的奏議和札記。

多年來，一直過著淸貧敎館生涯的都穆，這次不虛此行地中了鄉闈，正緊鑼密鼓地準備著來春的禮部試。都穆行年已經三十有七；倘一試不中，聽說「吳先生」意欲推薦太學，不僅可以解決家庭和個人的生活問題，也很適合於都穆的志趣；或者能得個試用的機會也未可知。這件事，對文徵明而言，一方面爲好友的高中和光明的遠景而欣慰，一方面也作爲對自己的策勵：因此，落第、喪子的創傷稍微平伏之後，重又沉埋進書卷之中。儘管同窗硯友，早有「藝文喪志」的譏誚，但他仍然不願放棄對繪畫、書法及古文的研求。

不知是冬天的嚴寒或從崑山遷來的近鄰朱希周（懋忠、玉峰）和遠在浙江的賭友徐經中舉的影響，一向像脫韁野馬似的唐伯虎，也停留在背河面街的小樓中。文徵明、張靈、祝枝山及家住葑門的邢參（麗文）等，又可以經常集聚，浮沉在伯虎所珍藏的書海之中。

唐伯虎校讀古書的方式，別創一格，一面看一面用朱筆批註在書旁。每讀完一卷，便以三數語綜括全卷內容，記上閱讀年月：或在書端題上一首小詩，算是閱讀心得。遇到卷尾空頁，則隨興繪寫幾筆山水、花鳥、人物或風竹之類。讀書對他，仍然只是一種享樂；此際伯虎，雖然已經稍微約束形跡，似乎並不想在其中獵取功名。

在這寧靜而寒冷的臘月裡，在這鬧市洞天的小樓上，文徵明讀完了宋秘書郎黃伯思（長睿）的〈東觀餘論〉，書後的題識方式，則與唐伯虎大異其趣；先簡介黃伯思其人及生平著作。然後引經據典，闡明該書已經刪改，並非原貌。次論原刊册數及內容的精到充實⋯（註四）總之，但憑這篇觀後記，足可以見出文、唐兩人的性情和趣味上的差異。

邢參借讀的是〈大玄集注〉，卷末僅題：

「弘治乙卯臘月，葑溪邢參觀於皋橋唐伯虎家。」

如果不爲借觀唐伯虎的藏書，邢參雖然經常與硯友們在葑門一帶寺廟中相聚，談文論藝，吟詠唱和，但很少踏入友人家的門戶。當他們相聚的時候，邢參的沉默和張靈的嬉笑怒罵形成強烈的對比。他們同樣清貧、好學。張靈很有古狂者的灑脫與豪放；尤其喜歡借酒消愁，或尋求創作的靈泉。他的口頭禪是：

「日休小豎子，尙稱『醉士』，我獨不能醉耶？」

那首「對酒」詩，堪稱他的名作：

「隱隱江城玉漏催，勸君須盡掌中杯，高樓明月笙歌夜，知是人生第幾回？」（註五）

人生苦短，稱心如意的事情更少，因此醉鄉之遊，就愈加可貴。在張靈的生活天地，唐伯虎往往扮演著可人的角色。

「日高春矣，睡何爲？」那日，唐伯虎原想跟張靈暢飲一番，他直抵張靈簡陋而狹窄的臥室，但是卻先遭張靈一頓搶白：

「今日無酒，雅懷不啟，才入醉鄉，又為相覺。」

「正欲邀子耳。」聽說有酒，張靈一骨碌地爬起，於是駕舟，向虎邱蕩槳而去。

「寧逢猛虎鬥，安忍兒女啼？」對於張靈，無分冬夏，只以一襲短布衫蔽體，置父母妻子饑寒於不顧的作風，後起之秀的徐禎卿，深深不以爲然。他眞心希望滿腹文史、畫風古拙的張靈，在偃息弊廬，喟然長歎外，也能兼顧現實：

「咄咄張豎生，時命何迫窘；狂趨欲何之，家無斗石儲，為汝戚戚復戚戚。撫畜老幼當從何須？晨起弗躑躅，且往探囊貲，空負文史腹，腸枯竟奚為。」（註六）

同樣好學、出身清寒的邢參，言談氣度，則像他文章一般的優美柔和。他的淡泊、含蓄、沉靜，可以媲美顏回。常常雨雪紛飛，屋漏糧斷的時候，朋友關心地前往探視，卻見他怡然自得地吟詠著所得的佳句。

冷眼旁觀的徐禎卿，從邢參的爲人處世，歸納出四種美德：

「養和靖躁，汪汪德心。恬泊處約，一何潔操。文優氣柔，君子之思。奮概履方，恂恂諠士。」（註七）

他的結論是，邢參使人「近之不厭，遠之有望。」

比起唐伯虎父母妻子相繼亡故的孤獨，張靈、邢參的貧苦；以及前者所遭受世俗的曲解和排斥，文徵明自覺所遭遇的不幸，也就微不足道了。因此，時當除夕，四周爆竹喧天，且喜父親、妻、女同聚一堂，幸福與滿足的感覺，油然而生：

「糕果登盤酒薦椒，聽歌聊用永今宵，老親自喜還家健，幼女仍誇學語嬌。終歲悲歡

言莫盡，一燈團聚福難消，桃符日曆年年好，不謂青春卻暗凋。」—乙卯除夕（註八）

△　△　△　△

在所有的師友當中，也許年長三十三、四歲的沈周，更能瞭解祝枝山內心的彷徨和苦悶。因此，常常以詩來安慰和開導他。例如他參加春闈受阻，沈周以「奉慰阻試」詩，加以寬解。作「尋閒」四韻，來點醒他熱衷功名的迷津；祝枝山最爲感動的一首是：

「忙忙曉起逐雞栖，碌碌梳頭雞又啼；傀儡不曾知自假，髑髏方始笑人迷。昨朝青鬢今朝雪，滿眼黃金轉眼泥；輸我一樽酬見在，有詩還向醉時題。」—尋閒（註九）

宏治七年十月二十四日，祝枝山冒著嚴寒到竹莊相訪亦師亦友的沈周。在蕭條的林木中，兩人把手，踏葉而行，感覺上，很像古代的隱者高士，在踏雪尋詩。歸來後，沈周以素箋水墨，將此情此景，畫成「林壑幽深圖」，並爲詩相贈：

「…君今文名將蓋代。蹤跡所至人爭迎；青袍獵獵風滿袖，知者重者無公卿。老夫朽憊人所棄，子謂差長加其情。臨分日落渺野水，扁舟南騖迷孤城。」（註十）

不過，這種種點化、期許和勉勵，並不能完全化解祝枝山利人濟世的懷抱，和功名受阻的憤恚。

有時，倒是唐伯虎那背河臨街的小樓，可以望月，可以納進習習的涼風，可以俯瞰波光粼粼中的船影，使人不自覺地，產生一種出世之想。

唐伯虎的某些詩境，及處身於喪亂中，仍舊保持著夷然、放逸的生活態度，對這位把他從讀書小樓引向廣闊天地的祝枝山，有著震撼性的影響。因此，祝枝山覺得，唐伯虎無論識見、學問、才具和未來的成就，都將遠遠地勝過於他。有時，他很想跟他細細地吐露肺腑；或者說，一敍他對唐伯虎的傾慕，扣擊唐伯虎智慧的洪鐘；但他愈是這樣想，反倒有種不知從何說起之感。

一次，他到利濟院納涼，古木參天的寺院中，非但沒有逼人的暑氣，更無一絲塵垢。壁間唐伯虎的題詩，使他有種先得我心之快。讚嘆之餘，他也彷效「唐山人體」，題詩一首：

「生脫米鹽縛，暫於香火親，涼地肯容我，暑威難逼人。院有古時樹，室無今日塵，忽作片時夢，到家還暢神。」（註十一）

多愁善感的唐伯虎，不僅爲頭上的幾星華髮，感時光之流逝，泫然而泣，他也會爲暴雨狂風後的落英，流下感傷的眼淚。這一點，祝枝山也有同感，大概這就是他們氣質上相似之處吧。尤其牡丹花謝的時候，他不僅爲花期的短暫而感傷，爲了不忍花瓣在地上腐爛，祝枝山總是命小童檢拾盆中，放在茵席上，依依惜別：

「可憐一年只數日，便將華彩付虛空，豈忍使渠委泥土，拾置盆盎茵席中。雖然終返不久在，見我惜才心不窮。」

當他這樣感傷一陣之後，忽然又覺得意味過於消沉衰促，因而再作一首來化解那種心靈中的灰暗：

花開花謝，循環不息，即使一年開十日，百年也有千餘數；接著，祝枝山略帶幾分牽強地將人比花：

「…吾人但教只似花，一年一度榮長留；聊復爛熳一百年，也可謂久豈足愁！」（註十二）

如果從小事，可以看出一個人的性情；則前一首詩，可以代表唐祝二人的共同特質，後一首詩，正顯示出祝枝山在出世與入世二者之間的矛盾心態。而他的放棄團圓守歲的天倫之樂，於宏治八年隆冬歲暮，孤舟北上京師，就是這種矛盾心理的表現；或許得自祝顥、徐有貞內外二祖及岳丈李應禎的影響所致吧。

他向好友謝雍（元和）解釋：

「飄搖辭故林，行行不自己。」

宏治九年元旦，祝枝山船經朱簾十里，笙歌處處的揚州，寒意逼人，他連城也未及一入。船到高郵，因故受阻，在遲滯難行的客舟裡，內心的感觸，紛紛似掠過艙邊的雪花：

「十年來學道，千里去辭家，身客鬢眉別，途危日月賒。論心吳苑酒，牽意廣陵花，添入新年裡，應知是鬢華。」—高郵阻行漫賦（註十三）

輾轉難眠的夜裡，種種往事，乃至家鄉的一草一木，紛紛湧現在他的眼前：

前年端節那天，天氣晴朗異常，在兒子歡歌聲中，妻子親自爲他剝粽，一種舉案齊眉，相敬如賓的閨中情趣，使他發出幸福的感喟：

「…問他癡祝老，不醉待如何？」—甲寅端午擬白（註十四）

行前，園裡手植的梅花，正當怒放，陣陣香風，沁人心肺。祝枝山遐想那株梅樹，見他久久不再徘徊月下，舉杯臨賞，心中必然納悶。在無情無緒中，日子一天天的過去，春深花謝，依然不見祝三郎的蹤影；宋朝孤山隱士林和靖，以梅爲妻，以鶴爲子；因此，祝枝山不難體會他家那株「梅妻」芳心中的寂寞。多情的他，不久便代替那飽受相思折磨的花妻，作了首詩，來責怪他這無情的遊子：

「祝家園裡一株梅，舊是三郎手自栽；今歲寒花開欲盡，三郎何處不歸來？」──代東園梅（註十五）

寒夜漫漫，思潮起伏中，他直覺到虎邱千人石邊的老朴樹，也怪他顛狂；輕棄佳山勝水，背井離鄉。而他思念中，唐朝名妓眞娘宅畔三株風姿綽約的靈木，說得就更爲纏綿多情：

「…笑殺三郎薄倖人，何處風流能勝此，枉將拋下沒親情。」──憶虎丘三首之一（仝註十五）

至於表現得如此風流情致的，究竟是眞娘宅邊的弱柳垂楊？或是那古蹟四周的鶯鶯燕燕？似乎只有祝枝山心裡明白。

……

在朦朧的曉雞聲中，祝枝山從一片混亂的夢中驚醒；頭腦沉重，口中乾渴，陣陣寒風，從艙外呼嘯而過。四周除了同船者重濁的鼻息，就是無邊的黑暗。他不由得回憶起舊年二月間的一場夢：

夢中，他捧著一部傳家的古籍，引經據典地與人爭辯易理。在情緒激昂，語言咄咄逼人的時候，有人握著手腕，用力地將他搖醒；定神一看，乃是睡在身邊的小妾阿黃。

「絪兮縕兮，易之門兮。會而通，而易之宗…」（註十六）使他快慰的，阿黃不僅及時把他從夢中喚回清明世界，而且能記誦下他夢囈中所說的易理。今後的孤衾獨眠歲月，又有誰以纖手和慧心，適時把他喚出夢境，記誦他含義深長的囈語！

註一、〔過雲樓書畫記〕頁二四二。
二、〔石田集〕頁八四二「綠衣生埋銘」。
三、〔石田集〕頁六六〇。
四、〔甫田集〕頁四八六「書東觀餘論後」。
五、〔明詩紀事〕册五頁一一一三。
六、〔明朝小說大觀〕頁五六九，徐禎卿「新倩藉」，新興書局版。
七、仝前書，頁五六八。
八、〔甫田集〕頁八〇〇。
九、〔祝氏詩文集〕頁二五〇。
十、〔石渠寶笈〕頁一〇二六。
十一、〔祝氏詩文集〕頁九九。
十二、仝前書，頁二七一。
十三、仝前書，頁一三九。

十四、仝前書，頁二四八。

十五、仝前書，頁一四二。

十六、仝前書，頁三四。

第二十二章　祈夢

都穆中舉前，曾得到福建九仙示兆這件事，蘇州人言之鑿鑿。

窮途潦倒，東飄西蕩，過了二十來年教館生涯的都穆，自己也無法預測功名和前程。一位旅居蘇州的福建友人黃生告訴他：

「九仙山在吾境上，其神靈驗；子今坎坷，吾當代卜即見復也。」（註一）

九仙山在福建仙遊縣和莆田縣之間，相傳漢武帝元狩年間，何氏九兄弟在山中修道煉丹。丹成之日，各乘一條紅色鯉魚，飛昇而去。因此，縣叫「仙遊縣」，山稱「九仙山」，湖名「九鯉湖」。湖側的「九仙宮」，就是歷代遊客祈夢求卜的地方。都穆作夢也沒想到有朝一日，會求卜於這數千里外的仙山。他鄭重其事地寫了一篇手疏，表明所要求示的心願。致贈黃生進山的旅費，然後就是漫長的等待，希望能藉著神靈的指示，走出困頓半世的迷津。

「在何處」

「嵯峨高」

然而，苦等多時的都穆，只得到這百思不解的六個字。焚了香，供上都穆的手疏；黃生述說在九仙宮的夢中情境：他進入一個房間，只見壁上垂懸著兩幅書軸，寫著無款的幾個大字。由於不解其意，黃生一再地沉吟；忽然有人說：

「子何必疑，彼將自知！」這就是夢的全部了。

據說，九仙所示朕兆，往往神秘莫測，但過後印證，卻又毫釐不差；都穆曾經到處詢問，仍舊得不到答案，因此，也只有靜待時運的演變了。

宏治七年，何鑑爲江南巡撫，在一個偶然的機會，讀到都穆的文章，不僅大加讚賞，更在守、令之間，百般薦揚。使都穆從一個窮困潦倒的秀才，頓時變成家喻戶曉，名士大夫爭相引拔的對象。

「在何處」；都穆暗暗地思忖；也許自己的前程，就應在何巡撫身上。「嵯峨高」又當何解？但都穆確信，不久之後，必將應驗。

「嵯峨高」的謎底，揭曉於宏治八年的南京鄉試；閱卷的房師是山西人高士達，爲山東武定州的學官。除了由高房師選中都穆的文章外，高氏係山西人作山東官，豈不應了「嵯峨」兩字的「山」字偏邊！

這轟動一時的佳話，使對術數懷著好奇和興趣，且正徘徊不知何去何從的一老一少——文林和唐伯虎，不由得心嚮往之。

在文氏兄弟守制日近尾聲的時候，不僅年富力強的文森，即將起復，傳說，朝廷也有意起文林於高隱之中。他初仕永嘉縣的政績，雖事隔二十來年，仍然深印在溫州人的心中。在天災、寇患蹂躪下的溫州父老，多希望能得到像他這樣的地方長官來撫慰、醫治他們所受的創痛；這就使朝廷有意起用他的傳言，顯得並非空穴來風。然而，此時的文林，不但隱志甚堅，對於可能被迫出山，更隱約懷有一種不吉的預感。很想一卜休咎，藉著神靈的啓示，化解心中的謎團；只是路途遙遠，且傳聞未眞，何不事到臨頭，再定行止，以免庸人自擾；所以未能成行。

喪亂之後的唐伯虎，一則馬齒漸長，一則漸感生活逼迫；尤其續弦之後（註二），更感家累沉重。理想與現實，長隱高臥或進取功名，似乎已經到了有所抉擇的時候。很想裏糧前往，祈求九仙指點迷津；歸途，更可順路遊覽嚮往已久的天台與雁蕩。

△　△　△　△

傳說，當九仙山上，暮色四合，濃霧逐漸籠罩著湖面的時候，傾瀉入湖中的溪流，和湖前奔騰而下的飛瀑，發出震撼山谷的轟響。在九仙宮昏暗油燈下焚香默禱過的唐伯虎，朦朧中，見到有人送他壹萬箇煙墨，又夢見進入一室，懸軸上，只寫著「中呂」二字，便別無所有。

墨，雖屬文房四寶，一日難離；但是，贈墨萬箇，豈非隱含著筆墨生涯的意思。塗楮畫素，瑣碎藝玩，不過是酸儒腐生的伎倆；在當時自認爲無論俠名或功名莫不唾手可得的唐伯虎眼中，實在有些費解。

至於「中呂」二字，不過是個詞牌名而已，不僅唐伯虎不解，遍詢在這方面下過功夫的識者，也無人能說出它所隱含著的天機。墨、「中呂」，通通成了啞謎；比都穆的「在何處」、「嵯峨高」，更爲神秘；也許，只有等待日後的印證了。

其實，何止唐伯虎夢中所得到的示兆如謎，連他前往扣山的時間和次數，也很耐人尋味。

有關唐伯虎前往九仙山的資料並不多見；但各種說法既不確切，也不一致：

「曾傲睽於閩之神，所謂九鯉湖者，夢神惠之墨萬箇…」祝枝山在唐伯虎生命的後期，桃花塢築成後所撰「夢墨亭記」（註三）中寫。

當唐伯虎離開人世，這位痛失良友的蘇州才子，以淚水和墨水混化成的「唐伯虎墓誌銘」（註四）中，也出現了類似的說法；唯時間上，卻同樣的含混：

「嘗乞夢仙游九鯉神，夢惠之墨一擔；蓋至以文業傳焉…」

其餘文獻，有作：「少嘗乞夢九鯉仙」，有作：「嘗夢有人惠墨一囊，龍劑千金；由是詞翰繪素，擅名一時。」看來可能多以祝文爲依據；從中難作進一層的探討。

在沒有更確實的時間記載下，人們只好就事理和「夢墨亭記」中的敍事順序，推測唐伯虎的仙山祈夢，可能在喪亂之後，和閉門讀書，決心應試之前；也就是二十七歲左右。

至於傳說所夢「中呂」二字，並不見於「夢墨亭記」或「唐伯虎墓誌銘」；而一見於王世貞「跋伯虎赤壁圖」（註五），再見於蔣一葵的「堯山堂外記」（註六）；與夢墨之事，也許不是同時之夢。

王鏊〔震澤集〕中的「送唐子畏之九仙山祈夢」，表現著對忘年友唐伯虎的關懷，和對時勢的感傷：

「人生出處天難問，聞有靈山試扣之；三月裏糧真不易，一生如夢復何如！天台雁蕩歸時路，秋月春風別後思；我亦有疑煩致問，蒼生帖息定何時？」（註七）

〔震澤集〕中的詩文，多半依創作年代編排順序；而置「送唐子畏」詩於「孝宗皇帝挽章二首」、「吳文定挽詞」和「歌風台」之間，則唐伯虎南遊的往返時間，也就呼之欲出了。

宏治皇帝朱祐樘駕崩於十八年五月，吳寬卒於宏治十七年七月，葬於十八年十一月；靈柩由北京南返乃至哀輓弔祭的時日，自應在入土久安之前。正德元年四月，詔起丁憂居鄉的王鏊爲左侍郎；是時唐伯虎不僅有「王濟之出山圖」之作，更有歌風台的陪遊與唱和。如此推算，唐伯虎這一次的福建之遊，當在宏治十八年深秋啓程，於正德元年的仲春或早春回到蘇州。因此，這也與他賦「過閩寧信宿旅邸館人懸菊愀然有感因題」（註八）的時間、心境互相吻合。

唐伯虎回返蘇州的時候，由他資助赴考的徐禎卿，春闈（宏治十八年）得意之後，宏治皇帝因其貌醜，沒有入選翰林，僅授大理寺左寺副之職。但不久後即坐失囚，受到罰俸的處分。他的「懷唐伯虎」七律一首不僅懷友，也在思鄉；對唐伯虎的再次祈夢時間，也是一項佐證：

「聞子初從遠道回，南中訪古久徘徊。閩州日月虛僊觀，越苑風煙幾廢台。賴有藜筇供放迹，每於鸚鵡惜高才。滄江梅柳春將變，憶爾飄零白髮哀。」（註九）

△　△　△　△

宏治九年正月三日，吳寬葬繼母王氏于吳縣五都南橫山之西。宏治皇帝念他遠自東宮時代，就盡心教導，有講讀之勞，特遣台州進士秦先生祭拜，並營造墓園。事畢之後，依禮吳寬不宜出面，便由侄兒吳奕廣邀蘇州的詩人、宿儒爲之餞行，藉表謝意。在這千載難逢的勝會中，才子、詩翁各展才華，無數的詩篇，璀璨得有如天上的繁星。除了瞻仰天使的皇皇氣度，更可使蘇州人一覽士大夫間的儀節和貴族的教養與交遊方式。初夏才從北京回返蘇州的祝枝山，躬逢其勝，在衆人的推舉之下，秉筆作「送進士秦君詩序」（註十）。

送過秦進士之後，吳寬正準備閉門讀書灌園，或到城西諸山舒展舒展筋骨，尋回釋褐之前的鄉居舊夢，卻傳來了好友史明古猝逝的噩耗。

不過二十幾天前的事，六十三歲老人史明古，冒著酷暑過訪侍郎府。他像沈周一樣，每次來到蘇州，總是寓居僧舍，很少在朋友家中食宿。這次並不例外，和守制中的吳寬僅匆匆一晤，飲冰數碗，隨即放舟而去。

「天一生水，物得水則生；雖人病多狀，第獨飲白水，元氣自全，諸疾自去。」（註十一）飲冰飲水，養生治病，一直是史明古不變的信條；吳寬無論如何也料想不到，這就是相交四十餘年老友的最後一面。

據說，罹病之際，家人進藥給他，史明古卻固執地揮去：

「吾治棺待盡久矣；且吾年六十三，又夭耶！」（註十二）

天生肥胖的他，對於曾把患產病的兒婦以灌水法醫死之事，並無警惕；因此，自己罹病的時候，依然如法炮製。結果腹脹如鼓，吼聲如雷，即此身亡（註十三）。

史明古不僅詩文力追魏晉，連居家的衣冠、庭園、陳設也悉如古昔的高人雅士，進入史氏庭園，就恍如置身在東晉顧辟疆的名園一般：水竹環繞，亭館相通，備極幽雅；吳寬每次來到吳江縣黃家溪史氏草堂之中，總爲主人所珍藏的三代秦漢器物，唐宋以及勝國諸賢的書畫，流連忘返。

唏噓嘆息中，吳寬回想到成化十四年丁憂期間，與史明古曾有遊杭之約，結果竟因謠傳龍井山一帶有虎，白晝食人，使西湖、靈隱之約成爲泡影。轉眼已是十七八年前的往事；如今良友遽逝，更不知此生能否徜徉西子湖畔，飛來峰上，尋覓史明古的遊蹤與舊題。

環繞於沈周、吳寬、文林四周的青年才俊中，最受史明古器重的，莫過於端莊凝重的都穆和文徵明。從他遺留的「與都玄敬」（註十四）信稿中，可知史明古不見都穆已有年餘。都穆可能由太學生簡用爲郎官，並深得當政者的賞識。一向探求民瘼，熱衷爲民請命的史氏，很想透過都穆這條管道，對時政有所建白：

「…老兄官進正郎，又得元老爲之長，既故且知，必言聽計從矣。冢宰公弟欲貢一狀；非有所干也，蓋天下事可言者甚衆，欲一吐胸中之耿耿耳。生平見知，許以氣節，諒無所嫌；先爲第一通，當撰述以呈也…」

以前建言，止於縣令、郡守和專制一方的巡撫；如今則進一步，想以所見所知，直達當道。這種老驥伏櫪，志在千里的豪情，使平時受其鼓勵、教誨的文徵明，既崇拜，又爲他的逝世痛感惋惜：

「六十三年蓋代豪，掀髯想見氣橫濤；鄉閭總識衣冠古，流俗空驚論議高…」—登小雅堂哭西邨夫子（註十五）

△　△　△　△

在歷史之流裡，一個人往往由於文獻資料的流失，加上一層層時間的面紗，使其影像和事跡，變得模糊而朦朧。以沈周爲首的唐伯虎、文徵明、仇英四大巨匠中，面貌與蹤跡最難描摹的，莫過於來自崑山縣東，太倉州的仇英。

少年的仇英，住在閶門裡面，北宋太師章楶別業桃花塢的遺址。不過，宏治年間的桃花塢，除了一部份被居民用來種花種菜之外，便是一片荒蕪。也有些貧苦的工匠，搭屋居住，使這片廢園，顯得愈發零亂和荒涼。文徵明曾描寫過那種景象：

「夕陽下馬桃花塢，不見桃花塢亦蓁；溪壑春風空舊夢，柴扉流水或秦人。圖經可按桑田異，詩客多情燕麥新，不用苦辛仍買種，梁園金谷總成塵。」—經桃花塢塢名雖存已廢（註十六）

桃花塢離唐伯虎所住的皐橋和文徵明所居曹家巷，都近在咫尺；因此，當這位太倉少年被畫師周臣從描漆畫行業中發掘出來，想要把他教導成一位宮室、人物畫師的時候，唐伯虎、文徵明也就很快地和仇英成了好友。

仇英不善於詩文，因此，他那精麗艷逸的繪畫追摹唐宋，而且也像唐宋畫師那樣，只在畫中的石根、樹隙或山腳間，留下不易爲人察覺的名款，此外，最多加蓋一二方位置同樣不顯眼的印章。至於元明以降畫中常見的詩文題跋，則付之闕如。偶或一鱗半爪，無非出自祝枝山、文徵明等數位好友的手筆而已。

由於繪畫就是仇英所遺留下的全部語言，因此，他和乃師周臣一樣，少有生平事跡，或甚麼逸聞軼事流傳下來，甚至連生卒年月都無法確定。只能就少數幾幅題有年款的繪畫，或時人所記相關的片言隻字，來加以推測。

一說，他是位短命的畫家，其生命的歷程，不過宏治十三年到嘉靖三十一年，四十幾年歲月。

有人認爲，他可能生於較早的宏治七年，得年六十有八；人生七十古來稀，正如史明古自況的，不能算夭折。

有人以祝枝山所題，仇英於正德二年畫的「臨趙松雪松陰老子圖」，作爲他登上蘇州藝壇的起點；上溯二十五年間可能是他生長茁壯的過程。然後，再以文徵明題仇英「佛位果圖冊」的嘉靖三十年，續延數載，作爲他謝世的時刻，假設他享年七十有餘。

「仇十洲先生畫，實趙吳興後一人，討論余先大父墨林公幃幕中者三四十年，所覽宋元名畫，千有餘矣，又得天性之授，餐霞吸露，遂為獨絕之品。聲重南金…」項聲表在仇英的「秋原獵騎圖」上題（註十七）。

項聲表的祖父，即名收藏家項元汴（子京、墨林），生於嘉靖四年，卒於萬曆十八年；如以項元汴的年壽來推測與其共事三、四十年的仇英的壽數，則這位漆工出身的大師，非但不算短命，更達九十以上的高齡。

……

總之，由於各人所得資料不同。論點也就見仁見智；在得到共同認可的結論之前，何妨把注意力的焦點，從他所生長的年代、背景，移轉到他所畫的那些典雅壯麗的仙山樓閣、奔馳於荒漠的獵騎、胡笳悲鳴中的生離死別，或婀娜多姿的古裝仕女上面。

△　　△　　△　　△

宏治九年九月下旬，文徵明的表姐（妹）夫，吳縣秀才顧春，已經到了肺病的末期。與老父顧惟寅訣別後，衰弱已極的顧春，把懷孕的妻子俞氏叫到床前。在一陣接著一陣的咳喘中，斷斷續續地囑咐妻子善侍翁姑，好好教養幾個年幼的子女。

破舊的木榻上，擺設著鏡臺、針箱和剪刀，幾件縫補又縫補過的衣裳，在游移的日影下，讓人感到比顧春蒼白的臉色，更爲陰森。那少婦的淚眼，茫然地從窗外的松針、室內光禿的四壁，落在顧春起伏的胸口上。幼年時代的她，在同樣窮困和暗淡的環境中度過，個性堅強的母親，不但苦撐著家中的日子，並經常爲她們講述古代孝子和烈女的故事；然而，想不到那些淒涼孤苦的遭遇，那麼快就籠罩上她年輕的生命；多像一場惡夢？

孝養翁姑、教育子女，即使他不說，難道她還會逃避？她的手，放在他那乾枯顫動的手上，以噙滿淚水的眼睛，表示她的盟誓。

然而，當瀕臨生命終站的顧春，再三再四講著同樣話語，逼她作同樣保證時，一種不被信任的羞辱感，從她心中湧上。那被激發了烈性的少婦，忘記了懷著的身孕，顧不得未來生活步履的艱難；只想表明心跡，洗去不被信任的羞辱，猛地用纖指剜自己的雙目；表示一雙秋水般的眼睛，從此不再見別人。手指無力，她就俯拾針線箱邊的利剪，向左目刺去。於血光噴濺、丈夫和婆婆的驚呼制止聲中，俞氏搖搖欲墜地昏絕在地；總算因此保住了另一隻眼睛。

舅父文林，父親俞濟伯在爲這家庭慘劇震驚、悲痛之餘，長歌當哭地賦詩吟詠俞氏的節烈。蘇州的文苑雅士，也因爲情緒上的激動，紛紛以詩相和。連丁憂中的吳寬，其後也寫了篇「書俞烈婦事」（註十八）敍述本末，傳揚於京師。

除了詩紀其事之外，並有兩幅「刺目圖」（註十九），留傳於顧氏的後代：一幅是，無法考據其創作年歲的仇英設色畫，一幅是唐伯虎的白描。

仇英畫中捕捉住俞氏左手扶著臉頰，握剪的右手正要向僅存的一隻眼睛刺去，爲老媼搖手、驚呼制止的刹那。臥榻、鏡臺、針箱…精微細緻地復現出當時的情境，把握著電光石火間，人物的動態、性格和情緒。唐伯虎以優雅飄逸的線條，描寫俞氏在燈下依著桌子教子讀書的一幕，畫中時序，在刺目之後，情態、心理的表現，是平靜、恬淡而恆永。兩畫合看，相輔相成，各盡其妙。而兩畫背景，都以松筠爲襯，以爲貞烈勁節的象徵。

兩幅畫後，可能是顧氏子孫，接裝了當時吳縣令鄺廷瑞所頒的一紙慰恤票：

「適聞顧春秀才物故，妻俞氏引刀刺目與訣；死者固大可憐，而俞感發激烈，尤足以振頹俗。茲專香紙四盒，用弔春靈；布二匹、米二斗，用慰俞哀，少將勤恤；免謝。宏治九年九月二十五日。」（仝註十九）

對於這樣一幕慘絕人寰的家庭悲劇，在親友的吟詠、畫家作圖、縣令撫恤，進而向朝廷請旌等裝點下，竟變成了一則淒美的故事；然而，沈周這位七十高齡的慈祥老人的態度，毋寧是更合乎人性的。

他一方面，以其時代與傳統所薰陶的眼光，揄揚俞氏：

「剪鋒刓落玉精神，要使亡人識念真；判死不教留好眼，示生無復見他人…」（註二一

十）

但他在這首詩的序中，卻隱約地揭示了顧春自私的心態：

「…春患瘵不起，呼（俞氏）囑好事舅姑，養子女；言切而再。婦曰：『一言當終身服行，何俟再四！』…」

序中，沈周形容過俞氏刺目，血流滿地，痛不欲生之後，繼而描述那絕而復甦的少婦，首先得到的卻是臨終丈夫的責備：

「春責曰：『何乃如此！』曰：『示君信也！』…」

這樣一段夫妻永訣前的對話，在他人所作記中，均予保留，不能說是無意。顧春祭奠之日，沈周托詞「借馬有妨」，不克親往與祭，僅派人送冥紙一盒、挽詩一首—無論詩中如何痛惜顧春的英年早逝；但，多少顯示了他對顧春臨終的表現，不盡苟同。

註一、〔明朝小說大觀〕頁六六四，徐禎卿撰〔異林〕，新興書局版。

二、伯虎續弦時間，未見文獻記載，唯於三十歲遭科場冤獄，歸後因夫妻不睦而離異推測，當在鄉試；或閉門謝客，專心準備鄉試前續弦。

三、〔唐伯虎全集〕頁三一九，漢聲版。

四、〔唐伯虎全集〕頁二二九，水牛版。

五、〔唐伯虎全集〕頁二六四，水牛版。

六、〔唐伯虎全集〕頁二三六，水牛版。

七、〔震澤集〕卷五頁五，四庫珍本，商務版。
八、〔唐伯虎全集〕頁七五，水牛版。
九、〔唐伯虎全集〕頁三〇一，漢聲版。
十、〔祝氏詩文集〕頁一九〇。
十一、〔祝氏詩文集〕頁一〇六四「與連博士勸勿食牛飲水書」及〔故宮文物〕月刊期三三頁一四三註十。
十二、〔西邨集〕卷首頁二，吳寬撰「史明古墓表」。
十三、仝註十一。
十四、〔西邨集〕卷五頁三九。
十五、〔西邨集〕卷首頁九。
十六、詩題在〔甫田集〕頁九二；詩則誤置於頁九九。
十七、〔明代四大家〕、「仇十洲」頁七，莊嚴出版社版。
十八、〔匏翁家藏集〕頁三三二。
十九、〔過雲樓書畫記〕頁三〇五，漢華版。
二十、〔石田集〕頁五五四「顧烈婦俞氏義事有序」。

第二十三章　畫壁的隱士

宏治十年（一四九七），二十八歲的唐伯虎面臨到非抉擇不可的三叉路。

父親臨終前，念念不忘他的功名和前程，認爲他是一塊有待琢磨的美玉，然而，有誰能督促、鞭策這匹不羈之駒？

「此兒必成名，殆難成家乎？」想起過去對兒子的評語，唐廣德把對唐伯虎一切的期許和囑咐，隱含在一聲幽長的嘆息中。

勳名、祿位，在唐伯虎心中，非僅唾手可得，更是不屑一顧；因此，當府學生員們訕笑他藝文喪志，連應試的勇氣都沒有的時候，他只冷冷地一笑：

「閉戶經年，取解首如反掌耳。」（註一）

父親的遺志、同窗的譏刺、生活的重擔…引發唐伯虎心裡矛盾外，還有另外一股促使他抉擇的動力：

「君子之處世，不顯則隱，隱顯則（疑爲雖字之誤）異，而其存心濟物，則未有不同者；苟無濟物之心，而汎然于雜處隱顯之間，其不足爲世之輕重也必然矣…」唐伯虎爲好友朱大涇（菊隱）所作「菊隱記」（註二）中，剖析了一個讀書人應有的處世方式，和萬不可缺的「濟物之心」。不過，從這圖文並茂的菊隱圖記結尾，可以看出在唐伯虎心靈的戰場上，棲隱一途，仍然佔著強大的優勢：

「余又竊自謂曰：『朱君余友也，君隱于菊，而余也隱于酒；對菊命酒，世必有知陶淵明、劉伯倫者矣。』」

然而，從他前此的「上吳天官書」，和近日為好友袁臣器所撰「中州覽勝序」的字裡行間，卻又不難看出，在他心靈天秤的另一端，更有一股憤然欲動的力量，想衝出現實生活的藩籬，推展抱負；只是無法確知，他所說的濟物應世的眞正方式。

宏治九年盛夏，年輕的袁臣器北渡長江，遠遊楚王項羽一心東歸的彭城、漢武帝下詔堵塞瓠子黃河決口後所建宣房宮的故址、戰國名公子信陵君無忌的采邑寧陵……歸來時已是當年的深秋。袁臣器帶著僕僕風塵和滿懷的興奮，為唐伯虎指點他沿途所繪寫的山川陵陸。唐伯虎於欣賞讚嘆之餘，更深感大丈夫當「肆目五山，總轡遼野；橫披六合，縱馳八極」，以天下為念，豈能齷齪於牖下？在為袁臣器所作的覽勝圖序中，唐伯虎感慨萬分地誓言：

「是余固自展以異，而頹然靑袍掩脛，馳騖士伍中，而身未易自用也；雖然，竊亦不能久落落于此……」（註三）

當他面臨生活環境和心靈中多重的紛歧與矛盾；連九仙的示兆也無法指點迷津時，祝枝山的一番話，化解了唐伯虎心理的徬徨：

「子欲成先志，當且事時業；若必欲從己願，便可褫襴幞，燒科策。今徒籍名泮廬，目不接其册子，則取捨奈何？」（註四）

想著掛名於府學中的種種羈絆，想著那些歲考、科考以及學官的種種約束、空洞而酸腐的八股文…如果不爲了應舉，一襲穿戴了十二三年的秀才衣巾，的確找不出值得留戀的理由。然而，唐伯虎胸中，也同時縈繞著父親臨終前那聲幽幽的長嘆。

徙自崑山縣的朱希周，繼宏治八年南京發解後，不旋踵間，更高中了狀元。每當唐伯虎憑樓遠眺，樹立在狀元府前高崇的旗竿，飄動的旗影，充分顯示出讀書人憑文章博取青紫的榮耀；不知何故，對他竟像是一種挑戰，和一種無言的諷刺。

「喏，明年當大比，吾試捐一年力爲之；若弗售，一擲之耳。」（註五）他答覆枝山。

花一年心血來準備鄉試，不幸失敗，則永絕科舉仕途；是唐伯虎左右爲難中，所想出來的折衷之道。一方面爲父親遺命略盡一份心意，另一方面，也免得爲這一襲食之無肉，棄之有味的儒衫所牽掣；以便放手發展自己在知識和學術上的抱負。

下定決心後的唐伯虎，並不像一般準備應試的生員那樣，請業師宿儒，講授程文；或集聚硯友，從堆積如山的時文選集和各種手抄本中，研討切磋；每有所作，則到處請前輩方家，批評指點…一向交遊廣闊的他，首先是緊閉門戶，斷絕交往。他也不看那些八股文選，或傳抄的範作，由於他所要報考的科目是詩經，所以他就在一度鑽研過的毛詩和四書上面痛下功夫，探討意旨，發揮精意。他那小樓上的燈火，像好友都穆以前在南濠草廬中那樣，徹夜長明。

△　△　△　△

曾幾次到吳江黃家溪小雅堂哭史明古的沈周，眼見青年時代好友凋零殆盡，愈發珍惜起他與吳寬、文林間的友情。想到次年春天就要服闋還京的吳寬，心理有種說不出的愁悵。七十高齡的他，並未想到年方六十二歲，相交四十餘年的好友，此去之後能不能生還故里…只是懷疑，像自己這樣風燭殘年，能否等待吳寬告老榮歸，相偕徜徉於西山峰嶺之間。在鄧尉山的香雪海中，對梅朗吟，在虎邱山的禪堂中，品評新茗…

七十歲了，在戶籍中，已經是個閒丁，連勞役都不再攤派。可喜的是九十歲老母依然健在，使他這古稀老翁還可以依依膝下，效老萊子綵衣娛親；這不能不說是難得的天福。

沈周於七十初度（十一月二十一日）前後，以趙伯駒青綠山水和趙孟頫的人物畫法，繪寫了一幅「自壽圖」（註五）。背景是常熟的一抹淡山，縹緲於天際；正是他平日仰臥北窗下所見的山景，成了他心中一種悠然、神秘的象徵。參差的湖柳和幾株喬松巨樹，映襯出他那人間仙境的有竹居。堂中几案上，羅列著尊、鼎之類的古玩。幾個仙姬般的女侍，鳴笙奏簫，景象恍如祖父在世時的西莊雅集；只是，幾個手持羽扇的傭僕擁簇著的幅巾道服的老者，分明是雪髮碧眼的沈周。

人們也許見過他青壯年時期，精工細密的王蒙風的山水，看過他中年所醉心揣摹的黃公望、吳鎭乃至上溯五代神韻的層巒疊巘、和他周甲前後、筆緻奔放、墨色鮮活，深得自然化機的寫生畫；卻極少面對他這樣年紀所畫的工整秀潤的山水人物。除了五十四歲所臨戴文進「東山攜妓圖」（註六）外，他自己也覺得是近年罕有的力作，所以連題了三首「七十喜言」詩（註七）。左首題寫著吳寬的和韻，使這幅淡色、絹本的「自壽圖」，愈發令人喜愛珍重。

△　　△　　△　　△

「少小離家老大回，鄉音未改鬢毛衰；兒童相見不相識，笑問客從何處來？」

賀知章這首「回鄉偶書」，道盡了久客他鄉遊子的心境，以及還鄉後的悲涼。

然而，對自成化十五年丁憂期滿離鄉，度過將近二十年漫長歲月後，再次守制還鄉的吳寬而言，就更有無限的感慨。由於宏治皇帝對他的依重，未等服除，就已經虛高位以待。因此，最遲不過宏治十年暮春，就要啓程赴京了。故鄉、親友，乃至一草一木，都有一種難以言傳的留戀。

府中叢桂堂前「醫俗亭」，不僅竹子死光，連亭都已拆除。想起出仕前在竹影搖曳中，讀書吟詠，會見好友，現在則變得荒蕪一片；他吩咐家人，重新疊石種竹，結屋數椽，名爲「復竹」。

桂花飄香的時候，他不但禁止兒童折枝，每天不知多少次，倚著樹榦，飽吸金粟的芬芳。涼風夜雨中，他往往垂堂獨坐，想著早起狼籍的落英。

他像一般蘇州人一樣，喜歡吃冰鎮的楊梅，也以新上市的楊梅供奉祖先；他更趁居鄉期間，把光福張姓友人移贈的楊梅樹，親自栽植在祖坟邊，略盡孝思。

鄉人對他，也同樣依依不捨，岸頭的瓜農，向他述說瓜的收成和螢火蟲的爲害。橫山西麓的山農和攜鍤背筐的採藥人，抱怨官糧的不勝負荷；無論如何忙碌拼湊，也難以補足官府的租賦。更有些鄉人，扶老攜幼的到家拜望他，吳寬一一延見。沈周形容他這種平易近人和藹可親的風範是：「正猶茂木容群鴉」，他的胸懷，不僅家鄉父老，似乎也是朝廷希望的寄托，所以才一再的催促他啓程。

大約臨行前一個月左右，吳寬命舟前往五十里外的相城。江中波濤起伏，蜿蜒平野的盡處，就是他和沈周同遊過的虞山；那時的吳寬，猶在盛年，攀登之際，長髯飄灑，朗吟長嘯，與沈周扶攜而行。轉眼間，那山，那竹木掩映中的西莊，都已睽違了二十年，兩人也全都髮白成翁。精力、時間，是否允許他們再次偕遊，只好歸之於未知之數；不過，他倒眞正羨慕沈周的清閒與寧靜。

岸柳、草堂、舊日潢潦遺留在粉牆上的水痕、燈燭映照的書卷與陳設……一切似乎很少改變，改變的也許只是時光。

入夜之後，忽然風雨大作，杯觥交錯中，夾雜著一陣陣狂野的呼嘯，撼動著緊閉的門窗。使兩老不由得浮起了二十年前沈周在吳寬家畫「雨夜止宿圖」，留宿於醫俗亭中醉聽竹濤夜雨的景象；也更增加了即將來到的離愁。吳寬在詩中寫：

「賓筵燈燭對清光，更許扁舟繫岸傍；眾竅盡號風在野，舊痕猶記水侵牆。草堂突兀春星暗，柳市回環海浪長，天意莫言能滯客，老年難自別西莊。」—夜宿啓南宅風雨大作（註八）

事實上，這也是吳寬最後一次造訪沈周的祖宅—西莊。

仲春的江南，令人迷醉，尤其是對一位即將去鄉的老者。

杜瓊的住宅，垂懸著淡紫色的古藤花。三十年沒有到過的荻扁王葦菴宅院中，老栝樹伸展著蒼勁的虬枝，迎向東浦裡返航的船隻。西山陬的外家塋地，不但增添了新墳，且牆垣傾倒，樹木盡伐，荒草蔓延；他要爲它重立碑石，重植松楸…吳寬腳步所到的地方，無處不充滿了回憶、留戀和離別的感傷。

陣陣山風，在支硎山路上吹起了輕塵。幾乘山輿，在鳥雀的啁啾聲中緩緩地前行。望著隨侍左右的愛徒文徵明，吳寬有著說不出的欣慰。

前次南歸，他不過是十歲左右的蒙童，失去母親，在舅父、姨母的照拂下，過著孤苦的日子。說是大器晚成也好，說是愚庸魯鈍也好，當許多人依舊把他當作「不可雕也」的朽木時，自己卻在開鑿這塊外表平凡的璞玉。如果說「得天下英才而教育之，一樂也」，則當時面對這樣一個渾沌初開，大有一日千里之勢的同年之子，心中眞有一種無可言傳的愉悅。轉眼間，他已經是行將而立的青年了；雖然一度秋闈失利，但他的文名卻已傳遍了南北兩京。

文徵明的醇謹質樸，彷彿當年，只是眉宇間的一種內斂英氣，好像蘊含著無限生機的早春樹木。吳寬知道他前年曾喪一子，聯想到自己當年春闈失利，又連喪三子，和東原老人杜瓊贈畫松祈子的往事；感慨之餘，對眼前的愛徒，更生出無限的憐惜。聞說春末夏初，他將成爲另一個嬰兒的父親；望著那片溫煦明媚的山景，吳寬衷心地爲他祝禱起來。

一行人往訪陸子靜山莊的時候，主人取出黃公望「溪閣閒居圖」欣賞。文徵明賞玩再四，畫興勃發，吳寬見他那種搦管摹寫的神情，彷彿沈周當年，心中不由得讚嘆，深慶鄉邦後繼有人。畫後，文徵明題詩其上：

「幽人娛寂境，燕坐詠歌長；日落亂山紫，雨餘疎樹涼…」（註九）詩句清新，字跡委婉秀潤，好友李應禎的言談風貌，不知不覺地浮上了吳寬的心頭。

臨別前的吳寬和文林，更是形影不離。有時，吳寬步過行雲館賞月、和詩、題畫，時而到城西遊山訪友。靈巖吳宮，是吳寬少時常遊之地。記得山下有座石碑，大書「第一宮」。名雖如此，但所剩的只是一片荒山，而山上的寺廟也頹坍得看不出一點規模。令人唏噓不已的是，連山石也被工匠採鑿得狼籍不堪。館娃宮、響屧廊、西施洞…只能從志書中加以想像。然而這次重遊，卻大出吳寬意料之外，靈巖寺的住持，不但整治寺廟，禁止採石，更遍植松杉。眼見名山復興在望，吳寬隨吟「紀游靈巖」（註十）七律一首，並書詩序，表示內心的喜悅。

從宏治三年任蘇州知府至今的史鑑，由於丁憂去職，據報監察御史新蔡曹鳳將接篆視事；文林頗知其人，因此，關心地方福祉的二位好友，也頗感寬慰。只是在杖履相接的旅途中，每當吳寬勸勉文林：當今天子聖明，銳意革新，何不趁能有所作爲的時候，造福群衆？文林不是默然不語，就是以衰病懶散爲由，婉轉地推脫開去。

蘇州、家園、好友，無論如何依依不捨，卻必須啓碇還京。

「…衰人載見恐無日，未免握手成吁嗟，時勤相憶但搔首，仰睇天上空雲霞。」—用清虛堂韵送匏菴少宰服闋還京（註十一）

七十一歲的沈周除了以詩和所臨「秋山晚靄卷」送行之外，並以年老難別，唯恐相見無日，備舟遠送。在北上的運河中，兩條船先後而行，有時在沈周舟中，欣賞載行的法書名畫，有時在吳寬的客船上面，對酌吟哦或靜觀兩岸的暮春風光。

常州，古毘陵的所在，沈周眼望著滾滾而逝的綠波，和不時馳過的岸樹，舉杯不語。吳寬知道他眷戀的情誼和內心的孤獨，也爲自己受著祿位的束縛，不得不遠客他鄉感到一絲絲的憾意；他在詩中安慰這位終身不渝的好友：

「行經錫谷又毘陵，豈是山陰興可乘；千里綠波隨客去，中宵白髮向人增。老年敢祝惟多愛，厚祿深慚自不勝，杖履相從應有日，臨岐詩劵最堪憑。」—予以服除赴京啓南謂年老難別挐舟遠送感念故情以詩敍謝（註十二）

舟至呂城，一程之隔，就是長江南岸不得不分手的京口。濃濃的離愁，在酒盞和兩老的胸中激盪。呂城也是兩年多前吳寬奔喪南歸住宿之地，再次宿泊，心中更有一種說不出的滋味。其時，吳寬另有同年蔣德夫載酒相送。長亭宴別的時候，暴雨忽然而至，四野之中，麥浪起伏，涼意突增，一場送行酒筵，在匆促零亂中散去。潮生舷高，燭光照映下，又只剩兩位白頭老者，默然相對。四月二十八日，在京口共度最後一夜，情景也很相像：在沈周所遺留的「送行圖卷」（註十三）中，二舟並泊在岸邊；一隻空舟，另一條船上兩叟對坐，打破沉悶的空氣，彷彿在殷殷話別。背景有坡石、叢樹和隱隱約約的樓閣，遙望遠岸，林木如洗…兩人終生的友愛，依依不捨的離別，就這樣千古默默地凝定在靈明的筆墨上。

△　　△　　△　　△

「上有天堂，下有蘇杭」，蘇州人一向以文風鼎盛，鄉試、會試、廷試得魁之衆而自豪。然而蘇州的祠廟之多，迷信之甚，則使有識之士搖頭嘆息，痛心疾首。

牆角邊幾片瓦砌成的小廟，五色錯雜的神像，也香火不斷，經常受到膜拜。甚至家家有廟，事事問卜，卦師的語言，成了在所必遵的神諭，殺豬烹羊，吹彈謳歌。這種信鬼不信醫的惡俗，是年方不惑，上任不久的新太守曹鳳所首要革除的。

曹鳳是成化十七年進士，首授祁門知縣。在宏治初年的御史任內，無論言論和操守，都深受朝野的重視與信賴；也是吳寬和文林預爲吳民慶幸的原因。

永嘉、博平兩度爲令的文林，所到之處也以拆毀淫祠，改善民風爲重要施政；但他更激賞曹鳳所採取的方式。

曹鳳先以淺顯明白的語氣，促使民衆自行思辨反省：

「…聰明正直者為神，焉肯嗜汝酒與犧；祭者得生不祭死，神道所好何偏私？且彼為神既尊貴，身居小廟嗟何卑；汝民愚昧誠可憫，憫汝徒費空家貲。」（註十四）

經過開導、疏通的民衆，對這位新太守，生出了無比的敬重與信任；因此，一旦令出，家家拆毀小廟，取出神像，在烈火中，足足焚燒了三日，徹底消除了五通淫祠；只保留了祭祀祖先和正當的五祀。

在文林寫給吳寬的信中，除了代替史明古二子催促他所應許下的史氏墓文，再次表示自己無意出山；有負故人雅意之外，特別推崇曹鳳的德政：

「…曹太守廉明仁恕，真吳民之福；恐公欲知，漫此附告。」（註十五）

這位正直廉明，不信鬼神的太守，也打破了「官不修衙」的禁忌，眼見蘇州府署的殘破、腐朽，彩漆剝落，也就興工整建起來。

大約宏治十年的秋節前後，幾個衙役，大呼小叫地來到相城西莊沈周的祖宅。

「勿驚老母！」沈周一面離開賓客，一面安撫著剛剛下船的衙役。詢問之下，才知道他這自以爲「籍中已是空閒丁」的古稀老人，不知何人捉狹，竟被竄入畫工的花名冊中；此來奉太守曹大人鈞命，著他前往府署畫壁。

「此賤役也；盍謁貴游以祈免乎！」幾位在場的賓客，眼見一代宗師，數世隱者遭到這樣的奇恥大辱，紛紛提出建議；瞭解原委後的沈周，卻十分平靜：

「往役，義也；謁貴游，不更辱乎？」（註十六）

因此，他決定不聲不響地前往蘇州服役。

船抵蘇州後，他像往常進城那樣尋找一所僻靜的寺院，作爲臨時棲身之地。然而這次他既不寄寓在常去的承天寺，也不是賞牡丹的東禪寺，而是蘇州南城的草菴。草菴本名「大雲菴」，又稱「結草菴」，離他所隸屬的長洲縣署和服役所在的府署都比較接近；此外，他也不願驚動友人，張揚他所遭受的委屈。四面環水，一板相通的草菴，是他初遊之地。主僧茂公，足不出戶，滿階蘚苔，乃是一位與世隔絕的高僧。夜裡，沈周住在和這位長眉住持遙遙相對的西小寮中。月色皎潔，秋蟲唧唧，深夜不寐，賦五言律詩一首：

「塵海嵌佛地，迴塘獨木梁；不容人跬步，宛在水中央。僧閒几蒲坐，鳥鳴空竹房；巍然雙石塔，和月浸滄浪。」——草菴紀遊詩并序（註十七）

古寺、高僧、妙境，比起他所住所遊過的寺廟，沈周斷言：

「吳城諸蘭若莫之及矣！」這種因意想不到的勞役而結下的因緣，也可以算是「塞翁失馬，焉知非福」。因此，接連而至的早出晚歸，登架畫壁之苦，也就爲之沖淡不少。雖然如此，退役而歸，眼望著白雲秋葉，杯酒自勞，仍舊是件快慰無比的事：

「一從歸踏舊漁磯，便覺心情與世違，林屋夜涼黃葉下，水庄秋淨白雲飛……」—退役即興寄沈廷佐（註十八）

不過，事情並未就此終結：

其一是，沈周「草菴紀游」詩傳誦開後，楊循吉、蔡羽乃至多年後活躍於蘇州士林的王寵（雅宜）、顧鼎臣等騷人墨客，紛紛到偏僻寂靜，默默無聞的草菴尋幽探勝。

其二是，宏治十一二年之際，深得蘇民愛戴朝廷依重的曹太守，晉京覲見：

「沈先生無恙乎？」吏部尙書屠滽，首先問候沈周起居。滿頭霧水的曹鳳，實在不知道所謂「沈先生」到底何許人也；身爲尙書尙且尊稱「先生」而不名，則其人德望地位可想而知。

「無恙！無恙！」曹太守只好含糊以對。

「沈先生有書來否？」謁見內閣大學士李東陽，也是一見面就向他垂詢。錯愕、惶愧，汗珠從曹鳳臉上殷殷流下。

「有；而未至…」曹鳳近乎不知所云地支吾著。

直到謁見吳寬，才算得知「沈先生」的謎底。及至回到館舍，詢問隨員，知道這位望重士林，朝野敬仰，屢徵不出的隱士，就是勤勤懇懇，爲他畫壁的碧眼疎鬚老者時，曹鳳腦中，彷彿遭到電擊般地一片轟然。

返蘇後，曹太守親到相城，引咎謝罪；但是看到沈周慈祥而純樸的笑容，心中的不安，隨之消溶於無形之中，兩人舉杯對飲，盡歡而散（註十九）。

註一、〔唐伯虎全集〕頁二二五，水牛版。
二、〔唐伯虎全集〕頁一八〇。
三、〔唐伯虎全集〕頁一七二。
四、〔唐伯虎全集〕頁二二九。
五、〔大觀錄〕頁二三八九。
六、〔文人畫粹編〕册四圖十六、十七。
七、見註五；唯詩後款署「丁卯（按，正德二年）秋啓南戲題」。
八、〔匏翁家藏集〕頁一三六。
九、〔文徵明與蘇州畫壇〕頁五〇，江兆申著，故宮版。
十、〔匏翁家藏集〕頁一三七。
十一、〔石田集〕頁二六三。
十二、〔匏翁家藏集〕頁一三七。
十三、〔過雲樓書畫記〕頁二六六。
十四、〔匏翁家藏集〕頁一五四「美曹太守毀淫祠」。
十五、〔式古堂書畫彙考〕册二頁三七三「文宗儒與匏菴札」。

十六、〔明史〕頁三二八三「沈周傳」、〔石田集〕頁八七八。

十七、本篇分別見於〔石田集〕頁八一〇、〔吳都文粹續集〕卷三〇頁四二；二者有數字之異。

十八、〔石田集〕頁四六七。

十九、綜據註十六之資料。

第二十四章 風波

暮春的虎邱，繁花逐漸衰歇，偶爾三數聲早蟬，更增加了幾分暑意。兩個擯著食榼的廝役，沿著蜿蜒的石階步上崗阜的時候，前來爲新拜溫州知府文林餞別的賓主八人，已經環繞著山亭四周，或靜坐冥思、或賓主寒喧、談文論藝，也有的手持藜杖，到林壑之間去尋詩覓句。

頭戴烏紗帽的主客文林放眼一看，才發現在場諸人兩兩一組，共分成四種裝扮，成爲有趣的巧合：山亭右首平台上，兩個穿戴著襴衫襆帽的年輕秀才，正喁喁而談。一個是閉門謝客，讀書應試的唐伯虎；一個是小他九歲的徐禎卿。這位家境清寒，到處借書讀的秀才，也是次子徵明的知心好友。數年前，年方十五六歲的徐禎卿，袖詩前往停雲館，兩人從此形影不離。在文徵明心目中，徐禎卿似已取代了劉嘉的位置，然而徐禎卿也像這位少年時代的亡友一樣，常常要爲家庭生活而忙碌。

記得一次，徵明讀過徐禎卿的「憶母」詩後，那種濃厚的孺慕之情，觸動了徵明幼年失母的悲痛，禁不住熱淚直流，他那兩首「書昌國憶母詩後」七絕的第二首是：

「春草冥冥雨暗阡，轉頭二十七更年，平生自謂心如鐵，腸斷徐卿泣母篇。」（註一）結果，連文林也爲之感傷多日。

兩位年紀最長的沈周和韓襄（克贊、宿田）不僅手持藜杖，腳步紆緩，而且青一色的複巾披垂，看來頗有古意。

沈周於這年的正月初七，才畫了一卷「大夫松圖」，祝賀前南京巡撫王恕八十誕辰。

「…關中土厚根柢壯，千年間生地之寶；上參雲漢不屈身，世間草木斯為表。用之擎天天久恃，用之柱國國永保；伐柯擊姦擬殷笏，摘葉指佞比堯草…」（註二）無論從筆墨或所題詞意，都看不出畫者絲毫衰頹老態；但文林深知沈周心中實在寂寞。

當年同蒙王恕賞識、章薦的好友史明古已謝世。當日英朗、果斷、愛才如命，爲朝野所依重的王公，則於宏治六年五月受到無謂的攻訐，以吏部尙書致仕；所以沈周詩中的「伐柯擊姦擬殷笏，摘葉指佞比堯草」，實在是意有所指。往來安徽、蘇州，時常相聚於胥門寺院中的好友程敏政，於宏治八年丁母憂後，跟吳寬差不多的時間返京，屢遷爲禮部右侍郎。

前一年冬天，文林官拜溫州知府傳言成眞時，楊循吉極力勸阻他上章辭謝；沈周則在詩中勸說：在京中奔走候補的人比比皆是，能夠受宰執的舉薦，拜官於家的，實屬曠世的榮典；而且溫州不過牛刀小試，不久必當大用。但文林心中知道，自己去後，沈周必更陷於孤獨空虛之中。而自己又何嘗不是，離鄉別友獨守海疆，岑寂孤凄的景況可以想見。

坐在不遠處，冥思覓句的韓襄，診病時一如卦師所標榜的「鐵口直斷」，而他的一再叮嚀，使矮胖的文林，對自己體康，更具戒心。

潮濕的東風，飄來一陣細雨，原有的幾分暑氣頓時消滅，吟哦了一陣之後，這位蘇州名醫的餞別詩，倒先行落墨：

「城西別酒濕春衣，綠樹啼鶯花已稀。自笑老夫今目眊，特登山頂看鵬飛。」（註三）

賦別宴中，除了作東的楊循吉和文林戴著一式的烏紗帽外，韓襄的侄兒壽椿和朱存理，則各著青袍，頭戴方巾；完全一付儒士的打扮。日益貧困的朱存理，首先募資建造「野航」，其次是刊刻他的詩集、文集，近日則希望能以驢代步。「盲人騎瞎馬，夜半臨深淵」；在他視力愈來愈不濟的時候，也許怕招致危險，因此，在場之人少有答理，只有初生之犢的徐禎卿，表示支持。此刻默坐在文林身後的存理，不知是在培養詩思，或遐想著貧苦的徐禎卿所一力應承了的驢隻。

酒至半酣的時候，楊循吉和沈周的五古相繼完成；後者更應許歸後另作「虎邱餞別圖卷」（註四），使文林心中的離愁，像雨後的暑意般爲之消減不少。在他所賦的五古及詩序中，一面描寫與會八人兩兩爲侶的有趣巧合，一面對幾位堪稱當世才彥的珠璣妙筆，感到欣慰：

「…詞鋒挽落暉，酣戰走旁午。冥搜隘八極，光焰互吞吐。珠璣落吾手，什襲誰敢侮…」（註五）

其實，更使他激賞和快慰的，是唐伯虎一首古樸的四言詩，和一篇明澈、懇摯的「送文溫州序」。

△ △ △ △

「日月徂暑，時風布和，遠將佌離，撫筵悲歌。左右行觴，緝御猥多，墨札參橫，冠

帶崔峨。絙絃嘈嘈，嘉木婆娑，孔雀西南，止於丘阿；我思悠悠，慷慨奈何。」（註六）

在蘇州知府的書房中，曹鳳手捧著唐伯虎「送文溫州」的詩箋，吟哦一遍，又吟哦一遍，有種餘味無窮的感覺。誰也不知道這位前來辭行的溫州知府從袖中抽出這首府學生員的詩，僅僅是「奇文共賞」，還是想揄揚這位青年才子，求其相機提拔與照顧。當他再看文林手中的「送文溫州序」時，精明幹練，雅愛文學的曹鳳，彷彿整個爲唐伯虎那份懇摯的感情，奇偉瑰麗的文字所吸引。

序中，首先敍寫自己的性情，與文徵明的交誼及文林對他的關愛和督導：

「寅稚冠之歲，跌放不檢約，衡山文璧與寅齒相儔，又同井閈；然端懿自持，尚好不同：…璧家君太僕先生，時以過勤居鄉，一聞寅縱失，輒痛切督訓，不為少假；寅故戒慄強恕，日請益隅坐，幸得遠不齒之流。然後先生復贊拔譽揚，略不置口，先後于邦閭耈老，于有司無不極…」（註七）

伯虎的改過，文林的揄揚，最主要的可能是指他閉門謝客這段期間；的確很多鄉紳耆老，乃至於府學教官，不但改變了對他的成見，而且交口稱贊。

看到序中論及君臣、師生、長者和後進間相輔相成的關係，引申出以周文王之聖明，「得四臣而天下附」，孔子之聖道，「有顏子季路閔曾游夏之徒，而道益彰。」的眞義，並用以比照時下後輩之高視闊論，目無尊長的驕橫；曹鳳眼中，閃爍著驚奇、喜悅的光彩：

「此龍門燃尾之魚，不久將化去。」（註八）

爲這有意無意間所佈下的一著棋，文林心中感到無限地快慰；唐伯虎是他多年來所培植的一株佳禾、玉樹，但他的性格與心志，尙未達於穩定的程度，也許直待它開花結果，他才算盡到了灌溉督導的責任。曹鳳的稱許和正視，等於是對唐伯虎預置了一道呵護和保障的藩籬。

到了不得不起程的時候，爲離愁所籠罩的文林，賦詩留別隱居之初所修建的「停雲館」：

「書館不能別，凝情撫曲闌，心知為樂淺，祇覺去家難。水石性終在，菊松盟又寒；殷勤向兒子，好護碧琅玕。」（註九）不是閒雲，不是停雲，這朶身負守疆重任的出岫之雲所要面對的，有出沒無常的海盜，別具居心的倭寇，驕橫陰毒的中官，和貪婪無厭的豪富…由於初任永嘉令時，庶務繁忙，不得不打發妻、子回籍的經驗，他必須留下續絃的妻子吳氏，隻身赴任。此外，難以割捨的還有將及周歲的長孫文彭（壽承、三橋）。去年五月十三，共認爲骨相奇特的嬰孩彌月時，文徵明還在湯餅會中賦：

「…百年正賴培來久，萬事誰云足自茲。五十老親遺世網，從今都是弄孫時。」（註十）曾幾何時，年逾半百的祖父，正爲世網所羅，背井離鄉，孤舟遠引。

△　　△　　△　　△

當楊家梅上市，夏日的荷香散佈在水鄉澤國，科考日益逼近的時候，唐伯虎繼續著他那不問世事，斷絕交遊的隱居生活。使自己沉潛到四書、五經與八股文的寫作之中。這種以二三百字，闡揚經書義蘊，摹擬古人口吻的立論方式，對一般士子，是一生事業前途的關鍵，是竭盡心血，全力以赴的標的；對唐伯虎而言，反倒像雕蟲小技，運用自如。只是興趣上，終不若古文辭，可以從眞正的思想、性靈表現中，獨闢蹊徑。同時，人類的智慧，也不宜拘限於某些聖賢被僵化了的思想範疇裡面。這不僅是唐伯虎個人的感受，或者可以說是蘇州的文風；吳寬、王鏊、沈周、祝枝山、張靈、文徵明…莫不具有這種看法，和深厚的古文造詣。

王鏊更在「制科議」中，明白指出這種八股文取士的缺失：

「…行之百五十年，宜得其人超軼前代；卒未聞有如古之豪傑者出乎其間，而文詞終有愧於古。雖人才高下係於時，然亦科目之制爲之也…」（註十一）

然而，正當唐伯虎檢點性行，拋開志趣，屈從於「行之百五十年」的科舉制度時，督導南畿學政的提學御史方誌來到了蘇州。

籍隸浙江鄞縣的方誌，是成化二十一年的進士，擢爲監察御史。他不僅爲人嚴謹，他也把他那衡量生員們的尺度，帶進了蘇州。在他的心目中，好古文辭近乎標新立異，不務正途；而所謂「風流跌宕」，更無異於喪德敗行。

方御史對蘇州和蘇州秀才們的素行，似乎非常熟稔。也許是依據以前學官們登載秀才德業的「本源錄」；若不然，則是唐伯虎的名氣太大。因此，公車到日，風風雨雨的傳言，很快便像一團亂絲似的纏繞在唐伯虎的身上。

「閉戶經年，取解首如反掌耳。」雖然是他一時自負之言，但，在他潛心灌溉下，南京鄉試榜首對他已經像成熟的果實，或一串隨時可折的花朵，在朝陽中向這位蘇州才子展開笑靨。方御史的威嚴，則有如隆隆雷閃，濃密的烏雲與狂烈的風暴，即將摧殘他眼前的美景。

成化年間，朝廷敕令提學官，嚴格考核儒生德業；以德行、治事、文學俱優者爲上等。有德行學養，治事能力稍差者爲次等。但如德行玷缺，即使學問優良，長於治事者，「歲課月考非上等，毋得應貢舉」；只要方誌引用這些敕令和前例，唐伯虎的南京之行，即成泡影。

也有傳言，科考中，他不僅可能遭受撻責之辱，或從「附學生員」降級爲「青衣」的可能，甚至會遭到無情的黜革，就此與仕途絕緣。傳言紛紛，使許多對他妒名、懷恨者，產生一種幸災樂禍的快意；使許多關懷、愛惜他的人，感到愈來愈大的憂慮。不僅一面準備應試，一面身負家庭重擔的文徵明，爲唐伯虎可能遭遇到的阻礙不安，連平日嬉笑怒罵慣了的張靈，也鬱鬱不樂，憂形於色。

「子未爲所知，何愁之甚？」拋開心靈中的煩悶，唐伯虎反過來勸解張靈。在唐伯虎這個熠熠的標的下，好像使張靈得到一種無形的掩蔽；方御史的嚴威，彷佛只殺一儆百的集中在唐寅一個人身上。但是，這並不能解除張靈的焦慮：

「獨不聞龍王欲斬有尾族，蝦蟆亦哭乎！」（註十二）張靈沮喪如故；在人們心目中，唐伯虎、張靈是形與影，一體兩面，張靈的挹鬱，正所謂「物傷其類」。

南京爲帝王之都，六朝金粉之地，比起山明水秀的蘇州，別有一種莊嚴雄渾的氣象。

對終於擺脫提學御史牢籠的唐伯虎而言，來到這舊遊之地，心中的感受既複雜又矛盾：

原無意於功名的他，在長輩期許、好友勸勉下，好不容易沉下心來，卻在科考中，幾遭覆沒。使這位蘇州明星，知府心目的「龍門燃尾之魚」，一時不但無能昇騰變化，反而成為衆人譏笑嘲諷的對象。然後，在接近絕望的關頭，文徵明突然想到父親臨行前，為好友所佈下的一著棋；一向不願進入公門的他，開始奔走周旋。所幸，曹鳳對唐伯虎的放逸與近日的檢束，對送文知府的詩、序中所表現的才華和氣度，留著深刻的印象。冒著使御史方誌不豫之險，立刻加以薦舉，才挽回了這場狂瀾。

一度心灰意冷的蘇州才子在鍾山的巍峨，玄武湖的浩淼泓澄，秦淮河畔旖旎風光的陶醉下，又恢復了往日的灑脫和自負。事實上，他所遭受到的困厄，更增加了他的傳奇色彩與聲望。在南京路上，不時有仕女行人，對他指指點點。來自各個府縣的秀才們心中，似乎也都明白，這一榜的解元，非唐伯虎莫屬。到他寓所拜會的士子乃至南京的官紳，也就愈加頻繁。欣喜之餘，他也深恐從此平步青雲，束身仕途，有違平生之志。

另一使他耿耿於懷的，由於曹鳳的維護，提學考中，不得不把他附名榜末，使他像脫困蛟龍般地躍向南京貢院。憤恚的方誌，怒劍一揮，竟革去了張靈的秀才衣巾，作為一種發洩和對蘇州生員們的儆戒。好在張靈並不在意這食之無肉的雞肋，只是他的生活，從此變得愈加頹唐和困窘。

南京，某通侯府邸。錦屏圍繞，銀燭輝煌，急驟的絃管聲中，飄浮著桂子的芳香。當曼妙的舞姿停歇之後，釵光鬢影圍侍中的賓客，突然靜肅下來。手持鑲珠巨觥的主人，舉杯爲祝之後，敬邀名傳遐邇的蘇州才子即席作賦。

「閶山右姓，策府元勳。玉節凌霄而起，金符奕世而分…」—金粉福地賦（註十三）

意氣風發的唐伯虎，且飲且吟，彷彿滕王閣中的王勃，也使人聯想到五十餘年前另一位蘇州才子沈周，在崔侍郎面前賦鳳凰臺的氣象。

主人的勳業、曠世的榮寵、殿臺的巍峨富麗，以及園林的曲折幽雅，別具巧思…唐伯虎的靈思妙句，長江大河般源源而流，眞有一洩千里之勢。

「…青鳥黃鳥，盡是瑤池之佳使；大喬小喬，無非銅臺之可憐。單衫裁生仁之杏子；鬆鬢擁脫殼之蜩蟬。錦袖琵琶，眼留青于低首；金釵宛轉，面發紅于近前。」唐伯虎生平所近美女，千姿萬態；因此，無論彩筆之下，或詞曲詩賦中所描摹的女性，容顏情態，氣質神思，莫不生動自然，彷佛天成。賓客們不由自主的讚嘆，仕女們柔媚的流波，隨著他那節奏優美的朗吟，縈迴於廳堂之中。

「一笑傾城兮再傾國，胡然而帝也胡然天！」賦中警句一出，主人的臉上，閃出秋月般的光輝，所有座客爲之舉杯一仰而盡。

△　　△　　△　　△

從那集光彩於一身的夜宴之後，唐伯虎的才名，非僅家喻戶曉，更成爲閨閣女仕思慕的對象。馬蹄所至，從樓窗、園壁上擲下來的香花，恍如秋天的落葉。舉目所接，往往是羞澀而又含有無限柔情的眼光。

有一次，四目相接之際，唐伯虎立刻爲樓上少女的美麗容顏，灼熱而大方的眼神所吸引。他以同樣的熱情來回報；愛情的語言，似乎可以在匆匆一瞥中，傳達得淋漓盡致。這位指揮使的千金，對唐伯虎的才名、英俊瀟灑的風儀，似乎愛慕已極；因之，不顧一切後果，竟以一紙芳箋，密訂桑間之約。

鄉試共分爲三場：首場八月初九，二場八月十二；箋中所密訂的八月十五，不僅是第三場出場的日子，也是家家團聚，戶戶賞月的良辰佳節。

也許對這份突發的愛情格外珍惜的緣故，唐伯虎不時疑眞疑幻地取出香箋，細看那娟秀的字跡，溫雅癡情的詩篇。出遊時，必深藏在寓所笥篋之中。這種情景，落入一位友人眼裡，疑惑之餘，亟思伺機一窺究竟。

一輪圓月輝照大地，先出場的士子，伴隨而來的家僮和傭僕，使原已繁華似錦的南都節日，增加了熱鬧與騷動。剛剛試過經史時務策的唐伯虎，出場後，即被那位友人強邀赴宴。豐盛的嘉肴，滿座賓朋，唐伯虎不期而然地又成爲衆人矚目的焦點。席中，那友人殷勤勸飲；窺知唐伯虎祕密的他，不僅竊取了指揮使千金的密箋，更立意要冒名竊奪這位蘇州才子的艷遇。初時，急於赴約的唐伯虎，尙留著小心，堅辭巨觥。但數杯下肚，更在主人、賓客不住地敬、勸之下，不覺醺然大醉。

酒醒時，天已四鼓，江南的中秋吹動著陣陣涼風，唐伯虎感到頭痛欲裂。翻檢書笥中的約箋，卻已不知所在。急切間備馬馳出，直奔記憶中幽會的所在。半路上聽到人聲嘈雜，詢問之下，才知道是某指揮使千金，與人幽會，由於姦情敗洩，已雙雙被指揮使所殺。

酒意全消的唐伯虎，沁出了一身冷汗，除了爲那容顏絕俗，熱情如火的少女悲戚之外，無論如何，他不能不感激那殷勤勸飲的主人，作了他的替身，使他免去迫在眉睫的劫運（註十四）。

註

一、〔甫田集〕頁一〇二。

二、〔石渠寶笈〕頁六二一。

三、〔沈石田畫集〕，「虎邱餞別卷」附錄，中華書畫出版社。

四、見註三。

五、〔虎邱山志〕卷十五頁十八。

六、〔唐伯虎詩輯逸箋注〕頁一，鄭騫編注，聯經出版。

七、〔唐伯虎全集〕頁一三九，漢聲版。

八、〔唐伯虎全集〕頁二三二，水牛版。

九、〔吳都文粹續集〕册五二頁八。

十、〔式古堂書畫彙考〕册二頁三八〇。

十一、〔明會典〕頁八八一，世界書局版。

十二、問答二語，均見〔唐伯虎全集〕頁二三六，水牛版。

十三、見〔唐伯虎全集〕，水牛、漢聲兩版；均在頁二。

十四、故事見於〔唐伯虎全集〕頁三四一，水牛版。

第二十五章　南京解元

南京鄉試放榜，已是重陽前後；這戊午年的榜首，正是衆人意料中的唐寅。

於督撫所設的鹿鳴宴中，戴金花披彩帶的他，像置身某通侯夜宴席上那樣，集光彩於一身，只是環繞在四周的，不是釵光鬢影，美目流盼的仕女，飄揚的舞袖和急驟的管絃；而是專制一方的督撫、朝廷選派的正副考官、同考官、主持鎖院的提學，和從數以萬計的濟濟多士中，所選拔出來的一百三十餘名才彥。解元唐伯虎所賦的，也不是對仗工整，充滿奇偉、瑰麗色彩的「金粉福地賦」，而是「領解後謝主司」的七律：

好漫長的一條路！唐伯虎想到多年來的變故，受盡了同窗的嘲諷；尤其最後這一段路途，在方誌御史的嚴威下，更是艱辛、坎坷。錐處囊中，總算脫穎而出；這種種榮耀，雖然不是他的本志，但既從艱苦中得來，自有一種說不出的感慨和喜悅，在心中激盪。

「壯心未宜（肯）逐樵漁，泰運咸思備掃除；劍責百金方折閱，玉遭三黜忽沽諸。紅綾敢望明年餅，黃絹深慚此日書；三策舉場非古賦，上天何以得吹噓。」（註一）

主考官梁儲字叔厚，廣東順德人，成化十四年的會元，現任職銜「司經局洗馬」，是太子朱厚照的宮僚。

「士固有若是奇者那？解元在是矣！」（註二）

梁儲一眼見到同考官所送呈的唐伯虎彌封「薦卷」，不由得大爲驚嘆。他雖然知道江南文風鼎盛，人才薈萃，卻沒想到竟選拔出這樣的文章、識見和耀眼的才華。

唐伯虎謝主司中的「玉遭三點忽沾諸」，如果傳誦到提學御史方誌耳中，不知會有甚麼感想：一種有眼無珠，壓抑人才的歉疚？還是受制於曹鳳太守，不得不「縱虎歸山」的憤恚？但詩中的「紅綾敢望明年餅」，典出唐昭宗光化年間，會燕曲江，賜新科進士裴格等二十八人食最珍貴的紅綾餅餤故事，卻觸動了梁儲的心事，不知該如何搶揚、引拔，才能使他此行所發掘到的奇才，在明年春闈中不致埋沒，以蔚為國家的棟樑。

除識拔他的房師、主司外，回憶既往，唐伯虎所要感謝的人，實在大多。首先是文林父子，他已經在送文溫州的詩和序中，表現出那種刻骨銘心，沒齒難忘的感懷。科考前，如果沒有文徵明的全力周旋，也就沒有曹鳳的推薦；遺憾的是，自己雖然如願取得解首，卻眼看著相交十三四年的好友，再一次從南京鎖院中鎩羽而歸，對著那沮喪的表情，唐伯虎竟不知如何安慰文徵明。想著「三場辛苦磨成鬼，兩字功名誤煞人」的古句，用來形容落第者的神情和心境，似乎再恰當不過。

記得這一年的四月十三日，文徵明為兒子滿歲所作的詩：

「堂前笑展晬盤時，漫說終身視一持，我已蹉跎無復望，試陳書卷卜吾兒。」——兒子晬日口占二絕句（註三）之一

當時停雲館內笑語喧嘩，為孩子「抓周」而設的晬盤中，積滿了金、玉、筆硯、印綬……各種象徵著吉祥富貴和未來功名事業的物件。盤中更十分顯眼地擺設著書卷；承續箕裘，不僅是文徵明的願望，也是不忘以儒起家的祖訓，更是老父以「宗儒」為字的原由。

哄笑嘈雜中，也弄不清孩子的小手是不是眞的抓著了書卷，單是詩中的「我已蹉跎無復望，試陳書卷卜吾兒」，就可以看出文徵明對年華老大，功業無成的感傷和心理壓力了。

另一位他所要感激的是把他從單調、瑣碎生活環境中帶到大千世界的祝枝山，沒有他的一番開導，自己也下不了閉門謝客，以一年爲期準備鄉試的決心。然而祝枝山也受著場屋的折磨，雖然告別了襴衫，卻是春闈失利，頗有壯志消沉之感。滿腹經綸與濟世良策，徒然化作酒後的吟哦。

鹿鳴宴廳外的旌旗，在秋風中獵獵作響，唐伯虎心中，則飄浮起吳趨里小樓前面朱狀元府的旗影。朱希周殿試頭甲放榜後，曾經傳出一段佳話：

吳縣赴試舉子陳霽，夢到在蘇州臥龍街上，見兩人夾持著一面大旗，旗上寫著「狀元」兩個大字；醒來身在北京寓邸，心想這應是龍首之兆，必中狀元無疑。其中令他不解的是，何以持旗竿的一人，混身上下，流著殷紅的血液？又是甚麼朕兆？

放榜時，狀元不是他，是吳趨里的朱希周。名列第三的陳霽，這才恍然大悟，遍身流血者，指的是朱紅色的「朱」（註四）。可見，學問才華之外，功名一道全在運數。

鹿鳴宴中，身爲五經魁首的唐伯虎，對朱希周狀元所給予他無形的激勵，不能不暗懷感激。但，功名之事，既然有命有兆，可能有甚麼朕兆，應在自己身上？

蘇州城東三十里的「濰亭」，距海口所在的劉家港，有一百四十里之遙，是海潮沖激不到的地方。父老傳說，一旦海潮越過崑山縣到達濰亭，蘇州必出狀元；成化八年的吳寬狀元及第，宏治六年毛澄狀元及第，都有過同樣的兆頭（註五）。唐伯虎忽然關心起婁門外港汊網集的滙亭，乃至七十里外崑山驛的「迎潮亭」來。如果潮來，應該就是這八九月間的事情。

他也聯想到這年盛夏的一件異事：

六月十一日，蘇州、錢塘兩郡的河川湖泊中的水忽然沸騰起來，滾熱的浪頭，湧起二三尺高，良久才平伏冷卻（註六）；不知這又是甚麼徵兆？

「葦瓢不厭久沉淪，投著虛懷好主人，榻上氈毹黃葉滿，清風日日坐陽春……」（註七）

唐伯虎所遺留下來這幅沒有年款的「對竹卷」和題詩，考據家深信是他中解後，對南京寓邸主人顏氏所表示的一種敬意和謝忱。畫裡的竹木山石，摻雜著石田和文徵明的風格，想是長時耳濡目染所致。松蔭覆蓋下，茅屋中面溪對竹的隱者，應該就是崇古尙友，長吟「伯夷頌」的主人寫照。除唐伯虎外，畫後題詩有沈周、黃雲、祝枝山、文徵明和都穆五位；無論畫意、詩情、書法，眞可謂集衆美於一身的不朽之作。不過，這極可能是都穆此生，最後一次在唐伯虎畫上題詩：

「脩竹當門立，對之心自清，雅持君子操，深結歲寒盟……」（同前註）不幸，都、唐二友的歲寒之盟，未能像畫中坡石松竹般的地久天長。

△　　△　　△　　△

唐伯虎回到蘇州，一面忙於接待絡繹不絕的賀客，拜謁守令親長及同年，一面準備入京赴試的時候，也是文徵明最沮喪，祝枝山心靈最空虛的時候。

都穆的爲大學生、爲郎官，唐伯虎得以南都應試，都是由文徵明懇請父親和曹鳳太守推薦而成。明年禮部之試，兩人多分春風得意，龍騰虎躍，直上青雲。而他，似乎只能坐老家山，窮困潦倒。無論對同窗或好友的高中，文徵明並無妒意。只是往返蘇州、南京路上二十載始得一中的祖父文洪，冒著嚴霜深雪與兒子文林同舟北上的結果，兒子幸中進士，自己卻僅得乙榜；以淶水教諭終其一生的陰影，給文徵明的心理壓力，實在太大。

「我已蹉跎無復望，試陳書卷卜吾兒。」望著一旁牙牙學語的文彭，想著「兒子晬日口占二絕」中的詩句，文徵明心頭忍不住一陣黯然。十七八年後，自己不知是否像祖父一樣，兩鬢斑白地在兒子扶持下，同往南京應試？

在消沉沮喪中，接到父親自溫州來信：

「子畏之才宜發解，然其人輕浮，恐終無成；吾兒他日遠到，非所及也。」（註八）

嚴父信中，對他的再度落第非但沒有斥責，反而滿懷信心地曲予慰撫，使文徵明如沐江南冬陽。

「兒幸晚成，無害也。」

文徵明耳邊，彷彿重又響起童年時父親的話語。事實上，從他被一般人認爲愚魯，不堪教誨的童年起，父親從來就沒有對他失去信心；然而，文徵明也沒有想到在嚴父心目中，他未來的成就竟會凌駕到唐伯虎之上。

文徵明反覆體會父親筆下，「然其人輕浮、恐終無成」這兩句話，加以想到唐伯虎與指揮使女兒約會的險況，不禁爲之憂心忡忡。

入冬後的祝枝山，正爲疾病所苦，想到功名不就，知心好友，又分離在即，一種空虛之感，浮上心頭。也許像文林那樣，對唐伯虎於愛護、教導、讚嘆其良材美質之外，從他那佻㒓的性格中，直覺到一些可憂可慮的地方，因此他在「與唐寅書」（註九）中，說了不少語重心長的話：

「…夫謂千里馬者，必朝吳暮楚，果見其跡耳；非謂表露骨相，令識者苟以千里目，而終未嘗一長驅，駭觀於千里之人，令慕服譽讚，不容爲異詞也。」

祝枝山一面以務求「名實相符」互相勉勵，一面又以用劍爲譬喻，以資警惕：

「…夫善劍者必用名劍；今名劍俱在，吾將以善劍名，必深其法而後用。苟術未諳，或中路而止，然且漫用之，則必有解指落腕之悔。凡今之自恕而不進者，其畏在此，厲哉！足下大詣勿止，毋敗指腕，爲勞拙者笑。」

啓程那天，寒風凜冽，祝枝山抱病相送。但對唐伯虎而言，此行並不寂寞；高車、駟馬、僕從之外，還有五六位衣服鮮麗，面貌俊美的優伶；原來，富甲一方的江陰舉人徐經堅邀唐伯虎同載北上，沿途不僅可以切磋琢磨，更可以藉重南京解元的才華和名氣，裝點他的財富，增加他的聲勢。

這件事，似乎很出送行者的意料之外，在北風獵獵和同行者的催促下，連酒都沒喝一杯，就匆匆揮鞭而去。祝枝山在「別唐寅」（註十）中寫：

「長河堅冰至，北風吹衣涼，戶庭不可出，送子上河梁。握手三數語，禮不及壺觴。前轅有征夫，同行意異鄉；人生豈有定，日月亦代明。毛裘忽中卷，先風欲飛翔；南北各轉首，登途勿徊徨。」

唐伯虎的名聲，比徐經的鮮車怒馬，更早一步傳到兩京之間運河沿岸的士林，甚至於北京的巨宦宿儒耳中。

△　△　△　△

結束南京試務北上覆命的梁儲，無論舟車所至的地方，或沿途迎送的宴席上，總是不住口地稱讚南京解元的才華，吟誦他贄見的詩册，散佈選刊的墨卷。這位滿腹詩書，心直口快的太子洗馬，一點也不掩飾他那種「知人之明」的信心，和「為國得才」的喜悅。他甚至率直地斷言，明年的新科狀元，非唐伯虎莫屬。

聽到這種揄揚和獎掖者，當時儘管隨聲附和，但內心的反應卻並不一致：有的衷心佩服，渴望一見江南才子的廬山面貌。有的疑信參半。更有的妒羨交集，抱著冷眼旁觀的態度；連為唐伯虎光芒所照，顯得既猥瑣又酸腐的都穆，也不自禁地產生了這種心理。當那些在京的蘇州官紳、準備應試的江南舉人，興緻勃勃地談到唐伯虎的傳奇，公認己未年狀元必落蘇州無疑時，都穆腦海中，總會浮起唐伯虎那種恃才傲物的神態，以及有意無意間對他這前輩好友的揶揄。尤其使在窮困潦倒中度過半生的都穆看不順眼的，是與徐經財勢相結合後的唐伯虎，經常在徐經的優伶和僕夫伴從下，飛馳在北京的街市與園林之中。噠噠的馬蹄，揚起一片薄紗似的冰雪，連路人也為之側目。有時，唐伯虎忙裡抽閒，在前門大街的豪華飯莊裡，邀宴在京的硯友，那種出手闊綽，一擲千金的氣勢，比唐家破敗前更有過之而無不及。都穆常常以一串冷笑，或引一些艱澀的典故，來掩飾久蓄心中的憤恚。

在京中，對唐伯虎揄揚不遺餘力的，梁儲之外，有官於禮部的倪岳（青谿）、大學士程敏政；至於對唐伯虎知之有素的吳寬、王鏊，自然不在話下。

倪岳善於分析軍國大事，往往能以隻言片語破除群疑，決定要策。倪岳最爲激賞的，包括唐伯虎在中舉前所賦的「廣志」、「昭恤」二賦（註十一），和他那數十首「連珠」詩，認爲眞是跌宕融暢，錦繡才華，無人能及。

「月臨花徑影交加，花自芳菲月自華；愛月眠遲花尚吐，看花起早月方斜。長空影動花迎月，深院人歸月伴花；羨卻人間花月意，撚花玩月醉流霞。」

「月轉東牆花影重，花迎月魄若為容；多情月照花間露，解語花搖月下風。雲破月窺花好處，夜深花睡月明中；人生幾度花和月，月色花香處處同。」

……

句句有花，句句有月，花月交映，情緻綿綿；五十五歲的倪岳，愛賞之餘，每每在燕集或朝罷閒談的時候，隨口朗誦幾首唐伯虎的「花月吟效連珠體」（註十二）。使唐伯虎的詩賦，像他的那些風流韻事一般，傳播開去。

梁儲於揄揚之外，更恨不得用盡一切方法，使唐伯虎留在天子腳下，一展其能：

「僕在南都得可與來者，唐寅爲最；且其人高才，此不足以畢其長，惟君卿獎異之。」（註十三）

在一次私人飲燕中，愛才如命的洗馬梁儲，一面執杯祝飲，一面向禮部右侍郎兼翰林院學士程敏政，推薦他千挑萬選出來的人中之龍。

「吾固聞之；寅江南奇士也。」

十數年間，程敏政曾八過蘇州胥門，與石田老人沈周詩酒盤桓，在古寺中聽經；對沈周弟子的才華、造詣和性行耳熟能詳，自然不是意外。至於梁儲如此懇切要求獎掖南都解元，究竟只是基於人才難求，考試無常，希望藉程氏豐富的學問指點其考試訣竅，共同培植新秀；或猜測他有奉旨主試春闈的可能，則不得而知。而這次的話題，也並未深入，至此爲止。

在這期間，介於程敏政和唐伯虎之間的，還有那位江陰首富徐經。三年前徐經中舉後，像都穆一樣被薦入太學，經過幾年的砥礪，渴盼能一舉中的，得登高科。當唐伯虎馳騁於壯麗的都城、賞雪西山，或接待車水馬龍，慕名來訪的公卿與名門才子之際，徐經由於傾慕程敏政的學問，正以重贄拜師，學習時文。並偶爾請益三場中可能出現的題目；回到寓所後，再委請文思敏捷的唐伯虎，模擬作答，記誦揣摩。答來順暢圓融的題則，不僅徐經心領神會，唐伯虎也洋洋自得。但，有些冷僻晦澀百思不得其解的經題，唐伯虎就不能不就教於拘謹、酸腐的學究都穆，或與年高飽學的舉子，共相研討。

梁儲再度請程敏政提拔唐解元，可能已經是急景凋年，隆冬歲暮了。他和兵科給事中王縝，分別受命爲正副特使，持節前往安南，册封其世子黎暉爲安南國王。等到來年春天，還朝復命的時候，可能金榜已發，一切早成了定數；他不得不在行前安排一下未了的心願。當他進一步爲唐伯虎請示三場作答要訣的時候，程敏政表示：

「必得其文觀。」

長髯飄灑；目空一世的程敏政，一面讀著梁儲在出使前繁忙中所攜來的唐伯虎三策擬作，一面點頭讚嘆時。梁儲的一顆心也爲之安穩下來，他彷彿已經看到了唐伯虎春風得意，在傳臚大典中的榮耀。

「五鳳樓高賦早成，交人先已識才名，誦詩三百能專對，問路西南卻易行……」（註十四）

從吳寬的「送梁洗馬使封安南」七律中，可以見出梁儲的學養，和在這東南屬國君臣間所樹立的威望。

唐伯虎對這位鄉試的座主，除了敬佩之外，更有說不出的感激。爲了報答程敏政對他的知賞；他忽然想到，莫若重金乞求有一代文豪之稱的程敏政，作一篇「送梁洗馬序」，以壯冊封特使的行色，豈非兩全其美？

註一、〔唐伯虎全集〕水牛版頁四七、漢聲版頁三九；兩本首句有一字之差。

二、〔唐伯虎全集〕漢聲版頁一八七。

三、〔甫田集〕頁八三。

四、〔明代小說筆記選〕頁二一，商務版。

五、〔明代小說筆記選〕頁四三。

六、〔明朝小說大觀〕頁六七四，新興書局版。

七、〔故宮學術季刊〕卷三期一。江兆申著「從唐寅的際遇來看他的詩書畫」，圖二、三。

八、〔甫田集〕頁八九六。

九、〔祝氏詩文集〕頁三〇八。

十、〔唐伯虎全集〕頁三〇六，漢聲版。

十一、「廣志」、「昭恤」二賦，均未見唐伯虎集中，恐已失傳。

十二、〔唐伯虎全集〕頁四二—四四，漢聲版。

十三、〔唐伯虎全集〕頁一八八，漢聲版。

十四、〔匏翁家藏集〕頁一四八。

第二十六章　科場波瀾

對趕赴禮闈的外地舉人而言，從梅花怒放的隆冬，桃紅柳綠的仲春，到鳩鳴鶯飛，麥浪泛金的暮春，一系列趕考過程中，眞是一個漫長的等待。尤其是那些清寒的舉子，非僅前途成敗未卜，胸中無時不浮現妻兒號饑，老親依門等盼的情景，就更有一種度日如年的感覺。但是，來自江南的唐伯虎，在徐經的金錢支持，公卿交相讚譽下，雖置身在嚴寒乾燥，冷風刺骨的燕市，仍然悠遊自在，和沐浴於江南惠風中無異。

他描寫元旦朝賀；鐘停鼓作，笙磬管絃齊奏，在莊嚴肅穆的儀仗導引下，身著袞冕，統御天下萬國的宏治皇帝，緩緩地步入大明殿中，接受文武百官、太學生和貢士們的拜舞朝賀：

「繡傘齊擎御道中，鳴鞭將下息朝鐘，仙班接仗星辰近，法駕臨軒雨露濃。百尺罘罳宿威鳳，九重閶闔擁神龍；履新萬國朝元日，堯德無名祝華封。」（註一）

贊禮官高聲唱禮，樂止樂作，經過幾次起、跪、伏拜之後，當宣制官以寬宏嘹亮的嗓音宣示皇帝的旨意：

「履端之慶，與卿等同之。」的時候，唐伯虎感到那位與他年齡相仿，銳意革新的君主，忽然離他很近。他們所山呼叩拜的元首，不再是身居九重，遙不可及的權力象徵，而是賞識他的知友；除了與他互祝一年的吉祥、幸福之外，恍惚正殷殷地向他垂詢治道。而他也將像吳寬、王鏊、陳璚等鄉里先輩，或程敏政、李東陽等當代名臣那樣，面對著有知遇之恩的聖君，知無不言，言無不盡，共同爲天下黎庶，尋求福祉，謀求國家的安康與富強。

一輪昇起的紅日，照射在佈滿瑞雪的北京街道上。處處張貼著的大紅春聯，往來拜賀的人群，和兒童追逐、圍繞著的玩具攤販，愈發增加了幸福與昇平的氣象。院子的秋千架上，傳出少女的驚呼和歡笑。唐伯虎一面贊嘆那些鬢插梅花，蹴鞠、扯鈴者的身手矯捷，腦中則依舊盤旋著勳成業就，陪君伴駕，從容於廟堂間的遐想。在「歲朝」七律中，他除了描寫生平僅見的北京年景之外，並再一次爲那位青年君主，發出虔誠的祝禱：

「…仰天願祝吾皇壽，一個蒼生借一年。」（註二）

「有燈無月不娛人，有月無燈不算春；春到人間人似玉，燈燒月下月如銀。滿街珠翠游邨女，沸地笙歌賽社神；不展芳尊開口笑，如何消得此良辰？」—元宵（註三）

花燈、邨女、賽神的笙歌…這是唐伯虎筆下所描寫的江南元宵景象。然而，怎能和帝鄉鰲山的仙殿洞府，火樹銀花相提並論？

「金吾不禁夜三更，寶斧脩成月倍明；鳳蹴燈枝開夜殿，龍銜火樹照春城。蓮花捧上霓裳舞，松葉纏成熱戲棚；栢進紫霞君正樂，萬民齊口唱昇平。」—觀鰲山四首之二（註四）

如果仔細品味前後兩詩的情境和胸襟，就可以知道首都的鰲山之遊，不僅使他大開眼界，更令他終身難忘。靈思泉湧的唐伯虎，於「觀鰲山」四首外，另有一首題寫在「燈宵

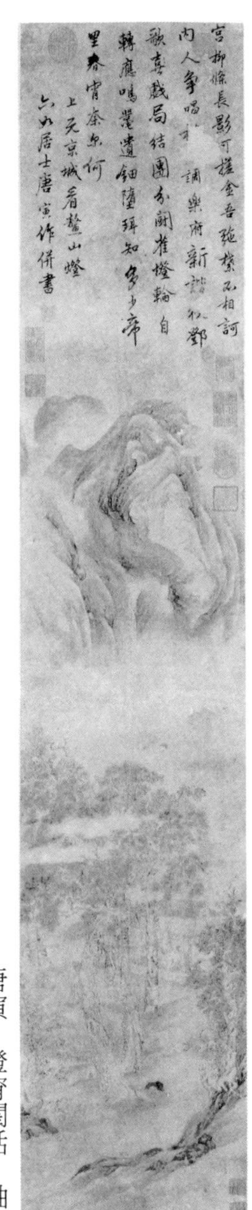

唐寅 燈宵閨話 軸

閨話」立軸（註五）上面；畫中青松茅屋，遠峰聳峙，雲霧瀰漫其間，愈發增加了夜的寧靜與神祕。簷下燭影搖曳，兩個筆法纖細的人物，坐於案前，像似觀書，又像喁喁而談或研討疑義。庭前松下，兩個兒童，忘情地嬉戲著。感覺中，這只是山林隱逸或農家夜景的寫照，難與上元鰲山，人如潮湧，金吾弛禁的熱鬧喧嘩互為聯想。所題的詩情和畫意，也並不相配；究竟是這位江南才子，在富麗歡騰中忽然感懷世事無常，動極思靜而作，或後之好事者，硬將詩、畫描摹湊合，不得而知；細看畫中款書頗有雙鈎廓塡或揭描補筆的痕跡，是否伯虎原璧，令人起疑（註六）。

△　△　△　△

二月十五日，是會試三場試畢的日子，對於長期等待，猛烈衝刺的太學生和舉人，無論成敗如何，總算可以長舒一口鬱悶之氣。接著忙碌的是主考官太子少保禮部尚書兼文淵閣大學士李東陽、禮部右侍郎兼翰林學士程敏政和同考官們的工作。吏部侍郎兼翰林院學士吳寬，這天在東閣批閱試卷，直到夜晚方才離開宮廷。皎潔的月色，照映在巍峨的五鳳樓上，愈發顯得雄偉壯麗。在銀鑰聲和腳步聲的驚擾下，棲息在宮樹上的烏鴉，驚惶地亂飛。這種夜晚出宮的情景，使他想起了唐宣宗召翰林承旨令狐綯夜對含春亭；燃盡一支長燭之久，才以乘輿、金蓮華炬送歸學士院的榮寵。「二月十五日殿試東閣閱卷抵夜始出」（註七）詩中，吳寬除描繪月色樓影之外，也對這三年一度的掄才大典，給予「三百登科無曲學，九重側席定宵衣。」的評價。

宏治十二年入春以來，京師一帶即陷於乾旱，宏治皇帝從二月十四日起齋宿祈雨。到了十七日，忽然濃雲密佈，一場甘霖，解除了旱象，挽救了農民一春辛苦的耕耘。在東閣中批閱試卷的考官們，不惜沾濕緋袍，冒雨領取硃卷。得雨、得才的雙重喜悅，正籠罩在宏治皇帝君臣之間。但，十天後—二月廿七日，戶科給事中華昶的一篇奏章，卻如晴天霹靂似的，爲即將放榜的會試，激起了萬丈波瀾：

「國家求賢，以科目爲重，公道所在，賴此一途。今年會試，臣聞士大夫公議於朝，私議於巷：翰林學士程敏政，假手文場，甘心市井。士子初場未入，而論語題已傳誦於外。二場未入，而表題又傳誦於外。三場未入，而策之第三四問又傳誦於外。江陰縣舉人徐經，蘇州府舉人唐寅等，狂童孺子，天奪其魄；或先以此題驕於衆，或先以此題問於人。此豈科目所宜有，盛世所宜容！

臣待罪言職，有此風聞；願陛下特敕禮部：場中硃卷，凡經程敏政看者，許主考大學士李東陽與五經同考官重加翻閱，公爲去取。俾天下士就試於京師者，咸知有司之公。」（註八）

事實上，華昶的論奏，不能說是猝起的風雲；遠自二月丙申，程敏政被任命爲會試主考官之日起，就議論紛紛，暗潮洶湧。徐經的從程敏政學文，唐伯虎的模擬作答，或與飽學之士商討研議一些冷僻艱澀的經策問題，乃至於向程敏政買序爲出使安南的梁儲送行；這一切原屬平常之事，當事者似乎也無意隱諱。可是，由於主考官的任命，卻使立於競爭地位的舉子們突然敏感起來。尤其入場之後，發現某些考題竟與徐經、唐寅所模擬討論的極爲相近，更是群情譁然。華昶論奏中的「或先以此題驕於衆，或先以此題問於人」，顯示不是徐經、唐寅對這些猜疑、激憤渾然無覺，就是他們心中坦蕩，根本未作任何防禦。

爲那場值得珍貴的春雨，和可以期待的麥秋而寬慰的朱祐樘，突然接到華昶的奏章，其中又涉及他所依重的程學士，使他不僅困惑，更無比地震驚。他直覺地想到這是宏治元年政爭的再次翻版。其時十八歲的他，在幾位名重一時的輔臣佐助下，一方面要擯斥憲宗末季的權奸、外戚和惑亂宮廷、糜費公帑的僧道，一方面引進賢才，銳意革新。因此，他不僅重視御史和六科給事中的諍諫，也恢復了廢置已久的糾彈制度。怎知，首當其衝的彈劾對象，卻是從他東宮時代，就隨侍在側，爲他講經解惑的程敏政。只爲了「以塞天怒」這一類空泛的字眼，和一些對私行的指責，他不得不忍痛命這位學識淵博，才氣縱橫的師傅程敏政，盛年致仕。

即位的十餘年來，他藉重言官糾彈姦佞不法，有時他也困惱於監察御史、給事中的沽名釣譽，小題大作；困窘之餘，這位青年睿智的君主免不了大動肝火，將言官逮捕懲治。往往用不了多久他就會省悟這樣杜塞言路，和他的治道大相逕庭；好在這時又會有幾位德高望重的輔臣，爲言官保奏，爲他和言官佈置出無傷體面的下台階。

最大一次政治風潮，是宏治九年夏天，岷王奏請逮治武岡知州劉遜那次；爲了顧全這位親王的顏面，宏治皇帝一口氣把交章奏沮的給事中四十二人，御史二十人逮捕下獄。御史臺、六科官署，幾乎爲之一空；那眞是又困擾又尷尬的一段時期。吏部尙書屠滽，首先奏請勅尙寶司和中書省派員代理部院中的公事，爾後再率九卿申救那些落進錦衣衛和鎭撫司手中的「烈士」（註九）。

顯然地，從華昹的奏章中，朱祐樘又一次嗅出了業已來臨的風暴，因此，他初步處理得相當審愼；先讓禮部擬訂處理的方式。

禮部尙書徐瓊的擬議，看來平實，秉公行事；同時，似乎也爲皇帝、言官、考官各方面，預留了轉圜的餘地：

「昹必有所聞，故陳此奏；但恐風聞之事，猶或未眞；況未經開榜，不知所指實之人曾取中否……」

自古諫官「風聞言事」，既爲法律所許，如若「事出有因，查無實據」，也就風平浪靜，只好不了了之。因此，負責查的人，查的方式，乃至於查報的技巧，都可能成爲影響全局的關鍵；徐尙書建議：

「乞如所奏，行令李東陽會同五經同考官，將場中硃卷凡經程敏政看中者，重加翻閱，從公去取，以息物議。」（註十）

奏中以主考官之一的李東陽主持複查工作，不僅順理成章，而李東陽自宏治七年八月入內閣、預機務、典誥勅；其幹練和文學造詣足以服衆，他對朝事的瞭解，和忠厚而不爲已甚的性格，也可以使宏治皇帝高枕無憂。

爲了調查工作方便，禮部同時奏請把開榜日期，延至二月廿九，或三月初二日；朱祐樘一一准奏，命以三月初二爲開榜之日。

不數日，主考官李東陽率五經同考官聯名具奏：當禮部移文著他重加翻閱硃卷以定去取的時候，發現徐經、唐寅二卷，並不在程敏政取中正榜之內—意思是，起碼從試卷的取捨中，找不出程敏政和徐經、唐寅勾結的蛛絲馬跡。接著，他又奏報再閱試卷，重定去取及比號、拆名、發榜等事均已完竣。

既然徐、唐二人不在取中之列，勾接主司之說一時便無法確認；正可應了徐瓊前面所奏述的「但恐風聞之事，猶或未眞」。如果就此結案，一時物議雖然未必完全平息，但落第舉子們的激憤，或可稍爲稀釋，言官也許適可而止，使風波不致擴大。

年輕氣盛的宏治皇帝，見他所賞識依重的程學士牽連不大，不必投鼠忌器；索性想藉機給動輒捕風捉影，糾彈不休的言官一個警惕，可能是處理這次事件的一著錯棋。

「華昹、徐經、唐寅，錦衣衛執送鎭撫司對問明白以聞；不許徇情！」（註十一）他在旨意中說。

在御史和給事中的眼中，宏治皇帝三月七日這道旨意，無疑地是對監察權的一種壓抑和挑戰。被彈劾的官吏未見法辦，職司言責的給事中倒先鋃鐺入獄；是可忍，孰不可忍？

首先發難的是工科都給事中林廷玉；這位籍隸福建侯官縣的都給事中，是成化二十年進士。由於他以前曾受命爲同考官，知內簾事；對試務和考校的內情，都有著深入的瞭解。他先從程敏政出題、閱卷、取人等方面，列舉出六大可疑之處。他的結論，更像雷電般在宏治皇帝腦海中，反復地迴響：

「臣於敏政非無一日之雅，但朝廷公道所在，既知之不敢不言。且諫官得風聞言事，昹言雖不當，不爲身家計也。今所劾之官，晏然如故，而身先就獄；後若有事，誰復肯言之者？」（註十二）

這種攻守兼備的論調，先使諫官立於不敗之地。接著妙筆一揮，指謂這次考試風波，即使追究得實，仍舊無補於事；他所提出「解鈴還需繫鈴人」和「快刀斬亂麻」的辦法，表面上看是顧全大局，息事寧人，實際項莊舞劍，意在沛公；仍舊要坐實程敏政舞弊之罪，去之而後快。至於程敏政爲何人而舞弊，似乎又無足輕重，雅非言官們矛頭的指標：

「莫若將言官舉人釋而不問，敏政罷歸田里；如此處之，似爲包荒，但業已舉行，又難終止……」

對宏治皇帝而言，言官舉人釋而不問，等於承認言官這種捕風捉影的權力；程敏政糊里糊塗地再次罷歸，則是宏治元年故事重演，也是言官勢力的再一次擴張。朝廷政事固然需要諫臣的匡正，但如事事掣肘，和該劾的不劾，一樣未爲國家之福。他想起九年十二月，觀政進士孫磐上的疏：

「近者言官劾人，率乘勢敗；而排觸奸倖，反出胥吏，議者羞之……」（註十三）足見近年言官的無狀。

接著，他也想到林廷玉奏章中幾句耐人尋味的尾語：

「若言朋比回護，顛倒是非，則聖明之世，理所必無也！」

是否意味著此案如果追究到底，以林廷玉對內簾事務的熟稔，恐連奉旨複查的李東陽和同考官吳寬等，也難保不捲入漩渦？語近要挾，使宏治皇帝深爲惱怒。不過，在這前後，程敏政也屢次上章自責，乞請放歸故里。時已四月中旬，春麥漸熟，在暑熱漸增的夜裡，朱祐樘輾轉反側；究竟與言官堅持到底，或採納林廷玉的妥協方式；暫時犧牲程敏政，以後再相機召還？

然而，已經太遲了，妥協的機會轉瞬即逝；給事中尙衡、監察御史王綬紛紛上章，請釋放華昶，逮捕程敏政。程敏政爲了自衛，一改自責態度上章自辯。不知受何人指點，獄中的徐經，反奏華昶誣告；而無論華昶和徐經，供詞又反覆無常，變化不定；整個案情撲朔迷離，紛亂如絲。最糟糕的是，在刑部、都察院、大理寺及錦衣衛的會審中，徐經熬不過嚴酷的刑訊，供稱敏政確曾接受他的金幣；這眞是言官們求之不得的良機，左都御史閔珪立刻奏請逮捕程敏政當庭對質。

逮治大學士程敏政的奏章，留中十日；也就是顯示這位年輕的皇帝，和他的智囊團，整整受了十天的煎熬。焦思苦慮的結果，不得不忍痛傳旨，下程敏政於獄。

午門置對時，在暑熱中度過一個多月牢獄生活的程敏政，雖然憂憤交集，病容滿面，行動惟艱，依然雄辯滔滔，堅不屈服：

華昶所指的徐經、唐寅，皆不在他所取中之列。

覆校時，有十三卷程度可疑，被黜落榜；但那十三卷並非經他一人校閱；可見任何考官衡文，都難能有一定標準。

此外，身爲主考官，所校薦卷，不僅硃筆、彌封，並有同考官批語，豈能一手遮天；乞召同考官及禮部掌號籍者面證。

除程敏政的答辯外，再度拷問徐經所得的供詞，也是使案情急轉直下，趨於落幕的關鍵：

「來京之時，慕敏政學問，以幣求從學，間講及三場題可出者；經因與唐寅擬作文字，致揚於外。會敏政主試，所出題有嘗所言及者，故人疑其買題，而昹遂指；其實未嘗賂敏政。前懼拷治，故自誣服。」（註十四）

最後的處分是：華昹言事不察實，贖杖之外，調南京太僕寺主簿。程敏政不避嫌疑，招致物議，詔命致仕。徐經、唐寅夤緣求進，贖徒（易科罰金）之外，並由禮部奏處，黜充吏役。

△　△　△　△

宏治己未年六月五日，前禮部右侍郎兼翰林院大學士程敏政，癰毒不治而亡；離結案出獄，僅僅不過四天，享年五十四歲。

傳說，他被劾退出闈場後，僚屬曾爲他設宴。席間不知是有意安排諷刺，或優伶激於義憤：

「我有一隻雞，賣價一千兩。」一個扮作賣雞的優伶，大聲地在臺上叫賣著。

「誰家雞賣此高價？」另一優伶，明知故問。

扮演賣雞的伶人，以十足譏諷的口吻答：

「程學士雞；只賣箇五更啼（按，諧經題二字）耳！」（註十五）

程敏政默然離席而去。

當他憂憤、孤獨地離開人世之後，北京城的物議，並未因而止息：

有人不管最後的供詞如何，仍然先入爲主地，直指程敏政鬻題。

程敏政問策題一向收藏嚴祕，少有人知；不過仍爲素所親近的門生徐經窺見，轉告唐寅，因而宣揚開去─說這話的人，語氣間不難見出，仍然是一片猜測之詞。

程敏政乃有道之士，以私害公絕無可能；說不定是程氏家僮竊窺考題，出售得利─持此說法者頗不乏人，若非對程氏爲人、造詣敬仰愛慕，便是心存恕道。

還有人推測可能是徐經仇人，公報私仇地抨擊于朝；至於「抨于朝」者究竟指華昶，或華昶奏章中所說的「士大夫公議於朝」的士大夫，則不得而知。

瞭解程氏爲人的朝臣，認爲敏政平日恃才傲物，評詩論文，即使對當朝鉅卿，也絲毫不留餘地，是他致禍之源。

更有內幕傳聞：程敏政少年得志，外附權貴，內結奥援，汲汲然急於進取，早已招到士大夫的議論；但華昶劾其考試舞弊實屬冤屈。大獄之成，可能是欲奪其位的另一位禮部侍郎傅瀚，嗾使給事中華昶劾奏的。因此，知道內情，而爲之冤惜的，也大有人在（註十六）。

內心之中，挫折、痛惜、遺憾不能自已的，是年近而立的宏治皇帝。程敏政飄灑的長髯，疎爽的個性，講解經義，分析問題時淸晰明暢的語音，乃至於最後一段時日裡上章自辯的辭句，時時縈繞在他的眼前。他追贈敏政爲禮部尙書，並賜以祭葬，聊補心中的遺憾。

這一切一切的議論、補償和哀榮，對執當代文學、史學之牛耳，著作等身的程學士而言，正是「身後是非誰管得，滿村聽說蔡中郎。」

註一、〔唐伯虎全集〕水牛版頁五二、漢聲版頁四四。

二、〔唐怕虎全集〕水牛版頁五二、漢聲版頁四四。

三、〔唐伯虎全集〕水牛版頁四五、漢聲版頁三八。

四、〔唐伯虎全集〕水牛版頁三八、漢聲版頁三一。

五、〔吳派畫九十年展〕頁五二—三。

六、〔故宮學術季刊〕卷三期一，江兆申「從唐寅的際遇來看他的詩書畫」抽印本頁九。

七、〔匏翁家藏集〕頁一四九。（按殿試在三月一日，二月十五所閱應爲會試卷）。

八、〔明孝宗實錄〕卷一四七頁九；本章內有關考試弊案之奏章、旨意，間接引自江兆申著〔關於唐寅的研究〕頁四四—四五。

九、〔明鑑〕頁二八六，啓明版。

十、〔明孝宗實錄〕卷一四七頁九。

十一、〔明孝宗實錄〕卷一四八頁二。

十二、〔明孝宗實錄〕卷一四九頁九。

十三、〔明鑑〕頁二八七。

十四、〔明孝宗實錄〕卷一五一頁一。

十五、〔舌華錄〕「讖語第十三」，明曹臣著。

十六、〔明孝宗實錄〕卷一五一頁三。

國家圖書館出版品預行編目資料

明四家傳 / 王家誠著. -- 初版. -- 臺北市 :
故宮, 民88
冊 ; 公分. --(故宮文物月刊叢書 ; 3)
ISBN 957-562-345-2(一套 : 平裝)

1. 畫家 - 中國 - 明(1368-1644)

940.987　　88003684

中華民國八十八年四月初版一刷
中華民國新聞局登記證局版臺業字第二六二一號

故宮文物月刊叢書③

明四家傳(一)

發行人：秦孝儀
編輯者：國立故宮博物院編輯委員會
著者：王家誠
出版者：國立故宮博物院
中華民國台北市士林區外雙溪
電話：(〇二)二八八一二〇二一
劃撥帳戶：〇〇一二八七四—一號
印刷者：文盛企業有限公司
台北市廈門街三十四巷十九號
電話：(〇二)二三〇一七九八〇

GPN:020019880037